Die ersten 100 Tage mit dem Baby sind die aufregendste und schönste Zeit im Leben junger Eltern. In diesen ersten, alles entscheidenden Wochen nach der Geburt wird der Grundstein für das spätere Leben des kleinen Wesens, das in seiner Familie angekommen ist, gelegt. Jetzt entscheidet sich so vieles: Wie entwickelt sich das Kind? Wie gestaltet sich die Beziehung zwischen ihm und den Eltern? Wie wächst die Familie zusammen? Wie werden aus Paaren Eltern? In diesem bedeutenden Lebensabschnitt, der zwar fast überall die gleichen Ansprüche stellt, aber doch einzigartig ist, sind die Familien meist allein auf sich gestellt. Dabei ist ein guter Start ins Leben, ohne Ängste, Hektik, Stress und Streit der Eltern, enorm wichtig für die Entwicklung des Kindes und Voraussetzung dafür, dass das Kind in Geborgenheit in ein glückliches Familienleben hineinwächst. Erika Wüchner ist examinierte Kinderkrankenschwester und unterstützt junge Familien in der häuslichen Neugeborenenpflege – Tag und Nacht. Dabei trifft sie auf Glück, Erwartungen, Hoffnungen, aber auch auf Ängste, Unsicherheiten und Enttäuschungen. Mit ihrem großen praktischen Erfahrungsschatz ist sie für junge Mütter und Väter Hilfe und tatkräftige Unterstützung bei der Lösung aller anfallenden Probleme in der neuen Lebenssituation und zeigt, wie aus Neugeborenen glückliche Kinder und aus Paaren entspannte Eltern werden.

Erika Wüchner, Jahrgang 1958, wuchs mit sechs Schwestern und einem Bruder auf. Nach ihrer Ausbildung zur Kinderkrankenschwester arbeitet sie seit über 25 Jahren in der häuslichen Neugeborenen- und Wochenbettpflege im In- und Ausland. Erika Wüchner lebt in Hamburg.

Weitere Informationen finden Sie bei www.fischerverlage.de

Erika Wüchner

Die ersten 100 Tage
mit dem Baby

Das praktische Wissen
aus über 25 Jahren Erfahrung –
Tag und Nacht

Fischer Taschenbuch Verlag

Die Zeichnungen im Buch
stammen von Agnes Ziehm
(www.agnessiv.de)

Veröffentlicht im Fischer Taschenbuch Verlag,
einem Unternehmen der S. Fischer Verlag GmbH,
Frankfurt am Main, Dezember 2012

© S. Fischer Verlag GmbH, Frankfurt am Main 2012
Druck und Bindung: GGP Media GmbH, Pößneck
Printed in Germany
ISBN 978-3-596-18868-0

Inhalt

Grußwort von Sandra Maischberger

Ich habe mich oft gefragt, warum so viele meiner Freundinnen, die Kinder bekamen, eine ganze Bibliothek voller Ratgeber kauften. Und warum sie am Ende häufig doch so ratlos blieben. Bei uns zu Hause blieben alle Bücher, die wir anlässlich der Geburt unseres Sohnes geschenkt bekamen, ungelesen im Regal. Das war einerseits Prinzip (bitte nicht zu viel Theorie!). Andererseits hatten wir aber auch die Hilfe von Erika Wüchner.

Vielleicht würden wir das eine wie das andere nicht brauchen, wenn wir noch so lebten, wie unsere Großmütter und Urgroßmütter, in Großfamilien, in denen der jungen Mutter erfahrene Verwandte zur Seite standen. Heute sind wir Einzelkämpfer, die Familien klein und über das ganze Land verstreut.

Mit Glück findet man, wie wir, eine gute Hebamme, die vor und nach der Geburt mit wichtigen Ratschlägen zur Seite steht. Mit noch mehr Glück hat man Erika Wüchner im Haus.

Erika Wüchner hat uns die ersten drei Wochen nach Geburt unseres Sohnes begleitet. Es gab keine Frage, auf die sie keine Antwort hatte, sie hat Ruhe und Sicherheit im Umgang mit unserem Baby in unser Haus gebracht und geholfen, die vielen kleinen und großen Stresssituationen, die

9

gerade in den schlaflosen Anfangszeiten junge Eltern auf eine harte Probe stellen, zu vermeiden. Besser hätte unser Start in das neue Leben als Eltern gar nicht sein können.

Von Anfang an habe ich Erika Wüchner ermutigt, ihr Know-how weiterzugeben. Da sie ja nicht überall zugleich sein kann, ist das vorliegende Buch der beste Weg. Es ist kein Ratgeber, wie alle anderen, sondern 25 Jahre Wissen und Erfahrung zwischen zwei Buchdeckeln.

Ich wünsche Erika Wüchner viele Leser. Und allen jungen Eltern eine Erika Wüchner im Haus.

Einleitung

Die ersten 100 Tage mit dem Baby daheim ist die vielleicht aufregendste und schönste Zeit im Leben junger Eltern. Auf jeden Fall ist es ein sehr wichtiger Lebensabschnitt für das kleine Wesen, das in seiner Familie angekommen ist. Denn in diesen 100 Tagen entscheidet sich so vieles: Wie gesund entwickelt sich das Kind? Wie gestalten sich die Beziehungen zwischen ihm und den Eltern? Wie wächst die Familie zusammen?

Seit über 25 Jahren erlebe ich diese 100 Tage und Nächte immer wieder und finde sie stets aufs Neue spannend, herausfordernd – und jedes Mal anders. Als examinierte Kinderkrankenschwester in der häuslichen Neugeborenenpflege besuchte ich bis heute weit über 100 unterschiedliche Familien und traf dort auf Glück, Erwartungen, Hoffnungen, aber auch Ängste, Unsicherheiten und Enttäuschungen junger Eltern. Davon möchte ich erzählen und meine jahrzehntelangen praktischen Erfahrungen in diesem Ratgeber bündeln.

Dabei möchte ich nicht vordergründig belehren, sondern die Leserin und den Leser mitnehmen – in eine Situation, die zwar fast überall die gleichen Ansprüche stellt, aber doch immer wieder einzigartig ist. Ein Buch also, das rät, indem es ganz alltägliche Geschichten erzählt. Dabei wird selbstverständlich die Anonymität der Familien, bei denen ich gearbeitet habe, gewahrt.

Noch nie waren junge Eltern so verunsichert und ängstlich wie heute:

Die Ansprüche der Gesellschaft an sie, aber auch an sich selbst sind deutlich gestiegen. Viele Eltern tun sich schwer mit diesem Erwartungsdruck, und gerade in den ersten Wochen und Monaten mit dem Baby fühlen sie sich unsicher, hilflos und ängstlich.

Zudem haben viele Mütter in dieser Zeit das Gefühl, sich nie erholen zu können. Durch Schlafmangel und das anstrengende und zeitintensive Stillen (das anfangs nicht immer problemlos gelingt) fühlen sie sich der Situation nicht gewachsen und fragen sich: »Wie schaffe ich das bloß alles?« Und jene Mütter, die schnell wieder in den Beruf zurück müssen oder wollen, verspüren noch einen zusätzlichen Druck.

Eine aktuelle Studie des österreichischen Instituts für Familienforschung zeigt, dass gerade Mütter mit Neugeborenen und kleinen Säuglingen sich besonders überfordert fühlen.

Die jungen Familien sind mit ihrem veränderten Alltagsleben meist komplett auf sich allein gestellt: Die Großfamilie, in der die Mutter früher entlastet und versorgt wurde, gibt es nur noch selten. In den Krankenhäusern herrscht Personalmangel, Hilfestellungen und Anleitung im Umgang mit dem Säugling, wie zum Beispiel beim Baden, beim Stillen, oder spontane Hilfe in Stresssituationen gibt es ebenfalls kaum noch; schon wegen der kurzen Zeit, die die Mütter heutzutage nach der Geburt in der Klinik bleiben. Viele von ihnen gehen nach wenigen

Tagen mit Stillproblemen und großer Unsicherheit nach Hause.

Gleichzeitig wird in den ersten, alles entscheidenden Wochen nach der Geburt der Grundstein für das spätere Leben des Kindes gelegt. Ein guter Start ins Leben, ohne Ängste, Hektik, Stress und Streit der Eltern ist enorm wichtig für die Entwicklung des Kindes und Voraussetzung dafür, dass das Kind in Geborgenheit in ein glückliches Familienleben hineinwächst.

Deshalb ist es mir ein Anliegen, mit diesem Buch zu beraten, zu begleiten und Sicherheit im Umgang mit dem Baby, gerade in den ersten drei Monaten, nach denen das Buch auch aufgebaut ist, zu vermitteln. Auch möchte ich zeigen, dass es in fast allen Familien ähnliche Veränderungen in der Lebenssituation der Paare und Familien gibt. Und da ist es auch fast schon egal, ob es Ihr erstes Baby ist oder Sie schon ältere Kinder haben, denn jedes Neugeborene ist einzigartig und immer eine große Herausforderung für die ganze Familie. Besonders bei Patchworkfamilien.

Vor der Geburt

Eine junge werdende Mutter, der ich in den ersten Wochen mit ihrem Baby zur Seite stehen sollte, hatte bis zum sechsten Monat ihrer Schwangerschaft keine Vorbereitungen für ihr Baby getroffen. Sie war sehr gelassen und belächelte immer andere werdende Mütter etwas mitleidig, bei denen sich alles nur ums Baby drehe. »Warum soll ich mein Leben ändern, nur weil ich ein Kind bekomme«, sagte sie zu mir. Plötzlich aber Ende der 30. Schwangerschaftswoche setzte bei ihr der »Nestbau« ein. Nicht nur ihr bis dahin als unantastbar geltendes Arbeitszimmer musste dem neueingerichteten Kinderzimmer weichen, die Renovierung bezog immer weitere Zimmer mit ein und irgendwann wurde dann das ganze Haus umgebaut. Mitten in diesen Arbeiten kam dann – zwei Wochen zu früh – das Baby zur Welt. Das Haus war eine einzige Baustelle, und wir mussten mit dem Neugeborenen im Baulärm und Schmutz sowie mit ständig wechselnden Handwerkern, die überall zu Gange waren, sechs Wochen ausharren.

Ich kann Ihnen nur davon abraten, kurz vor der Geburt noch große Umbaumaßnahmen in Angriff zu nehmen. Sie setzen sich und Ihre Familie einem zusätzlichen Stress aus, bei dem keiner wirklich zur Ruhe kommen kann. Auch für Ihr Neugeborenes ist das kein schöner Start, denn bei so viel Hektik kann es natürlich nicht zur Ruhe kommen. Und:

Auch ohne solche großen Umbaumaßnahmen wird sich Ihr Leben mit dem Neugeborenen komplett umkrempeln.

Aus einem Paar werden Eltern

Bestimmt wurden Sie von Paaren, die bereits Kinder haben, schon darauf vorbereitet, dass nach der Geburt einige Veränderungen ins Haus stehen. Dies stimmt nicht ganz so, denn eigentlich ändert sich alles. Doch das ist beileibe nicht negativ zu sehen, denn die Veränderungen bringen unglaublich viel Schönes und Wunderbares mit sich. Sie bereichern Ihr Leben um eine neue Dimension, und die Beobachtung der Entwicklung Ihres kleinen Geschöpfes kann die Quelle unzähliger Glücksmomente sein. Aber glauben Sie nicht, das Baby trinkt und schläft und ansonsten bleibt alles beim Alten.

Die Partnerschaft junger Eltern ist besonderen Belastungsproben ausgesetzt, auch wenn die Partner bislang harmonisch und ohne Aggressionen miteinander umgegangen sind und das Kind die Erfüllung ihres größten Traumes darstellt. Die komplette Umstellung des Alltags auf die Bedürfnisse des Kindes, die Unsicherheit im Umgang mit dem Baby, Schlafentzug und das Gefühl, nie eine ruhige Minute zu haben, fordern ihren Tribut.

Studien belegen, dass zwei Drittel der Eltern vor der Geburt deutlich zufriedener in ihrer Partnerschaft waren und auch viel weniger stritten. Manche erkennen ihren Partner in der geänderten Situation nicht wieder – eine Mutter sagte mir gegenüber bestürzt: »O Gott, was habe ich da nur geheiratet!« –, und besonders Väter unterschätzen die Gefühle einer Mutter zu ihrem Kind. Mütter sind andere Frauen.

> Es gibt Untersuchungen, in denen festgestellt wurde, dass die meisten Männer am häufigsten in den ersten drei Monaten nach der Geburt des ersten Kindes fremdgehen. Dadurch wollen sie das Gefühl, dass sie nur noch an zweiter Stelle stehen, kompensieren.

Ganz wichtig ist deshalb, dass man nicht ganz unvorbereitet in die Situation geht. Das Wissen um die häufigsten Ursachen von Missstimmungen trägt dazu bei, diese frühzeitig zu erkennen und somit leichter abfangen und besprechen zu können. Die Partner sollten schon vor der Geburt ihre Vorstellungen, Wünsche und Gedanken besprechen und sich damit auseinandersetzen, dass nach der Geburt nichts mehr so ist wie es war.

Dabei sollten beide Partner – bei aller Rücksicht auf ihr Kind – vor allem darauf achten, dass sie sich auch weiterhin umeinander kümmern, da die Bedürfnisse des Partners nach wie vor da sind und – vielleicht in etwas veränderter Form – erfüllt werden wollen.

Eine Mutter gestand mir: »Meine Kinder liebe ich sehr, und sie sind mir ganz wichtig. Aber mit meinem Mann möchte ich alt werden, und er ist mir genau so wichtig und lieb. Mit diesem Bewusstsein möchte ich mein Familienleben organisieren.«

Das finde ich einen guten Ansatz und lege deshalb werdenden Eltern nahe, sich vor der Geburt nicht nur um Geburtsklinik und Kinderwagen zu kümmern, sondern vor allem mit dem Partner über gegenseitige Erwartungen, über mögliche Arbeits- und Zeitaufteilung, Schaffung von Freiräumen, Hilfen im Haushalt und über die Betreuung zu sprechen. Besonders, wenn Mutter und Vater beide schnell nach der Geburt wieder arbeiten wollen, ist das unerlässlich. Denn nichts ist für das neue Familienmitglied belastender als eine angespannte Familienatmosphäre, weil beide Partner sich das Zusammenleben irgendwie anders vorgestellt haben oder plötzlich merken, dass der Partner nicht bereit ist, die von ihm erhofften Erwartungen zu erfüllen.

Mit solchen Gesprächen soll die Vorfreude auf das neue Familienleben nicht getrübt werden, ganz im Gegenteil: Wenn Sie sich in einer entspannten Atmosphäre mit Ihrem Partner austauschen können, macht Sie das stark, später mit Stresssituationen gelassener umgehen zu können. Gerade Paare, die früher ein unabhängiges, selbstbestimmtes Leben führten, sollten sich vor der Geburt ehrlich darüber austauschen, wie sie sich das Leben zu dritt vorstellen, was für sie wichtig ist und wie sie sich organisieren wollen. »Nichts hat mir mehr Spaß gemacht und zugleich mehr Ärger eingebracht«, soll der Schauspieler Brad Pitt nach der Geburt seiner Zwillinge gesagt haben. Und er hatte schon Erfahrung als Vater und viele helfende Hände um sich herum.

Sowohl für die Mutter als auch für den Vater finden nach der Geburt enorme Veränderungen statt, die verarbeitet werden müssen. Bei der Frau sind diese nach der Schwangerschaft und der Geburt insbesondere hormonell bedingt. Die meisten Frauen sind in dieser Zeit viel sensibler und oft den Tränen nahe. Durch den Schlafmangel sind manche auch schnell gereizt und sehr stimmungsschwankend.

Hinzu kommen die ständige Unsicherheit und Fragen wie: Schaffe ich das? Bekommt mein Kind alles, was es braucht? Entwickelt es sich altersgerecht? Kann ich das Leben mit meinem Kind gut organisieren? Fragen, die Sie sich früher wahrscheinlich schon einmal gestellt haben, die nun aber mit einem Kind im Arm, noch einmal sehr viel drängender werden und auch eine andere Bedeutung bekommen. Besonders Frauen, die vorher berufstätig waren, müssen sich daran gewöhnen, dass ein straff organisierter Terminkalender mit einem Neugeborenen nur schwer eingehalten werden kann und dass manche Dinge, die früher in wenigen Minuten erledigt waren, jetzt Stunden dauern können.

Je »wacher« Ihr Baby ist, je weniger Schlaf man selbst, der Partner oder beide Eltern bekommen, desto bedeutsamer wird das Thema »Schlaf«. Ich kenne Mütter, die vor dem Baby die ausgeglichensten Menschen und nach dreimonatigem Intervallschlaf nur noch ein Schatten ihrer selbst waren und bei jeder kleinsten Angelegenheit die Kontrolle über ihre Gefühle verloren haben. Ich habe Väter erlebt, deren Leistungsfähigkeit im Beruf aus Schlafmangel stark zurückging und die, wenn ein solcher Zustand andauerte, richtiggehend unter Existenzängsten litten. Unterschätzen Sie das Thema »Schlaf« also nicht, denn die wichtigste Voraussetzung für ein gutes Miteinander ist körperliches Wohlbefinden, und das wird in erster Linie durch ein Mindestmaß an Schlaf gesichert. Wenn schon vor der Geburt zwischen den zukünftigen Eltern abgesprochen wird, wer zu welcher Zeit realistischerweise die Versorgung des Babys übernehmen kann und will, verhindert zum einen Enttäuschungen über falsche Erwartungen, die die erste Zeit mit dem Baby trüben können, zum anderen kann man rechtzeitig und in Ruhe nach alternativen Lösungen suchen und sie organisieren.

Jedem Paar bleibt es natürlich selbst überlassen, wie es die ersten Wochen des neuen Lebens gestalten will. Für manche ist es auch schwer vorstellbar, sich vorübergehend nachts vom Partner zu trennen. Nach meiner Erfahrung aber kann sich eine solche Trennung – zumindest die Woche über oder jede zweite Nacht – besonders bei sehr »nachtaktiven« Babys auszahlen. Dann hat wenigstens ein Partner ausreichend Schlaf und kann tagsüber dem anderen vielleicht zu etwas Ruhe verhelfen.

Mutter und Kind haben vor allem durch das Stillen von Anfang an eine sehr enge Symbiose. Manchen Vätern bereitet das Schwierigkeiten. Sie fühlen sich ausgeschlossen, weil sie ihr Kind nicht stillen bzw. füttern können. Sie meinen, dadurch nicht die Nähe und enge Bindung zum Säugling aufbauen zu können und ihn auch nicht so gut beruhigen zu können wie die Mutter. Aber auch die Veränderung der Frau, die Wandlung der Geliebten in eine Mutter verunsichert manch einen Ehemann und Vater. Die Bedürfnisse des Säuglings stehen nun an erster Stelle, und manchem bereitet es Schwierigkeiten, auf einmal in der zweiten Reihe zu stehen. Einige Väter verspüren deshalb eine leichte Eifersucht auf das eigene Kind, was ihnen wiederum ein schlechtes Gewissen verursachen kann. Manche Männer versuchen dann auf ungewöhnliche Weise auf sich aufmerksam zu machen:

Der Vater war glücklich und stolz auf seine kleine Familie. Jedoch hatte er das Gefühl, es drehe sich alles nur noch um das Baby und er müsse immer hintanstehen. Alle partnerschaftlichen Rituale würden nicht mehr stattfinden, es gäbe keine Zeit für Gemeinsamkeit, seine Frau wäre von dem Kind total absorbiert, sie sehe gar nicht mehr, dass er auch noch da wäre. »Was muss ich machen, damit sie mich überhaupt noch wahrnimmt?«, fragte er mich traurig. Wir sprachen lange darüber, und ich erklärte ihm, dass es für seine Frau mit dem Baby eine neue Situation sei, und sie auch alles besonders perfekt machen möchte. Aber dass ich nicht den Eindruck hätte, seine Frau sei über die Maßen auf das Baby fixiert. Er solle sie doch einfach mal zum Essen ausführen und dann alles in Ruhe besprechen, sicher merke sie gar nicht, dass er sich so sehr benachteiligt fühle. Dies tat er dann auch, doch seiner Frau stand nach Ausgehen nicht der Sinn. Wenige Tage später saßen wir alle zusammen beim Abendessen, da stand der Vater auf und nahm das Kissen und die Decke aus dem Stubenwagen und warf alles auf den Boden. »Was machst du denn da?«, fragte die Mutter mit dem Baby auf dem Arm erschrocken. »Oh, du merkst doch noch, dass auch ich hier bin!«, sagte er nur.

Jedes Paar braucht nach der Geburt des Kindes Zeit, sein Gleichgewicht wieder zu erlangen und sich in die neuen Rollen einzufinden. Gerade in diesen ersten Wochen, bis die »neue« Familie ihren Rhythmus gefunden und sich aufeinander eingespielt hat, benötigen die Eltern deshalb Freiräume, um etwas zur Ruhe zu kommen, sich austauschen zu können, um möglichen Missverständnissen und Enttäuschungen begegnen zu können. Diese Freiräume kann man sich schaffen, auch wenn man ein Baby hat, das wenig schläft und/oder viel schreit oder wenn es voll gestillt wird. Einen Babysitter schon früh einzuplanen, empfinde ich nicht als Herzlosigkeit oder gar als Abschieben. Kennt sie den Tagesablauf und die Bedürfnisse des Babys, geht mit ihm liebevoll um und besitzt das nötige Vertrauen der Eltern, kann eine weitere Bezugsperson für das Kind eine wirkliche Bereicherung sein, und es wird gerne bei ihr sein. Babysitter können die eigenen Eltern, Freunde oder Nachbarn sein oder jemand, den man über eine Anzeige findet. Einmal in der Woche, vierzehntägig oder auch nur ein einziges Mal im Monat sich wieder als Paar zu erleben, einen Theater- oder Kinobesuch zu unternehmen oder einfach nur zu zweit schön essen zu gehen, kann Energie und gegenseitiges Verständnis zurückgeben, das das Leben mit dem Neugeborenen zur glücklichen Bereicherung macht.

Die Erstlingsausstattung

Neben dieser sehr wichtigen »mentalen« Vorbereitung auf die erste Zeit nach der Geburt des Kindes, gibt es natürlich auch ganz handfeste Dinge, die Sie vor der Geburt erledigen können, um auf die Ankunft Ihres Babys gut vorbereitet zu sein, die Einrichtung des Kinderzimmers und der Kauf der Erstlingsausstattung gehören dazu.

Wenn Sie den Raum für das **Kinderzimmer** auswählen können, achten Sie darauf, dass dieser gut zu belüften ist und dass es nicht aufgrund von undichten Fenstern zieht. Lichtundurchlässige Vorhänge, eine Jalousie oder Rollläden schließen das Tageslicht aus, wenn der Säugling schläft. Bei älteren Säuglingen ist dies besonders wichtig, weil sie lichtempfindlicher sind und besser in den Schlaf finden, wenn es abgedunkelt ist.

Bei allen verwendeten Materialien für die Renovierung und bei der Anschaffung der Einrichtungsgegenstände sollten Sie immer auf Schadstofffreiheit achten. Viele Spanplatten und Möbel enthalten oft Formaldehyd in Leimen, Lösemittel und in Klebstoff. Da viele Möbel verklebt oder geleimt werden, kann der Kontakt mit ihnen → **Allergien** (siehe Glossar) auslösen. Es kann zu Juckreiz, Hautrötung und Husten bis hin zu Asthma führen. Beim Kauf der Möbel sollten Sie deshalb auf die Kennzeichnung »FO« – Formaldehydfrei – Wert legen und darauf, dass die Möbel mit giftfreien Farben behandelt wurden. Auf jeden Fall sollten alle neuen Möbel, bevor sie mit dem Baby in Kontakt kommen, gut ausgelüftet werden.
Auch bei der neu gekauften Babyausstattung reicht es nicht aus, nur das Preisschild zu entfernen. Alle Gegenstände müssen vor dem ersten Gebrauch gründlich abgewaschen werden. Bei Kleidungsstücken, die das Neugeborene direkt auf dem Körper trägt, sollten Sie beim Kauf darauf achten, dass sie mindestens bei

60 °C waschbar sind, da die Kleidung vor dem Tragen **immer** gewaschen werden sollte. Auch der Kinderwagen sollte keine Schadstoffe enthalten, weil diese vom Körper Ihres Babys direkt aufgenommen werden. Häufig finden sich die Schadstoffe im Sonnen- und Regenverdeck. Lesen Sie vor dem Kauf eines Kinderwagens Testergebnisse z. B. der Stiftung Warentest oder von Ökotest. Darüber hinaus sollten Spielzeug, Wippen etc. für Neugeborene und Säuglinge grundsätzlich geprüft, das heißt mit dem GS-Zeichen für geprüfte Sicherheit versehen sein.

Der **Fußboden** des Kinderzimmers sollte rutschfest sein, warm und gut sauber zu halten. Teppichböden sind aus hygienischen Gründen nicht sehr vorteilhaft. Immer wieder kann es vorkommen, dass ein → **Bäuerchen** auf dem Boden landet. Vielleicht entwickelt sich Ihr Baby auch zu einem sogenannten Speibaby, das ständig tröpfchenweise Milch verliert – Sie brauchen dann im Krabbelalter nur immer der Milchspur nachzugehen, wenn Sie es suchen.

Wählen Sie eine **Beleuchtung**, die es Ihnen ermöglicht, auch nachts das Zimmer sicher betreten zu können, ohne dabei das schlafende Baby zu wecken. Empfehlenswert ist hier ein Dimmer für die Deckenbeleuchtung oder ein Nachtlämpchen, das Sie beim Betreten anknipsen können. Auch ein einfaches Nachtlicht, das Sie abends in die Steckdose stecken, gibt Ihnen nachts die nötige Orientierung. Die Steckdosen sollten übrigens im gesamten Haushalt alle kindersicher sein. Sind sie es nicht, sollten diese mit Kindersicherungen nachgerüstet werden. Solche Sicherungen sollten vorsorglich installiert werden, selbst wenn Steckdosen für Ihr Kind zum augenblicklichen Zeitpunkt noch keine Gefahrenquelle darstellen. Die Zeit vergeht sehr schnell, dann bewegt sich Ihr Kind selbständig.

Beim Einrichten des Kinderzimmers empfiehlt es sich, auch an Ihre eigenen Bedürfnisse beim Stillen oder Füttern des Babys zu denken; z.B. in Form eines bequemen Sessels, einer Fußbank, eines kleinen Tisches mit Steh- oder Tischlampe.

Die **Wickelkommode** sollte Schubladen besitzen und der Wickelaufsatz auf Hüfthöhe sein, damit Sie sich bequem zum Baby herunterbeugen können. Die Schubladen sollten mit einer Hand leicht zu öffnen sein, damit eine Hand immer beim Kind bleiben kann.

Ordnen Sie die Kleidung in den oberen Schubladen der Wickelkommode nach Größe und Gebrauch. Auf die eine Seite legen Sie Bodys und Söckchen, auf die andere die Strampler mit und ohne Arme. Hinter den Stramplern ohne Arme platzieren Sie am besten gleich die Jäckchen, damit Sie später beim Wickeln nicht lange suchen müssen und eine Hand wirklich immer beim Baby bleibt. **Legen Sie diese Hand Ihrem Baby sanft auf den Bauch oder halten Sie damit ein Bein oder einen Fuß fest.** Wenn Sie sich das **von Anfang an** – bei allem, was Sie am Wickeltisch machen – angewöhnen, ist das der beste Schutz, damit Ihr Kind nicht von der Wickelkommode fällt. Wichtig ist, dass Sie Ihren Säugling immer im Blick und im Griff haben, denn Ihr Baby macht sehr spontane und unkontrollierte Bewegungen.

Falls Sie doch einmal etwas vergessen haben und schnell das Zimmer verlassen müssen, Ihr Baby aber nackt ist und sie es nicht mit in die Kälte nehmen wollen, legen Sie es mit der Wickelunterlage kurz auf den Boden. Falls Ihnen jemals Ihr Kind von der Wickelkommode oder aus einer anderen Position herunterfällt, gehen Sie immer direkt zum Kinderarzt oder in eine Klinik (auch wenn das Baby unverletzt aussieht), um abzuklären, ob es keine Verletzungen oder Folgeschäden, die vielleicht erst im späteren Leben auftreten können, von diesem Sturz davongetragen hat.

Kleidung, die Sie nicht häufig brauchen oder die noch zu groß ist, verstauen Sie am besten in den unteren Schubladen der Wickelkommode.

Der **Wickelaufsatz** sollte seitlich erhöht und immer fest montiert sein. Befestigen Sie **Hängeregale** für die Pflegeutensilien so, dass Sie alles auf Anhieb im Blick haben und problemlos greifen können, ohne sich von Ihrem Baby wegdrehen zu müssen. Weniger ratsam ist es, ein Regal direkt über der Wickelkommode anzubringen, denn es kann leicht passieren, dass Sie sich beim Wickeln und Hochnehmen des Säuglings den Kopf daran stoßen oder ein Gegenstand aus dem Regal versehentlich auf das Baby fällt. Besser ist es deshalb, das Regal seitlich versetzt anzubringen. Ich bevorzuge Hängekörbe, die seitlich an der Wickelkommode angebracht werden können, um Pflegeutensilien wie Einwegwindeln, Creme usw. griffbereit unterzubringen.

Auf der Wickelkommode sollte eine **Wickelauflage** zum

Abwaschen mit einem bei 60 °C waschbaren Baumwollbezug liegen. Um zu verhindern, dass der Säugling direkt auf der Plastikunterlage liegt, können Sie auch ein Handtuch oder ein Moltontuch darüber legen, allerdings verrutschen diese leicht.

Sorgen Sie für ausreichend Wärme von ca. 24 °C in dem Raum, in dem das Baby gewickelt wird. (Das Badezimmer ist auch ein idealer Raum zum Wickeln, Waschen, Baden und Anziehen des Babys). Ein Heizlüfter oder eine Wärmelampe über der Kommode ist aus meiner langjährigen Erfahrung heraus empfehlenswert. Der Raum muss warm, darf aber nicht überhitzt sein! Bei angenehmen Temperaturen können Sie Ihr Baby dann auch längere Zeit nackt strampeln lassen oder mit ihm die Babygymnastik (siehe Seite 224) machen.

Stellen Sie jeweils einen **Windeleimer** und einen **Wäscheeimer** für die schmutzige Wäsche mit Deckel an den Wickelplatz. Ich empfehle einen Sensormülleimer, der den Deckel automatisch öffnet, oder einen Treteimer, den Sie mit dem Fuß öffnen können, um die Hände beim Säugling lassen zu können.

Der **Stubenwagen** sollte keine scharfen Kanten und herausragende Schrauben besitzen. Auch sollte er an den Seiten ringsum gepolstert sein, besonders am Kopfende, denn Ihr Baby wuselt sich schon früh ans Kopfende, möchte Kontakt und Begrenzung spüren und sich anlehnen können, dann fühlt sich Ihr Kind besonders geborgen. Der Vorteil eines Stubenwagens ist, dass er sich leicht in das Zimmer schieben lässt, in dem Sie sich aufhalten. Babys lieben Gesellschaft, wenn sie wach sind. Wenn der Säugling dann schläft, können Sie ihn in das Kinderzimmer schieben. Sie können ihn im Stubenwagen auch in den Schlaf fahren oder sanft in den Schlaf schaukeln. Das ist besonders nützlich, wenn Sie einen Rhythmus von Schlafen, Essen und Wachphasen erarbeiten (siehe Seite 180). Nachts sollte das Baby die ersten Monate nicht alleine schlafen, die WHO (Weltgesundheitsorganisation) empfiehlt wegen der Gefahr des Plötzlichen Kindstods dies sogar für das ganze erste Lebensjahr. Schläft das Baby trotzdem in einem anderen Raum, setzen Sie gegebenenfalls ein Babyphon ein, das aber nicht direkt am oder gar im Stubenwagen stehen darf, sondern mindestens 50 bis 100 Zentimeter entfernt, um Strahlen und Elektrosmog zu vermeiden.

Ein **Kinderbett** ist am praktischsten, wenn es mitwächst und höhenverstellbar ist. Das Bett sollte für die ersten Monate mit einer **Nest**-Polsterung am Kopfende ausgestattet sein, damit sich Ihr Baby mit seinem Köpfchen dort anlehnen kann. Neugeborene lieben Begrenzung und Kontakt. Das Nest muss gut befestigt sein, damit es nicht auf das Baby fällt oder zwischen Polster und Gitter rutscht. Die Bänder zum Befestigen sollten allerdings nicht zu lang sein, weil Ihr Kind sie dann in den Mund nehmen und daran ersticken könnte. Beim Bettkauf sollten Sie auf einen richtigen Lattenrost und eine antiallergische und atmungsaktive Matratze Wert legen. Oft werden sowohl Stubenwagen als auch das Bett mit dünnem Schaumstoff und einem Lattenrost aus dünnem Pappmaschee angeboten. Aber gerade ein Bett, in dem Ihr Kind einige Jahre schlafen soll, muss gut ausgestattet sein. Verwenden Sie keine Schaumstoff- und Plastikeinlagen oder Plastikbezüge zur Schonung der Matratze, denn dadurch könnte es leicht bei Ihrem Baby zum Wärmestau kommen, dies erhöht die Gefahr der Überwärmung und das Risiko des → **Plötzlichen Kindstods.**

Decken sollten dicht gewebt sein, um zu verhindern, dass sich die Finger und Zehen des Säuglings darin verfangen. Auch sollten sie wegen der Erstickungsgefahr keine Fransen besitzen. Als Füllung für die Bettdecke empfehle ich Daunen, Halbdaunen, Wildseide oder Schafwolle. Bei starkem Allergierisiko sollten die Decken zusätzlich antiallergisch sein. Diese sind bis 95 °C waschbar. Je weniger eine Decke wiegt, desto geringer ist die Gefahr, dass der Säugling keine Luft mehr bekommt, sollte er sich die Decke einmal über den Kopf ziehen oder darunter rutschen. Geeigneter als eine Decke ist deshalb ein **Schlafsack.** Je nach Jahreszeit sollte der Schlafsack aus Daunen oder aus Baumwolle bestehen. Verwenden Sie keine Schlafsäcke aus Synthetik; diese sind nicht atmungsaktiv. Schaf- oder Lammfelle sind nicht wirklich atmungsaktiv und können Allergien auslösen, außerdem stellen sie ein hygienisches Problem dar, da sie nicht heiß gewaschen werden können.

In den ersten Wochen ist die Wärmeregulierung der Babys noch recht instabil, sie neigen zu kalten Händen und Füßen. Spätestens ab dem dritten Monat sollte Ihr Baby im Schlafsack schlafen, denn dann werden die Babys im Schlaf sehr aktiv und strampeln sich oft frei. Ich ziehe schon Neugeborenen einen Schlafsack an und lege die Bettdecke nur über ihre Beine und Füße, maximal bis zum Bauch. Auf dieser Höhe können sie sich die Decke nicht über den Kopf ziehen. Außerdem befestige ich die Bettdecke mit Ringen und Clips an den Gitterstäben. Der Schlafsack darf nicht zu warm sein und muss der Körpergröße des Säuglings angepasst und aus Naturmaterial sein. Verwenden Sie kein

Kopfkissen, denn Säuglinge müssen flach liegen. Wichtig besonders im Kopfbereich ist eine gute Luftzirkulation.

Babywippen sind besonders für den jungen Säugling geeignet. Sie sollten jedoch wegen der Absturzgefahr nur auf dem Fußboden stehen. Die Wippe sollte nur für kurze Zeit der Aufenthaltsort Ihres Babys sein, da es sich darin nicht viel bewegen kann und die Wirbelsäule belastet wird. Besser eignen sich für einen längeren Aufenthalt **Krabbeldecken**. Sie liegen ausgebreitet auf dem Fußboden, und das Baby kann sich frei bewegen. Die Decken sollten sich gut waschen lassen und auch keine Teile besitzen, die sich ablösen können, wie z. B. Fransen und Knöpfe. Auch muss die Krabbeldecke wie die Bettdecke, dicht gewebt sein, damit der Säugling nicht mit seinen Fingern oder Zehen darin hängenbleiben kann.

Wenn Sie ein **Laufställchen** einsetzen wollen, gewöhnen Sie Ihr Baby von Anfang an daran. Das Laufställchen ist kein »Abstellparkplatz«, sondern dient als sicherer Ort in von Ihnen unbeobachteten Momenten, besonders wenn Haustiere oder eifersüchtige Geschwister mit im Hause leben. Im Laufställchen kann das Baby seinen Bewegungsdrang frei entfalten, später kann es sich alleine an den Gitterstäbchen hochziehen und das Gehen und Stehen üben. Außerdem lernt das Kind, sich kurze Zeit alleine zu beschäftigen. Das Ställchen ist zudem mobil und kann auch in andere Räume mitgenommen werden, wenn Sie sich dort aufhalten, um z. B. die Hausaufgaben der größeren Kinder zu beaufsichtigen, um Büroarbeiten zu erledigen, um zu kochen oder zu bügeln. Anders als im mit einem Türgitter versehenen Kinderzimmer ist Ihr Kind so nie alleine, wenn Sie sich um die Hausarbeit oder um seine Geschwister kümmern.

Das Laufställchen können Sie gut mit **Spielzeug** ausstatten. Babys lieben kräftige Farben, sanfte Geräusche und bewegliche Objekte. Spielerisch können Sie damit die Wahrnehmung Ihres Kindes anregen. Die Entwicklung des Gehirns ist nur teilweise genetisch bedingt und zum großen Teil abhängig von der Einwirkung verschiedener Reize und der Möglichkeit diese Reize zu verarbeiten. So unterstützen z. B. visuelle Reize das Sehvermögen. Aber bedenken Sie, dass die Sehschärfe eines Neugeborenen unmittelbar nach der Geburt nur etwa vier Prozent der eines Erwachsenen beträgt, mit einem halben Jahr sind es gerade mal zehn. Außerdem kann Ihr Baby zwar zwischen Gelb und Rot unterscheiden, nicht aber zwischen Grün und Blau. Auch Pastelltöne können Neugeborene nur schwer erkennen. Wählen Sie deshalb Spielzeug in auffallend großen Formen und kräftigen Farben. Die Spielsachen sollten leicht und weich sein. Ecken und Kanten sollten abgerundet und nicht spitz- oder scharfkantig sein, damit sich Ihr Kind daran nicht verletzen kann. Säuglinge saugen und beißen an ihrem Spielzeug und massieren dadurch ihren Kiefer schon lange vor dem eigentlichen → Zahnen. Deshalb ist es auch wichtig, dass das Spielzeug farbecht ist und keine giftigen Stoffe enthält. Überprüfen Sie regelmäßig das Spielzeug Ihres Babys, ob sich keine Teile ablösen, die Ihr Baby dann möglicherweise verschlucken und daran ersticken könnte.

Spielzeug für die ersten Wochen,
das Sie ins Bett bzw. in den Stubenwagen stellen oder dort anbringen können:

Spielbücher – aus Stoff (waschbar) mit geometrischen Formen und Farben mit scharfen Kontrasten (z. B. schwarz-weiß und rot)

Mobiles – eventuell mit eingebauter Spieluhr, auch hier kräftige Farben auswählen, gut geeignet sind Schwarz-Weiß-Schachbrettmuster

Selbst gemalte Bilder – mit kräftigen Farben, z. B. von älteren – darauf stolzen – Geschwistern

Fotos mit freundlichen Gesichtern – Säuglinge lieben Gesichter

Vorsicht: Keine Schnüre oder Bänder mit Spielzeug über das Bettchen oder Laufställchen quer spannen. Sobald Ihr Baby anfängt zu greifen, besteht Strangulierungsgefahr!

Der **Kinderwagen** ist der erste fahrbare Untersatz Ihres Babys, der ihm rundum Schutz vor Sonne, Wind und Regen bietet. Wählen Sie ein vielseitiges Modell aus. Der Wagen sollte sich zum Transport gut zusammenklappen lassen und nicht zu schwer sein (gut ist ein Alugestell). Die Bremse sollte leicht zu bedienen sein, damit Sie den Kinderwagen nicht loslassen müssen, um ihn festzustellen oder die Bremse zu lösen. Ideal ist ein Kinderwagen mit integrierter Tragetasche, verstellbarer Rückenlehne und einem Korb unter der Liegefläche. Besonders wichtig ist eine gute Federung.

Wenn Sie kurz hintereinander weitere Kinder haben möchten, ist es sinnvoll, dass Sie ein Kiddyboard so befestigen können, dass es die Bremse beim Lösen und Feststellen nicht behindert. Einige Modelle bieten auch die Möglichkeit, den Babyautositz ohne größere Umbauten auf das Fahrgestell zu montieren. Dadurch brauchen Sie Ihr Kind nach einer Fahrt nicht umzubetten. Da die Bewegungsfreiheit Ihres Babys in einem solchen Sitz allerdings eingeschränkt ist, eignet er sich nur für kürzere Fahrten und nicht für lange Spaziergänge. Weiterhin empfehle ich beim Kauf eines Kinderwagens, gleich ein passendes Regenverdeck und eventuell auch ein Sonnenverdeck sowie ein Sonnensegel mitzuerwerben. Im Winter sollte der Kinderwagen mit einem Daunensack ausgestattet sein, im Sommer mit einem Sommersack oder einem leichten Kissen.

Wenn Sie Ihr Baby in einem **Tragetuch** oder einer **Bauch- bzw. Rückentrage** immer am Körper tragen, wird es zwar den innigen Körperkontakt genießen, ist aber in seiner Bewegungsfreiheit ebenfalls stark eingeschränkt. Es kann nicht richtig strampeln oder sich richtig strecken. In einem Tuch kann es zudem seine Umwelt nicht richtig wahrnehmen, denn es hat keinen freien Blick.

Wenn Sie Ihr Neugeborenes in der **Tragetasche** transportieren, ist es wichtig, dass es sicher gelagert ist und beim Hin- und Herschlenkern beim Gehen nicht herausfällt. Eine Tragetasche darf nicht zum Befördern im Auto verwendet werden. Bei einem Unfall würde das Baby aus der Tragetasche fliegen, was tödlich für es sein könnte.

Beim Kauf eines Kinderwagens wollte die zukünftige Großmutter partout nicht, dass ein Wagen mit herausnehmbarer Tragetasche gekauft wurde. Als ihre schwangere Tochter sich einige andere Modelle genauer anschaute, erzählte sie mir den Grund. Sie war dabei gewesen, wie das Kind einer Freundin aus der Tragetasche stürzte. Um es zu beruhigen war es zu heftig hin-

und hergeschaukelt worden. Unglücklicherweise fiel es auf einen harten Steinboden und starb wenige Tage später an seinen Verletzungen.

Der **Kindersitz** bzw. **der Babysitz** sollte überwiegend nur im Auto verwendet werden, denn Säuglinge können sich darin nicht strecken, nicht bewegen. Bei längeren Autofahrten sollten Sie deshalb Pausen einlegen, bei denen Sie Ihr Baby aus dem Babysitz nehmen, damit es sich frei bewegen kann. Probieren Sie den Babysitz sowie auch den Autositz vor dem Kauf in Ihrem Auto aus, nicht jeder Autositz oder jeder Babysitz passt zu jedem Gurtsystem. Babyschalen sind bei längeren Autofahrten und für sehr kleine zarte Babys empfehlenswert, denn das Baby liegt angegurtet in der Schale sicher. Die Babyschale ist aber nur für einen kurzen Zeitraum, ca. vier Monate, zu verwenden, weil dann das Baby zu groß ist und in einen Autositz wechseln muss, deshalb ist die Anschaffung nur bei häufigem Gebrauch und längeren Fahrten sinnvoll. Kindersitze dienen der Sicherheit nur dann, wenn sie richtig montiert sind. Deshalb lesen Sie die Gebrauchsanleitung gründlich und üben Sie Einbau und Handhabung schon vor dem ersten Einsatz mit Baby. Wählen Sie möglichst einen hellen Bezug für den Autositz. Denn dunkle Bezüge erhitzen sich nach einiger Zeit in der Sonne.

Babysitze dürfen nicht auf den Beifahrersitz, wenn das Auto mit einem Airbag ausgestattet ist, der nicht ausgeschaltet werden kann. Um Ihr Baby, das mit dem Rücken in Fahrtrichtung in dem Autositz auf dem Rücksitz sitzt, im Rückspiegel zu sehen, können Sie einen Spiegel aus Metall oder Plastik am Rücksitz befestigen. Es gibt Rücksitzspiegel, die mit einem bunten Rand oder Spielzeug verziert sind und andere mit Licht und Musik, die sich durch eine Fernbedienung steuern lassen.

Nach neusten ADAC-Tests sind Babykindersitze mit Easy-Fix-Base installiert sicherer als die einfachen Babysitze. Die Sitze werden einfach in die Halterung eingeklickt, Sie müssen den Babysitz nicht extra angurten.

Bei der Auswahl der **Babykleidung** sollte Bequemlichkeit und Sicherheit Vorrang vor modischen Überlegungen haben. Babykleidung sollte vor allem weich sein und genügend Bewegungsfreiheit bieten. Ihr Baby bewegt sich viel und ruckartig, was auch für seine Entwicklung notwendig ist. Die Kleidung sollte sich auch leicht dehnen lassen, damit das An- und Ausziehen nicht zur schmerzhaften Tortur wird. Bevorzugen Sie Naturfasern, z.B. unbehandelte Baumwolle, weil sie atmungsaktiv sind und sich bis zu 60 °C in der Waschmaschine gut waschen lassen. Synthetische Fasern saugen den Schweiß nicht so gut auf und reizen meist die empfindliche Haut des Neugeborenen. Aus diesem Grund sollte die Kleidung auch keine Fell- oder zu große Spitzeneinsätze haben.

Einteilige Strampler sind ideal, weil sie das Baby rundherum warm halten. Verschlüsse im Schritt und an der Innenseite der Beine sorgen dafür, dass die Windel im Handumdrehen gewechselt werden kann, ohne dass Sie Ihr Baby jedes Mal ganz ausziehen müssen. Achten Sie darauf, dass

Ihr Baby seine Füße und seine Zehen frei im Fußteil des Stramplers bewegen kann.

Bodys sind als Unterwäsche optimal. Für die ersten Wochen gibt es Bodys, die Sie seitlich mit Schleifen oder mit Druckknöpfen schließen können und nicht über den Kopf ziehen müssen. Sie lassen sich leicht anziehen, verrutschen nicht und lassen dem Säugling genügend Bewegungsfreiheit. Über die Füße ziehen Sie Ihrem Baby **Baumwollsöckchen**, die nicht abschnüren, dann den Strampler und darüber noch einmal **Wollsöckchen**, weil der noch neugeborene Säugling zu schlechter Durchblutung der Extremitäten, also zu kalten Händen und Füßen, neigt. Eine Kopfbedeckung braucht das Baby in der Wohnung aber nicht.

Von der »Bundesstiftung Mutter und Kind« haben Eltern die Möglichkeit, Geld für die Erstlingsausstattung ihres Babys zu bekommen. Anträge können bei der Arbeiterwohlfahrt, der Caritas, dem Deutschen Paritätischen Wohlfahrtsverband, dem Deutschen Roten Kreuz, dem Diakonischen Werk, donum vitae, Pro Familia, dem Sozialdienst katholischer Frauen oder bei den anderen Schwangerschaftsberatungsstellen gestellt werden.
www.bundesstiftung-mutter-und-kind.de

Vielleicht können Sie von Freunden oder Bekannten einige Teile der Erstausstattung gebraucht leihen oder käuflich erwerben, viele Teile werden nur kurze Zeit benutzt. Gerade in den ersten Wochen wachsen die Säuglinge sehr schnell aus ihrer Babyausstattung heraus. Besonders ergiebig sind auch die vielen Flohmärkte für Baby- und Kinderkleidung, die oft von Eltern mit kleinen Kindern selbst organisiert werden.

Viele Teile der Erstlingsausstattung bekommen Sie auch in gut sortierten Drogerie-Märkten sowie in Baby-Fachmärkten, in denen Sie auch die Kinderzimmerausstattung, den Kinderwagen mit der passenden Wäsche für Bett oder Stubenwagen bekommen.

Die Erstausstattung

Einrichtung
- Stubenwagen mit Ausstattung
- Bett mit Ausstattung
- Wickelkommode
- Sessel mit Armlehnen
- Fußbank
- Tisch mit Tischlampe
- eventuell ein Nachtlicht
- Wickelauflage, seitlich erhöht
- drahtloses Babyphon
- Heizlüfter fürs Bad oder eine Wärmelampe über die Wickelkommode

Ab der 5. Woche
- Krabbeldecke
- Babywippe
- Laufställchen

Kleidung
- 6 Strampler mit langem Arm als Schlafanzüge (wenn die Strampler groß ausfallen, kann es Gr. 56 sein, ansonsten 62
- 6 Bodys Gr. 62 mit langem Arm
- 2 dünne Baumwollmützen
- 2 Wollmützen (je nach Außentemperatur)
- 3 Paar Baumwollsöckchen
- 2 Paar Wollschühchen oder Wollsöckchen
- 1 Sonnenhut/Sonnenschutz fürs Auto (für den Sommer)
- 1 Schneeanzug (nur im Winter)
- 1 Sonnenbrille, an der See sowie auch im Schnee sehr wichtig!
- 1 Ausfahrgarnitur mit Wollsöckchen
- 2 wollene Strickjacken oder Baumwolljäckchen je nach Jahreszeit
- 1 Baumwolldecke (Sommer), Wolldecke (Winter), am besten gleich mit zwei Baumwollbezügen, die bei 60 Grad waschbar sind

Tücher, Decken, Windeln
- 6–12 Mullwindeln
- Moltontücher
- Einwegwindeln (die kleinsten)
- Liegelind (zwei kleine für den Kinderwagen – zwei für den Stubenwagen oder das Bett)
- Spannbettlaken (zwei für den Kinderwagen – zwei für den Stubenwagen)

- Federbett – am besten Odenwälderkissen/Daunen-flaum oder ein antiallergisches Kissen mit zwei bis drei Bezügen
- Schlafsack dick oder dünn je nach Jahreszeit und Außentemperatur

Pflegeutensilien
- Fieberthermometer, eventuell Fieberzäpfchen für Säuglinge
- Korb mit Deckel für die schmutzige Wäsche oder Wäscheeimer
- Windeleimer, Treteimer mit Deckel oder besonders empfehlenswert: mit Sensor (Deckel öffnet und schließt sich automatisch)
- Nagelschere für Säuglinge, besonders gut sind Na-gelscheren von der Firma Zwilling
- Babywärmflasche mit Bezug
- Haarbürste
- Wattestäbchen für Säuglinge
- Pocreme (z. B. zinkhaltige Cremes für den Windel-bereich)
- Kosmetiktücher
- Feuchttücher, keine Öltücher
- kleine Waschschüssel

Zum Baden
- 2–3 Babyhandtücher mit Kapuze
- 6 Mullwaschlappen, sehr gut ist auch ein kleiner Naturschwamm, ideal für die Falten

- Babybadewanne mit Gestell
- Babybad – rückfettend
- Badethermometer

Für unterwegs
- Babyautokindersitz – gut mit Fahrgestell, aber besser, wenn er auf das Kinderwagengestell passt
- Rucksack oder Wickeltasche
- Tragetuch oder Babybauch- bzw. Rückentrage
- Kinderwagen mit Regen- und Sonnenschutz

Für die Ernährung

Für Babys, die nicht gestillt werden, oder später wenn Sie abstillen
- 2 Thermoskannen (¾ l) in verschiedenen Farben (für heißes und kaltes Wasser). Empfehlenswert sind Kannen mit Metallkern, der Verschluss sollte mit einer Hand zu bedienen sein.
- Wasserkocher
- Vaporisator, er sollte sich automatisch ausschalten und 6 Flaschen und Zubehör aufnehmen können.
- kleine Teeflasche mit Teesauger
- 6 Glasflaschen, Sauger (mit Ventil)
- 1 Flaschenständer
- Flaschenbürste und Saugerbürste
- Flaschenwärmer
- Portionsdose
- Babymilchpulver

- → **Schnuller** NUK 0–6 Monate (bei starkem Saugbedürfnis)

Für die stillende Mutter
- Stilleinlagen für die stillende Mutter, Einweg oder
Wolle und Wolle mit Seide, je nach persönlicher
Vorliebe
- Vorlagen (Wochenfluss)
- Milchpumpe (vor allem für berufstätige Mütter, die
voll stillen möchten, ist eine transportable Tandem-
pumpe mit einer Kühlungsbox, die sowohl elektrisch wie auch mit Batterie und auch handbetrie-
ben werden kann, sehr zu empfehlen.)
- sterile Gefrierbeutel oder Einwegflaschen, um die
abgepumpte Milch einzufrieren (solche Beutel gibt
es in Drogeriemärkten)

Eine elektrische Milchpumpe sowie eine Babywaage können Sie in Ihrer Apotheke ausleihen. Reservieren Sie sich
diese Geräte rechtzeitig (ca. vier bis sechs Wochen vor dem
Geburtstermin), da die meisten Apotheken nur wenige davon vorrätig haben. Auch in Milchpumpzentralen sind diese Pumpen nur in begrenzter Stückzahl erhältlich. Das da-
zugehörige Flaschenset können Sie nur käuflich erwerben.
Jeder stillenden Mutter steht eine von der Krankenkasse
bezahlte Handpumpe zu, am besten, Sie lassen sich gleich
in der Klinik ein Rezept ausstellen. Auch die Handpumpe
muss gesäubert/sterilisiert werden, darf nicht einfach aus
der Packung genommen und ungewaschen benutzt wer-

den. Sie ist zwar neu, aber deshalb nicht sauber, und schon gar nicht steril, was sie aber sein muss.

Wo soll das Kind geboren werden?

Der Entschluss, wo die Geburt stattfinden soll, in der Klinik, im Geburtshaus oder zu Hause, sollte vor allem zum Wohl des Kindes und der Mutter getroffen werden. Am besten beraten Sie sich in dieser Frage mit Ihrem Gynäkologen, da er Sie in der Schwangerschaft begleitet hat, kennt er die für Sie und Ihr Kind bestehenden Risiken am besten.

Für mich stellt eine Geburt im **Geburtshaus** immer ein erhöhtes Risiko für Mutter und Kind dar, weil kein Gynäkologe und kein Kinderarzt und fast keine medizinische Ausstattung außer einem CTG (Wehenschreiber) sowie ein Notfallset zur Beatmung des Säuglings zur Verfügung stehen. Darauf werden Sie auch hingewiesen, wenn Sie sich für das Geburtshaus entscheiden und unterschreiben ein vorbereitetes Formular vor der Entbindung, ähnlich wie bei einer Operation, mit Hinweisen auf die Risiken und eine eventuelle Verlegung in eine Klinik.

Im Geburtshaus dürfen nur Frauen entbinden, deren Schwangerschaft komplikationslos verlief und die sich in der 37. Woche befinden. Zur Schmerzbekämpfung können nur alternative Mittel, z. B. Akupunktur, Meditation und homöopathische Medikamente, eingesetzt werden. Es gibt keine Schmerzbekämpfung mit Opiaten. Auch können Ihnen im Notfall oder bei Komplikationen (z. B. bei extremem Blutverlust) keine Blutkonserven gegeben werden.

Falls Sie eine Leitungsanästhesie oder Periduralanästhesie (rückenmarksnahe Anästhesie) brauchen oder in Anspruch nehmen wollen, müssen Sie verlegt werden.

Aber selbst bei einer unproblematischen Schwangerschaft kann es während der Geburt zu unvorhersehbaren Komplikationen kommen (allgemein geht man davon aus, dass es bei jeder fünften bis sechsten Schwangerschaft zu Geburtsschwierigkeiten kommt), z.B. zu Nabelschnurumschlingungen und dadurch bedingte Unterbindung der nötigen Sauerstoffzufuhr beim Kind oder abfallende Herzfrequenz des Babys oder Steckenbleiben des Kindes im Geburtskanal. Bis ein Notkaiserschnitt gemacht werden kann, geht viel kostbare Zeit verloren und die Auswirkungen für das Kind können irreparabel sein. Auch starke, nicht stillbare Blutungen der Mutter (z.B. bei einem Gebärmutterriss) können unvorhergesehen auftreten. Oder es kann zu einem Geburtsstillstand kommen, weil die Wehentätigkeit zu schwach ist oder nicht genügend Wehen vorhanden sind, um das Kind auf natürliche Weise zu gebären, und Sie deshalb schnellstens mit einem Rettungswagen/Krankenwagen in eine Klinik transportiert werden müssen. Der Zeitverlust durch den Transport kann für Mutter und Kind in solchen Fällen lebensbedrohlich werden. Rettungswagen mit spezieller Ausrüstung und Geburtshelfern gibt es in der Regel nur in Großstadt-Zentren.

Eine Geburt im Geburtshaus ist immer auch eine ambulante Geburt, die nur teilweise von Ihrer Krankenkasse bezahlt wird. Nur die Entbindung im Geburtshaus, nicht aber die Rufbereitschaft der Hebamme ab 37. Schwangerschaftswoche, wird erstattet. Diese Kosten müssen Sie selbst zahlen. Sie und Ihr Kind werden im Allgemeinen

43

drei Stunden nach der Geburt aus dem Geburtshaus nach Hause entlassen.

Hausgeburten sind mit den gleichen Risiken verbunden wie eine Geburt im Geburtshaus. Die Mutter ist zwar in einer ihr vertrauten Umgebung und kann dort auch bleiben, doch falls die oben genannten Komplikationen auftreten, muss schnellstens gehandelt werden. Wie auch im Geburtshaus ist bei einer Hausgeburt kein Kinderarzt mit den entsprechenden medizinischen Hilfsmitteln vor Ort, der, wenn es sein muss, einen Säugling reanimieren (wiederbeleben) kann.

Die werdenden Eltern kontaktieren mich meistens am Beginn der Schwangerschaft. Während eines dieser ersten Kennenlerngespräche berichtete das werdende Elternpaar, dass der zukünftige Großvater des Kindes und »Chef des Hauses« unbedingt wollte, dass der Stammhalter im Hause geboren werde. Die Eltern wollten dies nicht, aber da der Großvater nun einmal das Sagen hatte, baten sie mich, mit ihm zu sprechen. Ich führte einige längere Gespräche, und es war schwierig, ihn davon zu überzeugen, dass eine Hausgeburt ein nicht unerhebliches Risiko für Mutter und Kind darstellte. Sein Hauptargument war immer wieder, dass alle Kinder der Familie seit Generationen zu Hause geboren wurden, dass das bei seinem ersten Enkelkind, ein Junge, der später in seine Fußstapfen treten werde, ebenso sein sollte. Er schlug sogar vor, einen Rettungswagen in den letzten Wochen vor der Geburt in den Hof stellen zu lassen, damit wäre im Notfall kostbare Zeit gewonnen. Erfreulicherweise konnte ich ihn aber doch noch davon abbringen, indem ich ihm die Risiken und die damit möglicherweise entstehenden lebenslangen Behinderungen des Kindes drastisch schilderte.

Und tatsächlich: Unglücklicherweise blieb bei dieser Geburt das Kind im Geburtskanal stecken, die Herztöne wurden schwächer und auch die Wehentätigkeit reichte nicht, um das Kind auf natürliche Weise zu gebären, es musste ein Notkaiserschnitt vorgenommen werden. Dank der apparatemedizinischen Versorgung und der Ärzte, die sofort in der Klinik operieren konnten, haben Mutter und Kind die Geburt ohne bleibende Schäden überstanden. Die Mutter hat sich lange Zeit nach der Geburt immer wieder ausgemalt, was wohl passiert wäre, wenn sie zu Hause entbunden hätte. Sie hatte schreckliche Albträume deswegen und schilderte mir diese immer wieder. Der Großvater war sehr froh, dass er sich zu einer ambulanten Geburt in der Klinik hatte überreden lassen. Wie er sagte, hätte er beinahe aus falsch verstandenem Traditionsbewusstsein große Schuld auf sich geladen.

Wenn es zu Komplikationen bei einer Hausgeburt oder im Geburtshaus kommt, tragen die Eltern das Risiko für die eventuellen Folgen, zum Beispiel eine Behinderung des Kindes, und nicht die Hebamme, es sei denn, es liegt grobe Fahrlässigkeit ihrerseits vor. Wie bei einem in der Presse ausführlich behandelten Fall, bei dem eine Hebamme nach der Hausgeburt dem gelblich werdenden Baby in den ersten Tagen zwar Blut zur Kontrolle des Bilirubinwertes abgenommen und auch zur Untersuchung ins Labor geschickt, sich aber nicht sofort um den dort festgestellten Wert gekümmert hatte. Obwohl das Labor ihr **nachweislich** umgehend den viel zu hohen Wert mitteilte, informierte sie die betroffenen Eltern erst am darauffolgenden Nachmittag. Die notwendigen Maßnahmen, um einen Kernikterus zu verhindern, konnten dadurch erst viel zu spät eingeleitet werden und eine Schädigung des zentralen Nervensystems

(ZNS) bei dem Säugling war nicht mehr zu verhindern. Vielleicht erregte dieser Fall so großes öffentliches Interesse, weil er eine absolute Ausnahme darstellte; in der Regel arbeiten Hebammen äußerst zuverlässig und sicher und das schon seit vielen Jahrzehnten.

Neben den medizinischen Aspekten stellt sich bei einer Hausgeburt auch die Frage, ob man in einem Mietshaus, das häufig akustisch nicht gut isoliert ist, die Nachbarn an seiner natürlichen Geburt teilhaben lassen möchte. Denn Schmerzmittel können nur sehr begrenzt eingesetzt werden. Angewandte Akupunktur bzw. homöopathische Mittel können die Schmerzen zwar lindern helfen, doch wie stark die Wehen sind und wie lange eine Geburt dauert, kann man im Voraus nicht sagen. Meistens wissen Sie als werdende Mutter selbst nicht, was für ein Geburtsschmerz auf Sie zukommt und wie viel Schmerz Sie ertragen können. Eine Periduralanästhesie (PDA) darf nur ein Arzt spritzen, diese Möglichkeit ist bei einer Hausgeburt und im Geburtshaus nicht gegeben. Eine Hebamme hat keine Befähigung zur PDA-Durchführung. Sicher, früher mussten unsere Mütter und Großmütter auch den Geburtsschmerz ertragen, sie bekamen höchstens Lachgas, wenn sie im Krankenhaus entbunden haben. Sollte man aber das Risiko, im Notfall erst in eine Klinik zu müssen, und eventuell starken und lang andauernden Geburtsschmerz in jedem Fall in Kauf nehmen? Oder sollte man nicht lieber Sicherheit und ein schmerzarmes/-freies Geburtserlebnis für Mutter und Kind als Normalität erachten und schätzen? (Wie würde die Antwort aussehen, wenn Männer die Kinder bekommen würden?) Eine schwere Geburt ist auch für das Kind mit Stress und Anspannung verbunden.

Besonders, wenn es womöglich im Geburtskanal stecken bleibt. Das Verhalten des Babys könnte durch ein solches bedrohliches Ereignis schwerpunktmäßig in den ersten Wochen und Monaten gekennzeichnet und beeinträchtigt sein. Auch kann eine lange, anstrengende Geburt zu einem erhöhten und verlängerten → **Ikterus** führen. Jede Frau muss letztlich selbst entscheiden, ob sie eine ganz natürliche Geburt ohne jegliche Medikamente möchte. Wenn sie den Geburtsschmerz und den sogenannten Geburtsschrei gerne erleben möchte, weil sie der Meinung ist, dies gehöre zu einer natürlichen Geburt, ist dies auch in der Klinik möglich. Aber manchmal entscheidet einfach erst der Geburtsverlauf über den Einsatz von schmerzlindernden Mitteln, und keine Frau sollte sich nach der Geburt schlecht oder schwach fühlen, weil sie diese vielleicht gegen ihr eigentliches Vorhaben in Anspruch genommen hat.

Wenn Frauen eine große Abneigung gegen Krankenhäuser haben, aber trotzdem nicht auf eine optimale medizinische Versorgung verzichten wollen, ist eine **ambulante Geburt in der Klinik** (Mutter und Kind verlassen am Tag der Geburt die Klinik) ein guter Kompromiss zwischen einer Hausgeburt/Geburtshausgeburt und einer Klinikgeburt.

Speichern Sie sich die Nummer vom Kreißsaal frühzeitig in Ihr Handy oder notieren Sie diese auf einen Zettel griffbereit, auch für Ihren Partner.

Eine ambulante Geburt findet in einer Klinik Ihrer Wahl statt. Sie lernen die Hebamme kennen (eventuell können Sie auch »Ihre« Hebamme, als Beleghebamme, mitbringen) und die Ärzte – auch den Kinderarzt –, Sie wissen, wer Sie neben der Hebamme noch betreut und falls es zu Komplikationen kommt, dass Sie medizinisch versorgt sind. Der Kinderarzt untersucht das Neugeborene, prüft die Vitalzeichen und gibt Ihrem Baby die erste Vitamin-K-Dosis, um Hirnblutungen zu verhindern. Gegebenenfalls kann der Kinderarzt dem Neugeborenen bei Bedarf etwas Sauerstoff verabreichen. Das Neugeborene kann, falls der Kreislauf noch sehr instabil ist und es nicht mehr bei der Mutter auf dem Bauch liegt, in ein Wärmebett gelegt werden. Wenn es Ihnen und Ihrem Kind gutgeht und alles normal verlaufen ist, können Sie noch am Tag der Geburt nach Hause. Voraussetzung ist, dass Sie sich zu Hause ins Bett legen können, der Haushalt und die älteren Kinder versorgt und Sie von einer fachlich kompetenten Hilfe (Hebamme, Kinderkrankenschwester, Krankenschwester oder Stillberaterin) betreut werden.

Setzen Sie sich schon vorzeitig mit einer freiberuflichen Hebamme, die zu Ihnen nach Hause kommt, in Verbindung, um Termine für Hausbesuche nach der Geburt zu vereinbaren. Auch den Kinderarzt sollten Sie schon vor der Geburt auswählen und mit ihm besprechen, ob er notfalls auch zu Ihnen nach Hause kommt oder im Notfall auch nachts telefonisch erreichbar ist. Es ist auch gut, wenn Sie sich die Durchwahlnummer der Wochenstation Ihrer Entbindungsklinik geben lassen. Die Kinderkrankenschwestern können Sie im Notfall oder am Wochenende telefonisch um Rat fragen. Die Schwestern in der Klinik kennen Ihr Baby und können Ihnen Tipps im Umgang mit Ihrem Neugeborenen geben.

Die meisten Hebammen kommen – meist leider zu unterschiedlichen Tageszeiten – in den ersten zehn Tagen nach der Geburt zu Ihnen nach Hause. Diese Leistung übernimmt Ihre Krankenkasse. Informieren Sie sich, welche Aufgaben und wie viel Zeit der Betreuung und Beratung Ihre Krankenkasse übernimmt.

Die Hebamme gibt Ratschläge bei Stillproblemen und kontrolliert beim Baby die Heilung des Nabels sowie bei der Mutter die Rückbildung der Gebärmutter und den Wochenfluss, wenn Sie dies möchten. Alternativ überprüft die Rückbildung spätestens sechs Wochen nach der Geburt auch Ihr Gynäkologe. Diese sogenannte Abschluss- bzw. Kontrolluntersuchung bei Ihrem Gynäkologen sollten Sie auf jeden Fall wahrnehmen.

Frauen bleiben heute bei einer **stationären Spontan-Geburt** im Durchschnitt drei Tage im Krankenhaus, bei einem Kaiserschnitt sind es je nach Wundheilung fünf, höchstens sieben Tage. Vom medizinischen Standpunkt aus betrachtet ist die Klinik der sicherste Ort für eine Entbindung, weil bei Komplikationen schnelle und kompetente Hilfe und alle dafür benötigten Hilfsmittel und apparative Ausrüstung zur Verfügung stehen.

Das benötigen Sie in der Klinik

- Nachtwäsche, die sich vorne weit genug zum Stillen öffnen lässt
- einen Morgen- oder Bademantel
- bequeme Hausschuhe und ein Paar dicke Socken
- einige Einwegunterhosen für die ersten Tage nach der Geburt
- 2–3 Still-BHs und Stilleinlagen
- persönliche Pflegeutensilien
- Traubenzucker in Form von Bonbons (gibt Ihnen, wenn Sie in den Wehen liegen, etwas Kraft)
- Telefonverzeichnis, um Familie und Freunde zu erreichen (Handys sind in Kliniken nur beschränkt einsetzbar)

Beim Heimweg trägt Ihr Baby zum ersten Mal seine eigene Kleidung. Auch die muss rechtzeitig in der Klinik sein. Viele Mütter nehmen sie deshalb gleich mit in die Klinik. Benötigt werden:

- Babybody mit langen Armen
- einteiliger Strampler
- Baumwoll- oder Wollsöckchen
- Wolljäckchen
- Baumwoll- und oder Wollmütze, je nach Jahreszeit
- Wolldecke
- Mullwindel

Beim Abholen den Babyautositz nicht vergessen! Falls Sie einen Spaziergang von der Klinik nach Hause planen, muss auch der Kinderwagen rechtzeitig gerichtet sein.

Packen Sie Ihren Klinikkoffer am besten einen Monat vor der Geburt, so haben Sie ihn griffbereit, wenn es losgeht.

In der Klinik werden Sie rundum versorgt, Sie können sich Hilfe holen und Fragen stellen, wenn Sie sich unsicher mit Ihrem Baby fühlen. Auch bekommen Sie schon einige praktische Handgriffe mit dem Neugeborenen vermittelt. Leider wird den Müttern heute vieles nicht mehr gezeigt, zum einen aus Zeit- und Personalmangel, zum anderen weil die Mütter heute nach sehr kurzer Zeit wieder nach Hause gehen. Früher waren junge Mütter sieben bis zehn Tage in der Klinik und fühlten sich bei der Entlassung viel sicherer im Umgang mit ihrem Baby – gerade beim ersten Kind. Heute haben viele Mütter noch nicht einmal gesehen, wie ein Baby gebadet wird, geschweige denn, ihr Baby selbst einmal unter Anleitung gebadet.

Klinikauswahl – darauf kommt es an

An erster Stelle bei der Wahl der Klinik steht die optimale medizinische Versorgung von Mutter und Kind. Am besten ist es, wenn die Klinik eine Intensivstation für Neugeborene besitzt. Sollte das nicht der Fall sein, klären Sie, wie weit die nächste Klinik mit einer solchen Intensivstation entfernt ist. Erkundigen Sie sich dann, ob ein Kinderarzt, am besten ein Neonatologe – ein Facharzt für Kinder- und Jugendmedizin mit Spezialgebiet Neu- und Frühgeborenenmedizin, der eigens in der intensivmedizinischen Versorgung von gefährdeten Neugeborenen geschult ist – vor Ort ist. Ein Neonatologe sollte vor allem bei bekannten Risikoentbindungen die Erstversorgung des Kindes vornehmen oder zumindest ein Facharzt für Kinder- und Jugendmedizin mit Erfahrung in dieser Disziplin. Bei Kaiserschnittgeburten sollte grundsätzlich ein Facharzt für Kinder- und Jugendmedizin anwesend sein, der das Neugeborene umgehend untersucht.

Ist in einer unvorhersehbaren Notsituation ein solcher Facharzt nicht verfügbar, müssen auch Frauenärzte, Anästhesisten oder Hebammen vor Ort die Erstversorgung vornehmen können. Deshalb fragen Sie in der von Ihnen ausgesuchten Geburtsklinik nach, ob das Personal dort Neugeborene reanimieren kann und wie oft sie dieses schon durchgeführt oder trainiert haben.

Weitere Fragen, die für die Klinikauswahl entscheidend sind
- Wie ist die Einstellung zum Stillen?
- Wie wird der Umgang mit Schmerzmitteln gehandhabt?
- Welche geburtserleichternden Einrichtungen sind vorhanden, z. B. Badewanne, Geburtsrad, Gebärhocker usw. und wie oft wurden diese in letzter Zeit eingesetzt?
- Wie ist die Einstellung zur Periduralanästhesie (PDA)? Wird sie ohne Probleme auf Wunsch einge-

setzt? Wer führt sie durch, und wie oft im Monat spritzt der Arzt die PDA?

- Wie ist die Einstellung zur Leitungsanästhesie (Schmerzausschaltung bestimmter Regionen, periphere Regionalanästhesie)?
- Werden homöopathische Mittel und Akupunktur angeboten?
- Welche Methode nutzt die Klinik, wenn die Geburt eingeleitet werden muss, z. B. wird ein Wehentropf (Oxytocin) oder ein Gel eingesetzt? Gel kann nicht so gut dosiert werden wie ein Wehentropf. Dagegen kann ein Wehentropf zu Herzrasen führen.
- Wie ist das Rooming-in organisiert?
- Wie sind die Besuchszeiten? (In Dreibettzimmern ohne Besuchszeiten kommt keiner zur Ruhe.)
- Gibt es Familienzimmer, und was kosten sie?
- Gibt es ein Säuglingszimmer?

Heute gibt es in den Kliniken zum Glück keinen Kreißsaal mehr, in dem die »Kreißenden« nur durch spanische Wände getrennt waren und die Geburt der anderen werdenden Mütter wie deren Geburtsschmerzen und Geburtsschreie mit anhören mussten. Auch sind die Geburtszimmer in den modernen Kliniken nicht mehr kalt und steril gehalten, sondern hell und freundlich ausgestattet, damit sich die werdende Mutter allein oder mit einer Begleitperson wohlfühlen kann.

Fast alle Kliniken bieten Informationsabende an, die Sie am besten mit Ihrem Partner besuchen sollten, dabei haben Sie die Gelegenheit, sich auch das Entbindungszimmer anzuschauen sowie die Wöchnerinnen- und Neugeborenenstation.

Sehen Sie sich auch die Zimmer auf der Wöchnerinnenstation an und lassen Sie sich die dortigen Abläufe erklären. Wie ist der Personalschlüssel, wie viele Schwestern und Hebammen sind auf der Wochenstation in einer Schicht tätig? Gibt es Stillberaterinnen? Welche Hilfestellungen bekommen Sie beim Stillen? Gibt es Kinderkrankenschwestern? Teilweise ist der Kreißsaal, das Geburtszimmer, modern und freundlich eingerichtet, die Wochenstation aber wurde seit Jahren nicht mehr renoviert.

In einigen Kliniken gibt es sogenannte Familienzimmer, dort darf der Vater oder eine Begleitperson mit der Mutter in einem Zimmer wohnen. Wenn beide Eltern gern ein Familienzimmer bewohnen, kann auch der Vater vom ersten Tag an den sicheren Umgang im Hochnehmen, Halten und in der Pflege des Babys erlernen und seine eigenen Fragen stellen. Allerdings ist eine Klinik kein Hotel, meist bekommt der Vater nur ein Klappbett, denn in erster Linie geht es ja um die Sicherheit für Mutter und Kind.

In einigen Klinken wird das sogenannte Bonding (engl. Bindung) sehr groß geschrieben, die Neugeborenen schlafen rund um die Uhr bei den Müttern im Bett – auch wenn die Mutter mit einem Kaiserschnitt entbunden hat und sich aufgrund von großen Schmerzen besonders in den ersten drei Tagen kaum bewegen kann und daher besonders viel Hilfe beim ersten Anlegen/Stillen des Neugeborenen benötigt. Das Baby verfügt zwar über einen angeborenen Saugreflex, beherrscht aber nicht immer gleich die richtige Saugtechnik. Gerade erstgebärende Mütter, die per Kaiserschnitt entbunden haben, brauchen besondere Hinweise und Hilfen, wie sie bequem im Sitzen oder im Liegen ihr Baby stillen und halten können, denn durch die Narbe und den damit verbundenen Wundschmerz sind sie in ihren Bewegungen und Belastungen in den ersten Tagen und Nächten stark eingeschränkt. Erkundigen Sie sich deshalb, ob trotz Rooming-in die Neugeborenen zeitweise, eventuell auch eine ganze Nacht, im Säuglingszimmer bleiben können, falls Sie sich zu erschöpft fühlen.

Ich habe die Erfahrung gemacht, dass auch sogenannte stillfreundliche Kliniken aus Zeit- und Personalmangel den Müttern beim Anlegen der Babys nur ungenügend behilflich sind. Aber richtiges Anlegen ist gerade zu Beginn der Stillzeit besonders wichtig. Gerade bei Erstgebärenden, wenn sie nicht richtig angeleitet werden und ihr Baby den ganzen Tag und teilweise auch nachts an der Brust nuckelt, sind die Brustwarzen (Mamillen) oftmals schon vor dem Einschießen der Milch wund geworden. Nach einer Kaiserschnittgeburt schießt die Milch sogar meist erst am vierten oder fünften Tage ein! Weil jedes Stillen dann mit großen Schmerzen verbunden ist, stillen viele Mütter schon bevor der Milchfluss richtig in Gang kommt ab.

Ich selbst war schon einige Male mit Müttern in der Klinik, und wir haben uns ein Zimmer und ein Badezimmer geteilt. Mit dem Baby waren wir also zu dritt, was sehr hilfreich für die Mutter war. Oftmals gab es nämlich für sie keine zusätzliche Unterstützung in der Klinik, und die Frauen, die ohne Partner oder Begleitperson auskommen mussten, fühlten sich in einer sterilen, technisierten Umgebung mit viel Hektik und Stress ziemlich allein gelassen. Deshalb kann ich verstehen, wenn Mütter gern zu Hause in einer vertrauten Umgebung entbinden möchten. Aber die Risiken sind einfach viel zu groß. Früher hatten die werdenden Mütter nicht die Möglichkeit, so gut versorgt ihre Kinder zur Welt zu bringen. Dank der medizinischen Entwicklung und dem Fachpersonal sowie den hygienischen Verhältnissen in den Kliniken sind Säuglingssterblichkeit und Todesfälle von Müttern noch im → **Wochenbett** glücklicherweise stark zurückgegangen. Großmütter erzählen mir immer wieder von schrecklichen Geburtserlebnissen und von Todesfällen während der Geburt. Gerade die ältere Generation betont deshalb heute noch nach einer Geburt in ihrer Familie, dass Mutter und Kind »wohlauf und gesund« sind. Früher, als es die medizinische und technische Geburtshilfe in den Kliniken nicht gab, war jede Geburt ein großes Risiko und konnte Mutter und Kind das Leben kosten. Heute wird es als ganz selbstverständlich angesehen, dass eine Geburt normal verläuft, ohne große Risiken für Mutter und Kind. Doch so selbstverständlich ist es auch heute nicht. Es gibt immer wieder Probleme, und es kommt auch manchmal zu schwereren Zwischenfällen, zum Glück nur noch selten mit tödlichem Ausgang.

Begleitung bei der Geburt

Heute wird es als selbstverständlich angesehen, dass der werdende Vater bei der Geburt anwesend ist. Junge Väter haben meist keine echte Wahl, sich zu entscheiden, ob sie bei der Geburt dabei sein möchten. Schon mit Beginn der Schwangerschaft bringt ihnen ihr Umfeld unmissverständlich nahe: »Du wirst ja wohl deine Frau bei der Geburt unterstützen!« Nur, nicht jeder Vater ist auch wirklich eine Stütze bei der Geburt, zumal niemand wirklich sagen kann, ob die Geburt ohne Hektik und Komplikationen abläuft. Kann der Mann damit umgehen, seine Frau mit großen Schmerzen zu erleben? Kann er Blut sehen? Bleibt er gelassen, wenn es hektisch wird oder verbreitet er noch mehr Unruhe? Ich habe eine Geburt miterlebt, bei der der Vater zu weinen anfing und sich gar nicht beruhigen konnte. Er war mit der Situation überfordert, was zusätzlich eine Belastung für die werdende Mutter war, die schon genug mit sich und ihren Wehen zu tun hatte. Der Arzt schickte den Vater aus dem Kreißsaal, da keiner Zeit hatte, sich ihm zuzuwenden.

Ein Vater war nach der Geburt seines ersten Kindes, bei der alles gut verlaufen war und Mutter und Kind nach der ambulanten Geburt am nächsten Tag nach Hause durften, sehr deprimiert und wirkte auf mich sehr unglücklich. Er lief immer umher, als wenn er mir etwas sagen wollte, sich aber nicht traute. Ich fragte ihn, was denn los sei, ob ich etwas für ihn tun könne. Da begann er mir von der Geburt zu erzählen, dass erst alles wunderbar abgelaufen und das Kind gut und schnell zur Welt gekommen sei. Doch leider hatte sich die Plazenta (der Mutterkuchen) nicht vollständig gelöst. Die Plazenta sei unvollständig, sagte ihm der Arzt, deshalb müsse er »nachtasten« und den restlichen Teil der Plazenta ablösen. Dann verschwand der behaarte Arm des Arztes in der Scheide seiner Frau. Dieses Bild hätte er immer wieder vor Augen, er könne seine Frau kaum in den Arm nehmen, er könne auch nicht mit ihr darüber sprechen. Es tue ihm auch so leid für seine Frau, weil sie sein Verhalten nicht verstehen könne. Er habe immer wieder dieses Bild vor Augen. Keiner hatte ihm vorher gesagt, was »Nachtasten« bedeutet. Für diesen Vater wäre ein informatives Gespräch mit dem Arzt vor der Geburt über Maßnahmen während und nach der Geburt sinnvoll gewesen.

Wenn Väter nicht bei der Geburt ihres Kindes dabei sein möchten, sollten sie sich auch nicht dazu überreden lassen. Sie brauchen auch kein schlechtes Gewissen ihrem Kind gegenüber zu haben, denn die Liebe und Bindung hängt nicht damit zusammen, dass der Vater unmittelbar bei der Geburt anwesend ist. Seine Anwesenheit und Fürsorge danach entscheidet. Wenn der Vater sein Baby nach der Geburt in den ersten Minuten im Arm hält, entwickelt sich auch die Bindung zum Vater und nicht nur zur Mutter.

Bei einer Umfrage sagten 13,5 Prozent der Männer, dass sie Bedenken oder gar Angst hätten, dass das Geburtserlebnis negative Folgen auf die sexuelle Beziehung zu ihrer Partnerin haben könnte.
Werdende Väter sollten sich von der Hebamme und dem Arzt alles genau erklären lassen, auch was pas-

siert, wenn unvorhergesehene Komplikationen auftreten. Dann können sie für sich entscheiden, ob sie
sich das mit ansehen möchten oder nicht.
Idealerweise sollten Väter überwiegend bei der Geburt
am Kopfende der Mutter stehen. Denn dort sind sie
auch eine Hilfe für die Mutter, um sie abzulenken, ihr
Mut zuzusprechen oder den Nacken zu massieren.

Auch nicht jede werdende Mutter möchte den werdenden
Vater dabei haben, sondern lieber ihre eigene Mutter oder
eine gute Freundin. Weil es ihnen gerade beim ersten Kind
so leichter fällt, sich ganz auf die Geburt zu konzentrieren und sich fallen zu lassen. Einige Mütter sagten mir,
sie möchten den werdenden Vater eigentlich nicht um das
Geburtserlebnis bringen, aber sie wissen nicht, was auf sie
zukommt und wie sie reagieren. Wenn ihr Partner dabei
sein würde, hätten sie vielleicht das Gefühl, sie müssten
immer die Kontrolle über sich und ihren Körper behalten.
Sie könnten nicht loslassen, weil sie ihrem Partner nicht einen aus ihrer Sicht unästhetischen, blutigen Anblick bieten
wollten.

Eine Geburt ist ein tiefgreifendes Erlebnis für die werdende Mutter und auch für den werdenden Vater. Aber die
Anwesenheit bei der Geburt muss ohne Zwang und übertriebene Anpassung erfolgen und eine persönliche Entscheidung bleiben, ohne schlechtes Gewissen dem Partner
oder dem Kind gegenüber.

Es ist auch zum festen Bestandteil einer Geburt geworden, dass der anwesende Vater die Nabelschnur durchtrennt und so das Baby in die Welt entlässt. Oft werden die Väter gar nicht gefragt, ob sie dazu bereit sind, sondern bekommen einfach die Schere in die Hand gedrückt. Doch nicht jeder Vater möchte das auch.

Ein Vater erzählte mir, dass, als er aufgefordert wurde, die Nabelschnur zu durchtrennen, er plötzlich Angst bekommen habe, er könne seinem Kind Schaden zufügen. Er lehnte die Schere ab, doch später, als Freunde ihn danach fragten, kam es ihm vor, als habe er in einem wichtigen, einzigartigen Moment versagt.

Ein anderer Vater schnitt die Nabelschnur seiner kleinen Tochter durch und hatte dabei aber kein gutes Gefühl. Sein einziger Gedanke war: »Jetzt trenne ich Mutter und Kind.« Es habe ihm Angst gemacht, so als würde er der Mutter das Kind entreißen. Er wolle das nie wieder tun. Hätte sein Kind in diesem Moment aufgehört zu atmen, wäre er daran schuld gewesen. Er würde nie wieder eine Nabelschnur durchtrennen.

Ob Geschwister bei der Geburt anwesend sein sollten, hängt nicht zuletzt von deren Alter ab. Sind Sie reif genug, mit einem solchen Erlebnis fertig zu werden? Einige Eltern und Hebammen glauben, Geschwister könnten durch ihre Anwesenheit bei der Geburt eine eifersuchtsfreie Bindung dem Familienzuwachs gegenüber entwickeln. Mir persönlich wäre die Gefahr aber zu groß, dass das Geburtserlebnis möglicherweise bei dem Kind/den Kindern zu einem Trauma führen könnte, ganz besonders wenn es zu Komplikationen kommt, denn auch sie spüren die Hektik, den Stress und die Angst, bzw. haben selbst Angst um ihre Mutter und das Baby.

Ich rate allen werdenden Eltern, sich vor der Geburt über den Ablauf, die gegenseitigen Erwartungen und Ängste ganz offen und ohne schlechtes Gewissen zu unterhalten. Das ist die beste Vorbereitung für eine glückliche Geburt.

Die ersten Vorsorgeuntersuchungen

Direkt nach der Geburt werden meist Nase und Mund des Babys vom Schleim durch Absaugen befreit. Danach darf das Baby zur Mutter auf den Bauch oder zum Vater auf den Arm, auch das können Sie vorab besprechen. Die Mutter hatte das Kind neun Monate getragen, jetzt darf der Vater als Erster das Neugeborene in den Arm nehmen, was ein schöner erster Augenblick für die Vater-Kind-Bindung sein kann. Auch dies gilt es, mit Hebamme und Geburtshelfer/Arzt zu besprechen.

Nach dieser ersten Begrüßung wird die **U 1** durchgeführt. Dabei werden die sogenannten **Apgarwerte** vom Kinderarzt oder vom Gynäkologen festgestellt. Im Falle einer vorhersehbaren Risiko-Entbindung ist der anwesende Neonatologe oder Facharzt für Kinder- und Jugendmedizin dafür zuständig. In manchen Kliniken werden diese Untersuchungen auch von Hebammen durchgeführt, nicht aber die weiteren Vorsorgeuntersuchungen. Die sogenannte Apgar-Index-Reife des Neugeborenen geht auf Anästhesistin Dr. Virginia Apgar zurück, die dieses Verfahren 1952 entwickelte und das sich wie folgt zusammensetzt:

	0 Punkt	1 Punkt	2 Punkte
A = Lungenreife, spontane Atmung	keine Atmung	flache un-regelmäßige Atmung	spontane regelmäßige Atmung
Herzfrequenz **P** = Puls, Stärke und Regelmäßigkeit des Herzens werden gemessen	kein oder kaum wahr-nehmbarer Puls	langsamer Puls unter 100	100 Schläge und mehr
G = Grundtonus, Muskeltonus der Gliedmaßen wird be-gutachtet	schlaffe, keine Bewegung	wenig Bewegung	aktive Bewegung
A = Aussehen, hier sieht man auch, wie gut die Lungen arbeiten	völlig blaue Haut	Körper rosa-bläu-liche Extre-mitäten (Arme und Beine)	Körper vollständig rosa
R = Reflexerregbar-keit, Schreien und Grimassen schneiden (kann viel über die Re-aktionen Ihres Kindes auf Reize aussagen)	keine Reaktion	kläglicher Schrei, macht Grimasse	kräftiges Schreien

Der **Apgarwert** wird dreimal beurteilt: Die meisten Neu-geborenen haben direkt nach der Geburt einen ersten Wert von 9, nach fünf Minuten 10 Punkte und nach weiteren fünf Minuten auch wieder 10. Auch Werte wie z.B. 7, 10,

10 gilt als normal. Bei einem Apgarwert unter 5 Punkten besteht für das Neugeborene Lebensgefahr.

Auch der pH-Wert (Blutgasanalyse), die Messung der Sauerstoffversorgung, gibt eine wichtige Auskunft über den Gesundheitszustand des Neugeborenen. Dazu wird für das Neugeborene schmerzfrei etwas → **Nabelschnurblut** entnommen. Der Normalwert liegt dabei über 7,30. Je niedriger der Wert, je höher war der Sauerstoffmangel des Neugeborenen unter der Geburt.

Bei der U 1 wird außer der Apgar-Untersuchung noch Länge, Kopfumfang und Körpergewicht ermittelt. Am Tag der Geburt bekommt Ihr Baby auch die erste von drei Vitamin-K-Gaben, um Hirnblutungen zu vermeiden. Seit 1994 wird Vitamin K oral verabreicht. Die zweite Gabe erfolgt bei der U 2 zwischen dem fünften und zehnten Lebenstag, die dritte bei der U 3, zwischen der vierten und sechsten Lebenswoche.

In den ersten Tagen nach der Geburt wird in der Klinik noch Folgendes untersucht:
- Es wird eine → **Fersenblutentnahme** durchgeführt und auf Stoffwechselerkrankungen untersucht.
- Die Hüfte wird per Ultraschall untersucht. Die → **Hüftgelenksdysplasie** ist eine häufig auftretende Erkrankung des Skeletts und betrifft etwa fünf Prozent der Neugeborenen. Bereits kurz nach der Geburt werden daher Säuglinge in Deutschland auf eine mögliche Fehlstellung der Hüfte untersucht. Diese Untersuchung dient auch zur Vorbeugung

von Hüftarthrose im Erwachsenenalter, da eine Fehlstellung der Hüfte wesentlich zum Knorpelverschleiß beiträgt.

- Ein Hörtest wird durchgeführt.
- Die Nieren werden in einigen Kliniken mit Ultraschall untersucht.
- Die Vitamin-D-Versorgung zum Knochenaufbau wird besprochen.

Alle Untersuchungsergebnisse und Besonderheiten sowie Geburtsgewicht, Körperlänge und der Kopfumfang werden in das → **Gelbe Vorsorgeheft** eingetragen. Dieses Heft begleitet Ihr Kind die nächsten Jahre und muss zu jeder der zehn Vorsorgeuntersuchungen zum Kinderarzt mitgenommen werden, damit er die altersgemäßen Entwicklungsschritte beobachten und notieren kann.

Zwischen dem dritten und zehnten Lebenstag wird die U 2 durchgeführt. Allgemein wird dabei der Entwicklungsstand des Babys überprüft, Gewicht, Trinkverhalten, → **Reflexe** werden begutachtet sowie die Lunge und das Herz abgehört. Bei der U 2 bekommt Ihr Kind auch die zweite Gabe Vitamin K oral verabreicht. Es wird einfach in den Mund geträufelt, manche Babys verziehen dabei ihr Gesicht, weil es etwas ölig schmeckt, andere Babys scheinen es zu mögen, sie schmatzen richtig bei der Einnahme. Ab dem zehnten Lebenstag bekommt das Neugeborene einmal täglich über das ganze erste Lebensjahr ein Vitamin-D-Präparat mit 500 I. E., teilweise auch mit Fluor.

Kommt es nach der Geburt bei Mädchen und Jungen zu einer Brustdrüsenschwellung und tritt ein weißes Sekret aus, die sogenannte Hexenmilch, darf die Brust nicht gedrückt werden, sondern sollte mit einer sterilen Kompresse abgedeckt werden. Sie versiegt von alleine, sobald die Hormone der Mutter nach ca. vier bis sechs Wochen nach der Geburt abgebaut sind. Auch nehmen die Babys in den ersten drei bis fünf Tagen nach der Geburt bis zu zehn Prozent ihres Geburtsgewichts ab, auch bedingt durch den Abgang des Mekoniums im Volksmund → **Kindspech** genannt, sowie auch eventuell durch verschlucktes Fruchtwasser unter der Geburt.

Sobald Ihnen der Entlassungstermin mitgeteilt wird, ist es Zeit, den Heimweg zu organisieren. Dieser muss nicht mit dem Auto angetreten werden: Wenn Sie nicht weit entfernt von der Klinik wohnen, es Ihr Zustand und das Wetter erlauben, ist ein gemeinsamer erster Spazierweg ideal. Das Kind ist an der frischen Luft, liegt im Kinderwagen, wird geschaukelt und Sie verschaffen sich ein wenig Bewegung. Dafür muss natürlich auch der Kinderwagen mit gewaschener Bettwäsche, Daunendecke oder Daunensack (dick oder dünn – entsprechend der Jahreszeit) einsatzbereit sein. Anderenfalls benötigen Sie einen speziellen Autokindersitz für Säuglinge, dessen Montage Sie unbedingt vorher erprobt haben sollten. Denn manche Gurtsysteme sind zu kurz.

Was Ihnen jetzt weiterhilft
Vielleicht haben Verwandte oder Freunde Sie schon vor der Geburt gefragt, was Sie Ihrem Baby oder Ihnen

schenken könnten. Mein Tipp: Anstelle des zwanzigsten Kuscheltiers, des zehnten Stramplers oder des fünften Blumenstraußes bitten Sie die Schenkwilligen doch lieber, Ihnen in den ersten Wochen mit dem Baby tatkräftig unter die Arme zu greifen. Z. B. könnten sie Sie im Haushalt unterstützen, sich um die Wäsche kümmern (am besten mitnehmen und gewaschen und gebügelt wiederbringen), dringende Einkäufe erledigen, frisch gekochtes Essen für Sie und Ihre Familie vorbeibringen oder Hol- und Bringdienste für Ihre älteren Kinder, z. B. zum Kindergarten, zur Schule, zum Sport, übernehmen. Auch einen Abend Babysitten in Verbindung mit zwei Eintrittskarten fürs Theater ist ein ideales Geschenk für frischgebackene Eltern.

Eine Reinigungsfrau für einen einmaligen Termin zu schenken, halte ich dagegen für wenig sinnvoll. Sie brauchen viel zu viel Zeit, um die fremde Kraft in die Arbeit einzuweisen, eine Hilfe sollte sich schon etwas in Ihrem Haushalt auskennen.

Der erste Monat:
Ein neuer Lebensabschnitt beginnt

Endlich zu Hause! Der Tag, an dem die Mutter mit ihrem Neugeborenen aus dem Krankenhaus kommt, ist ein besonderer Tag. Für die jungen Eltern, für die Geschwister und Großeltern, aber auch für Freunde und Nachbarn. Alle warten sie auf diesen Moment. Der kann doch nur schön sein – oder?

Ich wurde von einer besorgten Großmutter angerufen, ob ich kurzfristig ihre Tochter, die augenblicklich zur Entbindung im Krankenhaus lag, in den ersten Wochen nach der Geburt unterstützen könnte. Ihre Tochter sei sehr abergläubisch und hätte zu Hause nichts vorbereitet, und ihr Schwiegersohn weile über die Woche aus beruflichen Gründen in einer anderen Stadt. Noch nicht einmal für die Kleidung des Babys zur Heimfahrt aus der Klinik sei gesorgt, berichtete sie. Das nahm ich schnell in Angriff, und drei Tage nach der Geburt traf ich mich mit dem Vater, um Mutter und Kind in der Klinik abzuholen. Im Auto erzählte er mir auf der Hinfahrt zum Krankenhaus, dass er es nicht geschafft hätte, die Liste, die seine Frau ihm übergeben hatte, abzuarbeiten. Er hätte nichts besorgen können, es gerade nur noch geschafft, den richtigen Babysitz fürs Auto zu besorgen und müsse überdies nach dem gemeinsamen Mittagessen wieder ins Büro und komme erst am Wochenende wieder. Welch ein Empfang für Mutter und

Kind! Zu Hause angekommen, kam es dann auch gleich deswegen zu einer Auseinandersetzung zwischen den Eltern. Kurz entschlossen habe ich mir den Vater geschnappt und bin mit ihm in den nächstgelegenen Babymarkt gefahren. Auf die Schnelle, weil er ja wieder ins Büro musste, haben wir das Allernötigste für das Baby besorgt. Zu Hause ging ich dann ans Waschen und Bügeln der Babywäsche, sterilisierte Flaschen und Sauger und versuchte alles zu organisieren, ohne das noch weitere Unruhe und Hektik für das Neugeborene entstanden. Die Mutter war noch immer sehr enttäuscht über ihren Mann, der sie so im Stich gelassen hatte. Nach der Liste, die die Mutter dem Vater erstellt hatte, gingen wir am nächsten Tag einkaufen. Da die Mutter genau wusste, was sie wollte und in welchem Geschäft sie es bekam und auch alles vorrätig war oder zeitnah geliefert werden konnte, waren diese Einkäufe sehr erfolgreich. Das Neugeborene hatte am dritten Tag ein gemütliches und komplettes Kinderzimmer, sehr zum Erstaunen des Vaters, der zwei Tage später nach Hause kam.

Bei einem anderen Elternpaar dagegen war alles aufs Liebevollste vorbereitet und mit Bedacht geplant. Die Großeltern hatten mit den Geschwisterkindern Blumengirlanden aufgehängt, Begrüßungsschilder gemalt und kleine Geschenke gebastelt – und sich dann dezent zurückgezogen. Die ersten Stunden zu Hause sollten ganz den Eltern und den Kindern gehören.

In einer anderen Familie gab es einen großen Empfang im Garten. Platten mit Häppchen standen bereit, und für jeden gab es ein Glas Sekt. Im Mittelpunkt stand selbstverständlich das Neugeborene – und ein Birkensetzling, für den der Vater schon das Pflanzloch ausgehoben hatte. Darin wurde dann die aus der Klinik mitgebrachte Plazenta, der Mutterkuchen, gelegt und die kleine Birke darauf gepflanzt. Im wahrsten Sinne des Wortes ein Lebensbaum für die kleine Tochter.

Die Ankunft daheim muss gut vorbereitet sein. In diesen ersten Stunden entscheidet sich, ob die Familie in Ruhe zueinander findet oder ob sich Nervosität und Hektik auf das Baby übertragen. Es ist viel freundlicher und schöner, in eine saubere und aufgeräumte Wohnung nach Hause zu kommen. Wenn Mutter und Kind auf ein Chaos treffen, wenn sich schmutziges Geschirr stapelt, sich die Wäscheberge türmen, sind Frust und Enttäuschung vorprogrammiert. Babys spüren Spannungen zwischen den Eltern sofort, sie werden unruhig, nervös, schreien – und dann fängt der Stress erst richtig an.

Damit es ein guter Einstand wird, richtet sich mein Rat vor allem an jene, die Mutter und Kind erwarten: an den Vater, den Partner oder die Partnerin, an Großeltern und Freunde. Sorgen Sie für ein richtig schönes Zuhause, in dem alles hell und freundlich wirkt, auch wenn draußen vielleicht ein trüber Tag ist. Das tut nicht nur der Seele gut.

Das sollte für die stillende Mutter bereitstehen:
- ausreichend Mineralwasser (stilles oder mit wenig Kohlensäure)
- Milchbildungstee
- eventuell Malzbier oder alkoholfreies Bier
- Quark (gegen Milchstau)
- sterilisierte Milchpumpe

Zu den Vorräten sollte auch Pulver für Säuglingsmilch/Formelmilch (auch Formulamilch oder Formula-Nahrung genannt) gehören. Wenn nicht gestillt wird, ist das selbstverständlich. Bei meinen Familieneinsätzen aber habe ich im Laufe der Jahre gelernt, dass eine zweite griffbereite

Nahrungsquelle auch eine stillende Mutter beruhigt. Dann muss man keine Angst haben, dass Ihr Baby plötzlich nicht mehr satt wird. Mit dieser Sicherheit fließt die Milch auch besser.

Das sollte bereitstehen, wenn das Kind nicht gestillt wird:
- 1 Thermoskanne mit abgekochtem heißem Wasser
- 1 Thermoskanne mit abgekochtem kaltem Wasser
- Milchpulver (die gleiche Marke wie in der Klinik, wenn das Baby es gut verträgt)
- einige Beruhigungssauger der Größe 0–6 Monate
- Milchflaschen und Milchsauger mit Ventil der Größe 0–6 Monate
- Teeflasche und Teesauger mit Ventil der Größe 0–6 Monate – alles sterilisiert
- 1 Portionierer mit dem abgemessenen Milchpulver

Diese Utensilien sollten griffbereit auf einem Tablett stehen, damit jederzeit, auch nachts, schnell und ohne Hektik Babynahrung frisch zubereitet werden kann.
- Fencheltee im Beutel oder lose, nur kein Instanttee, dieser ist zu süß und schädigt auf Dauer die Zähne. Wenn Ihr Kind sich an den süßen Tee gewöhnt, wird es später nur süße Getränke trinken wollen.

Für die **Nabelpflege** sollten Sie Folgendes zu Hause haben:
- sterile Kompressen 7,5 × 7,5 cm
- sterile 0,9 % NaCl-Lösung in 10-ml-Plastikflaschen
- sterile ES-Kompressen
- Puder, z. B. Silber- oder Wescesinpuder

Reinigen und sterilisieren Sie alles, was das Baby in den Mund nimmt, im Vaporisator, Fläschchen, Sauger, Nuckel/Schnuller, ggf. auch Stillhütchen/Brusthütchen. Auch die Anschlusteile der Milchpumpe, ob Hand oder elektrisch, müssen sterilisiert werden und bei Ankunft des Säuglings einsatzfähig bereitstehen.

Denken Sie daran, dass Sie in diesen ersten Tagen kaum zum Einkaufen kommen. Deshalb sollten Vorräte in der Wohnung sein, die Ihr Partner oder auch eine Freundin frisch einkauft: ausreichend Getränke, Fencheltee, eventuell Stilltee, reifes Obst und Gemüse, Brot, Belag und alles, was Sie gerne mögen.

Ich empfehle Ihnen, schon vor der Geburt rechtzeitig vorzukochen und portionsweise einzufrieren, denn zum Kochen werden Sie in den ersten Tagen kaum Zeit finden und wenn Sie stillen, sind Pizzaservice und Fertiggerichte für Sie tabu (siehe Seite 149). Auch Kuchen und Süßgebäck lässt sich gut in der Tiefkühltruhe bevorraten. Wenn sich Besuch zum »Babygucken« ankündigt, brauchen Sie nichts noch schnell zu besorgen, geschweige denn selbst zu backen. Sie können sich als Mitbringsel von den Gästen auch etwas Essbares wünschen, einen Kuchen oder eine Quiche, das ist oft praktischer als den zehnten Blumenstrauß.

Das Zimmer des neuen Familienmitgliedes sollte bei Ankunft aus dem Krankenhaus komplett bezugsfertig und gereinigt sein, die Wickelkommode mit griffbereiten Windeln (mit noch einer Packung als Vorrat), Feuchttücher, Kosmetiktücher und Pocreme ausgestattet sein. In den

Schubladen sollte übersichtlich eingeordnet gewaschene und möglichst gebügelte Babykleidung und Wäsche für Bett oder Stubenwagen liegen. (Gebügelte Wäsche darf als steril angesehen werden, gerade bei einem noch offenen Nabel ist das empfehlenswert.) Wickelauflage und Stubenwagen sollten bezogen sein, Wäschekorb und Windeleimer in Reichweite der Wickelkommode an ihrem Platz stehen. So landen verschmutzte Sachen erst gar nicht auf dem Fußboden. Kommt das Baby in einer kälteren Jahreszeit nach Hause, sollte kurz vor seinem Eintreffen die Heizung im vorher gelüfteten Babyzimmer angestellt werden. So kommt Ihr Kind gleich in ein gemütliches Nest.

Das erste Kennenlernen

Nun ist das neue Familienmitglied da, ein kleines und zerbrechlich wirkendes Wesen. Schon beim ersten Hochnehmen merken Sie, wie es auf Ihre Hilfe angewiesen und wie schutzbedürftig es ist. Jetzt ist es vor allem wichtig, die Signale Ihres Babys zu erkennen und zu verstehen, z. B. dass nicht jedes Weinen immer Hunger bedeutet. Ein wenig Unsicherheit vor allem beim Stillen und Pflegen ist anfangs ganz normal. Mit vielen Tipps und Tricks möchte ich Ihnen Sicherheit im Umgang mit Ihrem Säugling vermitteln. Aufmerksamkeit, Zärtlichkeit, Zuneigung, Körperkontakt, Ansprache und etwas Übung führen schnell zu einer innigen Bindung mit Ihrem Baby. Sie werden erleben, wie sich Ihr Kleines zu einem Menschlein entwickelt und wie viel Glück und Freude ein Baby geben kann.

Hineingeboren in eine Welt voller Berührungen, Lichtreize, Geräuschen, Bewegungen, Geschmacks- und Geruchserlebnisse muss das Neugeborene aber erst in der neuen Umgebung ankommen. Die Sicherheit und warme Geborgenheit im schützenden Bauch seiner Mutter hat es durch die Geburt verlassen, jetzt muss es sich neu orientieren. Deshalb ist es richtig und wichtig, seine Bedürfnisse nach Nähe und Zuwendung immer zu erfüllen, denn das vermittelt Ihrem Baby Sicherheit und Geborgenheit und beides ist wichtig für seine weitere Entwicklung.

Mit dem ersten Monat beginnt das Baby seine soziale Kontaktfähigkeit aufzubauen: Schreien bei Hunger oder Unbehagen, Bedürfnis nach Nähe und Zuwendung. Die Neugeborenen erkennen die Stimme der Mutter, drehen in der Rückenlage ihren Kopf von einer Seite auf die andere Seite, wenn sie etwas interessiert, öffnen die Hände als Zeichen des Wohlbefindens und der Entspannung.

Neugeborene haben nur begrenzte Ausdrucksmöglichkeiten zur Verfügung wie z.B. Schreien, Grimassieren und Gestikulieren oder Einnehmen einer bestimmten Körperhaltung. Doch dieses können sie schon gut nutzen, um mit der Umwelt in Kontakt zu treten. Durch sein Schreien beispielsweise macht das Neugeborene auf sich aufmerksam, wenn es Hunger hat, wenn ihm zu kalt oder zu warm ist, es die nasse Windel stört oder es die körperliche Nähe der Eltern sucht. Da wir Erwachsenen dieses Schreien nicht lange ertragen können – dies hat die Natur so eingerichtet –, werden seine Grundbedürfnisse durch die Eltern oder eine andere Bezugsperson normalerweise befriedigt. Auch über seine Mimik kann sich Ihr Baby ausdrücken, schmeckt ihm beispielsweise die Milch nicht, drückt sein Gesicht Ekel aus, in dem es seine Unterlippe vorschiebt. Durch sein Bedürfnis nach Körpernähe zeigt der Säugling aber auch Interesse am Menschen, an seiner Umgebung und an seiner Familie. Von der ersten Stunde seiner Geburt an gestaltet das Neugeborene so die Beziehung zu seinen Mitmenschen und baut diese mit jedem Lern- und Altersabschnitt weiter aus. Wie früh und gezielt das passiert, ist erstaunlich.

Ich betreute Zwillinge, zwei Mädchen, die in der ersten Zeit nach der Geburt zusammen in einem Stubenwagen schliefen, weil sie sehr klein und zart waren. Mit etwa drei Wochen fing das eine Mädchen an, die Luft anzuhalten, wenn ihm etwas nicht schnell genug ging oder es sich benachteiligt fühlte, wenn es beispielsweise nicht als Erste die Flasche bekam oder nicht zuerst hochgenommen wurde. Das Mädchen schrie dann immer sehr kurz und alarmierend, so dass ich sofort den Ton erkannte und schnell reagieren konnte, indem ich es etwas lauter als normal ansprach. Dadurch löste ich einen Schreck aus, der eine durch Luftanhalten ausgelöste Bewusstlosigkeit verhinderte.

Das Mädchen wurde von ärztlicher Seite gründlich untersucht, wir waren sogar mit dem Säugling einige Tage in der Klinik. Für das Verhalten des Mädchens lag keine organische Ursache vor, auch war es nicht vom Plötzlichen Kindstod bedroht. Aber dieses Verhalten hat es bis zum dritten Lebensjahr immer wieder eingesetzt – wenn auch mit zunehmendem Alter immer seltener. Nachdem ihm im Kindergarten nach einem Anfall gesagt wurde, dass, wenn das noch einmal passieren würde, es nicht mehr in der Einrichtung bleiben könne, blieben die Anfälle ganz aus. Diese Erfahrung ist für mich ein Beweis dafür, dass sich Säuglinge schon sehr früh bewusst ausdrücken und ihr Verhalten steuern können.

Babys lieben Gesellschaft und schlafen nicht so viel, wie oft werdenden Eltern erzählt wird. Wenn es wach ist, nehmen Sie Ihr Kind ruhig überall dorthin mit, wo Sie sich gerade aufhalten. Es muss und möchte nicht immer herumgetragen werden oder als Ersatzbefriedigung am Busen nuckeln. Oft reicht es, wenn Sie mit ihm sprechen und ihm somit Nähe und Geborgenheit vermitteln und es sich nicht alleine fühlt. Liegt das Baby so im Stubenwagen, haben Sie die Möglichkeit, sich im Beisein des Babys um den Haushalt oder die Geschwisterkinder zu kümmern. Wenn es unruhig und müde wird, können Sie für Ruhe sorgen, indem Sie es in sein Zimmer oder in das Schlafzimmer stellen. Einige Babys schlafen auch gerne bei vertrautem Stimmengewirr ein.

In den ersten Wochen sind Neugeborene ganz auf den Menschen fixiert, sie sind fasziniert von Gesichtern und Stimmen, die sie schon im Mutterleib hören konnten. Außerdem haben sie einen sehr gut entwickelten Geruchssinn und ein ausgeprägtes Sensorium für Berührungen. Weint zum Beispiel Ihr Baby, und Sie legen Ihre Wange an seine, beruhigt es sich, fühlt sich geborgen und hört in der Regel auf zu weinen.

Säuglinge haben von Geburt an ein Urvertrauen und sind allem gegenüber positiv eingestellt. Fühlt sich Ihr Baby wohl, bewegt es seine Arme und Beine – beim Stillen oder Füttern mit der Flasche vor allem die Füße. Es zeigt sein Wohlbefinden auch, indem es Laute von sich gibt. Ist der Säugling an einer Person interessiert, wendet er sich ihr zu und bewegt sich lebhaft in der Erwartungshaltung, dass diese Person mit ihm spricht oder spielt. Wendet sich die Person ab, hört das Baby mit seinen Bewegungen auf.

Wenn Ihr Baby unsanft hochgerissen wird, z.B. aus seinem Bettchen, reißt es Mund und Augen ganz groß auf. Das macht es auch, wenn es sich erschreckt, beispielsweise, wenn Sie mit ihm schnell gehen oder die Treppe hinunterlaufen.

Diese ersten Ausdrucksformen sind angeboren. Die weiteren Ausdrucksformen und Wahrnehmungen brauchen viel Zeit, um sich zu entwickeln. Um aufgenommen und verarbeitet zu werden, bedarf es immer wieder einer Wiederholung der Reize. Diese müssen stark sein und lange auf den Säugling einwirken. Intuitiv passen Sie sich als Eltern diesen Bedürfnissen Ihres Kindes an, indem Sie Ihre sprachlichen, mimischen und körperlichen Ausdrücke übertreiben, wenn Sie das Baby ansprechen. Sie nicken beispielsweise vielfach mit dem Kopf, wiederholen immer wieder bestimmte Laute in erhöhter Stimmlage. Sie ahmen einen bekümmerten oder erstaunten Gesichtsausdruck oder auch bestimmte Laute Ihres Babys nach. Damit zeigen Sie Ihre Zuneigung und Anteilnahme, und Ihr Kind reagiert mit großem Interesse.

Neugeborene sehen nicht nur unterschiedlich aus, sie sind von Anfang an unterschiedlich, z.B. im Verhalten. Einige haben eine ausdrucksstarke Mimik, andere machen viele und unterschiedliche Laute, einige haben ernste Gesichter oder lächeln zufrieden.

Auch das Saugbedürfnis jedes neugeborenen Babys ist sehr verschieden. Viele Babys haben ein starkes Saugbedürfnis. Auf Ultraschallbildern kann man schon erkennen, wie sie im Mutterleib am Daumen nuckeln. Ich habe keine Bedenken, in solchen Fällen einen Schnuller einzusetzen, der auf jeden Fall besser und hygienischer als der Daumen ist. Säuglinge dürfen auf jeden Fall die ersten drei bis vier Monate, wann immer sie das Bedürfnis haben, am Schnuller saugen. Ab dem vierten Monat sollten Sie entscheiden, wann Sie den Schnuller geben möchten.

Jeder Säugling ist, was Essen, Schlafen und Nähe betrifft aber auch, wie viel Reize er verträgt und Ruhe er braucht, sehr unterschiedlich. Ratschläge von Freunden, Eltern sind zwar oft gut gemeint, entspringen aber meist der Erfahrung mit dem eigenen Kind und sind nicht immer übertragbar. Nehmen Sie sich also Zeit, geduldig die Bedürfnisse und die Vorlieben Ihres Babys – was es mag und was eher nicht – herauszufinden. Wenn Sie so mit viel Liebe und Zuneigung vorgehen, entwickelt sich ein liebevolles gegenseitiges Verständnis wie von selbst.

Der Babyblues
Der berühmte dritte Tag nach der Geburt ist landläufig als Heultag bekannt. Laut einer Studie leiden 50 bis 80 Prozent der Mütter unter dem »Babyblues«. Dieser kann einen Tag dauern, selten geht er über Wochen. Der Babyblues ist rein hormonell bedingt. Das Baby ist da, aber Sie als Mutter können sich nicht recht freuen, können Ihr Baby nicht glücklich und stolz in die Arme schließen. Statt grenzenloses Mutterglück und Freude über Ihr Wunschkind mit dem geliebten Partner finden Sie keinen Bezug zu Ihrem Baby,

es ist Ihnen fremd, Sie empfinden keine Zuneigung, keine Zärtlichkeit für Ihr Kind, fühlen sich hilflos und traurig statt glücklich und zufrieden zu sein. Sie fühlen sich überfordert, möchten oder können auch keine Verantwortung übernehmen. Sie trauen sich auch nicht darüber zu sprechen, weil Sie glauben, es ist immer noch ein gesellschaftliches Tabuthema. Sie haben ein schlechtes Gewissen, fühlen sich als Rabenmutter. Sie verstehen Ihr Verhalten und sich selbst nicht mehr. All das ist normal und geht nach kurzer Zeit vorüber.

Liebe auf den ersten Blick?
Sicher haben Sie im Freundeskreis oder bei Verwandten gehört, dass einige der Mütter ihr Kind vom ersten Augenblick an geliebt haben. Wenn Sie nach der Geburt Ihres Kindes in den ersten Tagen nicht das Gefühl der grenzenlosen Liebe für Ihr Neugeborenes empfinden, sondern eher starke Schutzinstinkte entwickeln, gepaart vielleicht mit Unsicherheit und Angst, etwas falsch zu machen, ist dies nicht ungewöhnlich, sondern ganz normal. Und Sie sind ganz sicher weder eine schlechte Mutter noch die einzige, bei der die Liebe zum Baby sich erst entwickelt. Häufig sprechen mich Mütter darauf an, ob es normal sei, dass sie nicht gleich überschwängliche Liebe nach der Geburt für ihr Baby empfunden haben. Ich beruhige sie dann immer, dass sie dieses kleine Wesen erst kennenlernen müssen, um es zu lieben. Auch die Liebe zum Partner hat sich in den meisten Fällen mit der

Zeit des Kennenlernens und des Miteinander erst entwickelt. Liebe auf den ersten Blick gibt es doch recht
selten. Also warum sollte nun jede Mutter beim ersten
Anblick ihres Babys es sofort grenzenlos lieben?
Auch dauert es unterschiedlich lange, bis Mutter und
Kind vertraute Nähe aufbauen und liebevolle Gefühle
sich entwickeln. Aber meistens nach einigen Tagen
oder wenigen Wochen, wenn die Mutter den ersten
Termin außer Haus und ohne Baby wahrnehmen
muss, haben fast alle Frauen große Sehnsucht nach
ihrem Baby, auch wenn sie nur eine bis zwei Stunden
von ihm getrennt sind.

Bei 15 Prozent aller Mütter allerdings kommt es nach der
Geburt zu einem seelischen Absturz, der weit über den kurz-
zeitigen Babyblues hinausgeht und eine ernstzunehmende
psychische Erkrankung ist. Wie bei jeder Erkrankung gibt
es leichte, mittlere und schwere Verlaufsformen. Ich möchte
jeder Mutter ans Herz legen, jede nur mögliche Hilfe ohne
Scham und Schuldgefühle in Anspruch zu nehmen.

Symptome einer postpartalen Depression (PPA)
Eine PPA kann mehrere Symptome aufweisen, die
aber nicht alle gleichzeitig auftreten müssen, zum
Beispiel:
• große Sorge um das Baby
• Panikattacken

- Freudlosigkeit, Weinen, Traurigkeit, Niedergeschlagenheit
- Gefühl von Einsamkeit, Isolation, Verlassenheit
- Schlafstörungen (auch wenn das Baby schläft)
- Zwangsdenken
- Selbsttötungsgedanken
- Angst (vor allem vor dem Alleinsein, davor, dem Kind etwas anzutun)
- Hyperventilation, Herzrasen, Atemnot
- Schuld- und Schamgefühle

Hier können Sie Hilfe bekommen:
- bei Ihrem Gynäkologen
- »Schatten und Licht – Krise um die Geburt e.V.« – hilft Frauen mit PPA und vermittelt Kontakte zu Betroffenen *www.schatten-und-licht.de*
- in Selbsthilfegruppen
- in Fachkliniken
- beim Psychiater/Psychologen

Gehen Sie zu einer/einem Osteopathen, durch die Geburt kann das Steißbein in Mitleidenschaft gezogen sein, und das kann zu starken hormonellen Schwankungen führen.

Babyblues der Väter

Knapp 20 Jahre waren beide erfolgreich beruflich tätig gewesen, nachdem sie die Welt gesehen und auch sonst ein sorgenfreies selbstbestimmtes Leben geführt hatten, erfüllten sie sich ihren letzten großen Traum – ein Kind. Schon während der Schwangerschaft beschlossen sie gemeinsam, dass die Mutter nach der Geburt nicht mehr oder zumindest in den ersten vier Jahren nicht berufstätig sein sollte. Kurz nach der Geburt bekam der Vater bezüglich dieser Entscheidung doch große Ängste. Kann ich meiner Familie als Alleinverdiener den augenblicklichen Lebensstandard erhalten, schaffe ich es, gute Leistungen im Beruf zu erbringen, um meinen Job nicht zu gefährden und dennoch meine Familie nicht zu vernachlässigen?

Diese existentiellen Fragen quälten ihn so sehr, dass er nachts nicht mehr schlafen konnte. Er bekam Schweißausbrüche und man merkte ihm seine Ängste und Umtriebigkeit auch an, wenn er auch wenig darüber sprach.

Als das Kind da war, konnte er sich nicht wirklich darüber freuen und stolzer Vater sein. Der Mutter entgingen die massiven persönlichen Veränderungen ihres Mannes natürlich nicht, doch konnte sie seine wirtschaftlichen Ängste nicht verstehen, da sie während ihrer langjährigen erfolgreichen Tätigkeit genügend Rücklagen gebildet hatten. Außerdem sah sie auch keinen Grund, warum ihr Mann seinen Job vernachlässigen sollte, schließlich war sie für das Baby da. Die Krise des Vaters belastete die Beziehung sehr und auch die erste Zeit mit dem Baby wurde dadurch getrübt, erst als sie sich für eine gemeinsame Therapie entschieden, verbesserte sich ihre Situation langsam.

Eine Studie in den USA hat ergeben, dass auch etwa zehn Prozent der Väter an einer Wochenbettdepression leiden – auch ohne veränderten Hormonhaushalt. Auch für Väter bedeutet die Geburt eine komplette Veränderung ihres Lebens, das nicht mehr selbstbestimmt, sondern fremdbestimmt durch den Säugling ist – besonders in den ersten Monaten, bis sich die Familie zusammengefunden hat. Das veränderte Verhalten, Befinden und Aussehen ihrer Frau (von der Frau/der Geliebten zur Mutter) trägt ebenso dazu bei. Für viele Mütter ist das Baby absoluter Mittelpunkt ihres Lebens im Fühlen, Handeln und Tun. Sie sind sehr auf ihr Baby und sich fixiert – manche Mütter sind nach der Geburt von ihrem Kind förmlich infiltriert, dass die Frau ihr verändertes Verhalten ihrem Partner gegenüber gar nicht bemerkt. Viele Väter verbergen ihre Eifersucht, weil sie sich für diese Gefühle schämen, und auch oftmals ganz allein die wirtschaftliche Verantwortung für die Familie tragen müssen.

Geschwisterkinder und die Liebe zum Baby
Die Zeit, die Sie vielleicht als Eltern brauchen, um eine Beziehung zu Ihrem Baby aufzubauen, benötigen auch die Geschwisterkinder. Erwarten Sie nicht, dass die »Großen« das Baby gleich ins Herz schließen. Auch Geschwister müssen zueinander finden, es ist daher völlig in Ordnung, wenn sie das Neugeborene zunächst ignorieren oder gar hässlich und schrumpelig finden. Erzwingen Sie nichts, auch nicht, dass die Geschwister das Baby halten, es streicheln oder gar küssen sollen. Auf den Mund sollten Babys übrigens wegen Übertragungsgefahr von Bakterien und Viren grundsätzlich von keinem geküsst werden!

Dagegen können Sie die Geschwisterkinder in die Pflege des Neugeborenen mit einbeziehen. Gerade kleine Mädchen sind dazu leicht zu begeistern, wollen selbst Windeln wechseln, den Po eincremen, die Flasche geben und das Baby auf den Schoß oder mit ins eigene Bett nehmen. Auch möchten Geschwister gerne alle Pflegeutensilien des Babys für ihre Puppe oder Stofftier haben, von der Creme über die Milch und die Kleidung bis hin zur Windel. Meist geht es ihnen dabei auch darum zu testen, ob auch sie diese Dinge haben können und ob sie für die Eltern weiterhin noch wichtig sind. Sätze wie: »Nein, das ist nur fürs Baby«, vermitteln ihnen das Gefühl, sie seien nicht mehr von Bedeutung und die Eltern liebten nur noch das »neue« Baby! Dieser Eindruck wird bestärkt, wenn alle Besucher immer nur zum Baby stürmen, oftmals auch nur mit Geschenken für das Neugeborene ausgestattet. Die aufkommenden Eifersuchtsgefühle treiben dann die Geschwisterkinder dazu, alles zu tun, nur um Aufmerksamkeit zu erregen – gerade in solchen Situationen, in denen das sehr ungünstig ist, z. B. wenn das Baby gestillt oder gefüttert wird. Die Mutter muss dann die Mahlzeit unterbrechen, der Säugling fängt deshalb an zu schreien, die Mutter versucht halbherzig dem größeren Kind zu entsprechen, das merkt, dass sie nicht bei der Sache ist und insistiert weiter, das Baby schreit lauter, die Mutter wird zusehends angespannter und schon gerät alles durcheinander. Lassen Sie es erst gar nicht soweit kommen. Geben Sie den Geschwistern von Anfang an das Gefühl, sie sind für Sie genauso wichtig wie vor der Geburt des Neuankömmlings. Heben Sie hervor, dass sie zuerst geboren worden, älter und größer sind und deshalb auch schon viel mehr können und dürfen – dass das Baby nur »langweilige« Milch trinken und kein Eis, keine Kekse essen darf usw.

Versuchen Sie möglichst, ein Wir-Gefühl aufzubauen: Wir füttern jetzt unser Baby, wir wickeln es, wir schauen nach, warum es schreit. Auch wenn das ältere Geschwisterkind das Neugeborene mal falsch anfasst, ist das nicht tragisch. Babys sind nicht aus Zucker, sie haben sich durch den engen Geburtskanal gearbeitet und waren dem Stress der Geburt ausgesetzt gewesen. Sie sind nicht so zerbrechlich – dies gilt auch für Kaiserschnittkinder!

Ich habe auch die Erfahrung gemacht, dass Jungs das neue Baby häufig ignorieren, besonders wenn es ein männliches Baby ist. Es darf dann nicht mit in das eigene Zimmer und schon gar nicht ins eigene Bett. Auch dieses Verhalten müssen Sie als Eltern akzeptieren, denn es ist ja nicht leicht zu verkraften, vom Thron gestoßen zu werden – gerade wenn man jahrelang alleine die Eltern für sich hatte. Psychologen vergleichen die Situation, in der sich diese Geschwisterkinder befinden, mit der einer betrogenen Ehefrau oder eines betrogenen Ehemanns, kein schlechter Vergleich, finde ich.

Der vierjährige Florian war bis zur Geburt seines Bruders der absolute Mittelpunkt seiner Eltern. Als die Mutter wieder schwanger wurde, wünschte er sich eine kleine Schwester. Den Bruder, der dann zur Welt kam, ignorierte er geflissentlich. Wenn Besuch kam, um das Baby zu besichtigen, bot er diesem generös an, den Bruder ruhig mitzunehmen, denn die Eltern hätten ja schon einen Sohn, einen zweiten bräuchten sie nicht. Wenn ich ihn gemeinsam mit dem Baby vom Kindergarten abholte, bat er mich dringlich, nicht zu sagen, dass es sein Bruder sei. »Wir sagen einfach, es ist dein Kind«, schlug er vor. Auch den Erzieherinnen erzählte er nichts von dem neuen Bruder. Die Eltern gingen sehr sensibel mit der Eifersucht ihres Ältesten um. Die Mutter gestaltete so oft wie möglich Ausflüge alleine mit ihm und versuchte, alle gemeinsamen Rituale wie vor der Geburt des Bruders beizubehalten. Mit der Zeit entspannte sich die Situation etwas. Ausflüge mit dem Baby, ob zum Spielplatz oder zum Einkaufen, fand Florian immer angenehmer und wollte auch, dass der Kleine mitkam. Der kleine Bruder wurde immer munterer, integrierte sich langsam in die

Familie und nahm aktiv an deren Alltag teil. Florian beobachtete dabei das Baby genau, betonte, was er kann und was das Baby alles nicht kann, und lachte über die Grimassen seines Bruders. Er fing an, mit dem Baby zu sprechen und zu spielen, wir bekamen den Eindruck, Florian habe sich langsam an seinen Bruder gewöhnt.

Nach drei Monaten verließ ich die Familie wieder. Als ich meinen Koffer packte, fragte mich Florian, ob er mir eine Tasche holen solle, damit ich auch die Sachen vom Baby einpacken könne. Als ich ihm sagte, dass das Baby bei ihm und seinen Eltern bliebe, meinte er: »Du kannst es ruhig mitnehmen. Du darfst es behalten, wir bekommen eine kleine Schwester.« Auch alles, was das Baby bekommen habe, dürfe ich mitnehmen. »Oder soll ich für dich die Babysachen packen?«, fragte er flehentlich. Es war ihm sehr ernst, und als ich ihm erklärte, es sei doch sein Bruder und auch das Kind seiner Eltern und gehöre zu ihnen, fing er bitterlich an zu weinen und sagte zu seiner Mutter: »Mami, sie will das Baby nicht mitnehmen, sie geht alleine wieder nach Hause. Sie lässt es hier.«

Wie gewöhne ich meinen Hund an das Baby? – diese Frage ist besonders wichtig, wenn Ihr Hund lange Zeit »das Kind« im Hause war und nun an die zweite Stelle in der Familie rückt.
- Lassen Sie Ihren Hund schon an einer nassen Windel oder an einem Kuscheltuch, das nach Ihrem Baby riecht, schnuppern, bevor Ihr Baby aus der Klinik kommt.
- Wenn Sie mit Ihrem Baby nach Hause kommen, begrüßen Sie Ihren Hund mit dem Baby auf dem Arm und lassen ihn am Baby schnuppern, z. B. am

Hinterkopf oder an den Füßen – nicht aber im Gesicht oder an den Händen!
- Streicheln Sie Ihren Hund mit Ihrem Baby auf dem Arm.
- Halten Sie Ihren Hund nicht vom Baby fern und sperren Sie ihn nicht aus, lassen Sie ihn aber nie alleine mit Ihrem Baby im Zimmer.
- Führen Sie ein Ritual ein, z. B. die morgendliche Begrüßung, bei der Ihr Hund das Baby beschnuppern darf.
- Wenn Sie Ihr Baby stillen oder es die Flasche trinkt, geben Sie dem Hund ein Leckerli.
- Richten Sie einen Hundeplatz in dem Zimmer ein, in dem Sie Ihr Baby füttern, damit er sich nicht ausgeschlossen fühlt und sehen kann, was alles mit dem Baby gemacht wird.

Besuch!

Bevor sich der erste größere Besuch ankündigt, sollte die kleine Familie sich erst einmal in ruhiger, entspannter Umgebung miteinander vertraut machen und sich an die veränderte Lebenssituation gewöhnen. Das bedeutet natürlich nicht, dass jeder Besuch unwillkommen ist. Die erfahrene Großmutter oder die Freundin, die bereits Kinder hat und hilfreich mit einigen Handgriffen in der ersten Woche zur Seite steht, sind immer willkommen. Aber alles, was das Baby unruhig macht, was zu laut ist und zu Reizüberflutung führt, sollte in den ersten Lebenstagen vermieden werden.

Dort, wo ich die häusliche Neugeborenenpflege übernehme, habe ich immer klare Regeln in Bezug auf Besuch aufgestellt und genau das sollten Sie auch tun. Grundsätzlich gilt: Für Personen mit Erkältung oder Magen-Darm-Infektionen ist ein Besuch erst einmal tabu. Sie können ruhig Freunde und Familie fragen, ob sie auch infektfrei sind, bevor sie kommen. Das Neugeborene ist zwar in den ersten drei Monaten durch die mütterlichen Abwehrstoffe weitgehend vor Infektionen geschützt, aber nicht vor Virusinfektionen und bakteriellen Infektionen, die seine Atmung erheblich beeinträchtigen können. Gerade bei Besuchs-Kindern sollten die jungen Eltern darauf achten, dass sie auch wirklich infektfrei sind. Dabei reicht es nicht aus, kranke Kinder nur vom direkten Kontakt mit dem Baby abzuhalten. Viele Infektionen sind Tröpfcheninfektionen und werden ohne direkten Kontakt übertragen, z. B. beim Atmen und Niesen durch die Luft. Durch Tröpfcheninfektion können u. a. Mumps, Masern, Röteln und grippale Infekte übertragen werden; nicht alle Neugeborenen verfügen dagegen über einen ausreichend hohen Nestschutz.

Besucher sollten sich grundsätzlich die Hände waschen, wenn sie das Baby anfassen möchten, gerade weil sie meistens die Hände des Babys anfassen, und das Baby seine Hände dann in den Mund nimmt. Auch sollten Neugeborene nicht herumgereicht werden, das ist für das Baby viel zu anstrengend, weil es zu viele neue Eindrücke verarbeiten muss. Die Gäste sollten sich auch möglichst vorher anmelden und ihren Besuch zeitlich eingrenzen, so dass nicht den ganzen Tag über Trubel im Haus ist.

Während einer meiner Neugeborenenpflegen nach einer ambulanten Geburt waren wir gerade zu Hause angekommen, als sich schon der erste Besuch ankündigte. Der Säugling war erst einige Stunden alt, und zwei Freundinnen standen erwartungsvoll vor der Tür. Beide Damen waren starke Raucherinnen, sie hatten ganz gelbe, fast schon braune Finger. Natürlich waren sie gekommen, um das Baby zu bewundern und die eine Dame wollte doch prompt mit ihren Zigarettenfingern das Neugeborene anfassen. Etwas entsetzt sagte ich, sie möge das Baby bitte nicht anfassen, es wolle jetzt schlafen. Ich fand die Vorstellung schrecklich, dass sie das wenige Stunden alte Neugeborene mit diesen Händen, die sie vorher noch nicht einmal gewaschen hatte, berühren wollte. Die Dame war enttäuscht, aber traute sich nicht, sich über mich hinwegzusetzen. Die Mutter bedankte sich später bei mir, weil sie das gleiche Gefühl hatte wie ich, es aber nicht gewagt hatte, ihrer Freundin eine Abfuhr zu erteilen.

Sich Zeit nehmen für das Ankommen im neuen Familienalltag heißt auch: In der ersten Woche sollte der Terminkalender für Mutter und Vater möglichst zugeklappt sein. Ohne Ablenkungen und Zeitdruck lässt sich ein ruhiger Tagesablauf mit dem Baby besser organisieren und bewältigen. Das ist besonders für stillende Mütter wichtig, weil schon jetzt die Weichen für einen Still-Rhythmus (siehe Seite 106 f.) gestellt werden müssen, der wiederum in den normalen Ablauf des Familienalltags hineinpassen muss.

Ihr Baby sollte langsam in die Familie hineinwachsen und in den Alltag integriert werden. Nur in den ersten Wochen, bis sich ihr Neugeborenes an die neue Umgebung gewöhnt hat, braucht es besondere Fürsorge, und die Familie muss sich den Bedürfnissen des Neugeborenen anpassen, dann sollte der Säugling mit Hilfe eines Rhythmus langsam in die Familie hineinwachsen, damit alle Familienmitglieder zu ihrem Recht kommen.

Grundsätzlich gilt für alle Neugeborenen: Gewöhnen Sie Ihr Baby an nichts, was Sie auf Dauer nicht leisten können oder wollen. Nächte im Ehebett, Spielen mitten in der Nacht, Stillen, wann immer das Kind will – all das sollte gut überlegt sein, denn das Neugeborene versteht nicht, weshalb es irgendwann kein nächtliches Programm mehr gibt, nur weil der Urlaub des Vaters vorbei ist und er jetzt schlafen muss, um für seine berufliche Arbeit fit zu sein.

Erste Tage alleine mit Ihrem Baby zu Hause

In der Klinik waren Helfer und Ratgeber jederzeit verfügbar – jetzt ist diese angenehme Ausnahmesituation vorbei, und Sie werden merken – so viel Sie vorher auch gehört, gelesen, sooft Sie die Handgriffe geübt haben – es gibt Momente, in denen auf einmal nichts mehr zu gehen scheint. Das Stillen klappt nicht, das Baby wird nicht satt, es schreit nur, obwohl es doch schlafen sollte und lässt sich von Ihnen absolut nicht beruhigen. Sie fühlen sich unsicher, überfordert, sind frustriert und verzweifelt.

Glauben Sie mir, Sie sind nicht ungeschickter als andere

Mütter und schon lange keine schlechte Mutter. Sie müssen sich an den Umgang mit Ihrem Baby gewöhnen – Sie müssen das kleine Wesen mit seinen Bedürfnissen ja erst einmal kennenlernen. Nehmen Sie sich die Zeit dafür.

Das Baby wacht auf
Wenn Ihr Baby aufwacht und schreit, verfallen Sie nicht in Nervosität und Hektik. Dass Babys schreien, ist normal, sie können sich nur so bemerkbar machen. Gehen Sie deshalb ohne Aufregung und Hektik ruhig und gelassen an seinen Stubenwagen. Wenn möglich, beruhigen Sie es immer erst in seinem Wagen, bevor Sie es hochnehmen. Damit signalisieren Sie Ihrem Kind, es ist nicht allein, es ist alles in Ordnung, auch dass es in seinem Stubenwagen oder im Bett liegt. Wenn Sie Ihr Baby bei jedem Schreien immer gleich aus seinem Bett nehmen, signalisieren Sie ihm, das Bett ist kein schöner Ort und ich hole dich jetzt da heraus. Dabei sollte das Bett oder der Stubenwagen immer mit etwas Positivem, Schönem verbunden sein.

Wenn Ihr Baby aufwacht oder schreit, holen Sie es nicht immer gleich aus dem Bett. Besser ist es, bevor Sie Ihr Baby hochnehmen, es zu begrüßen, mit ihm zu sprechen, z. B. Ihre Tagesplanung erzählen, wie das Wetter wird, egal was, wichtig dabei ist der sanfte Tonfall und die Ruhe, die Sie ausstrahlen.

Es dauert einige Wochen, bevor Ihr Baby den Kopf aufrecht halten kann. Deshalb lassen Sie beim Hochnehmen des

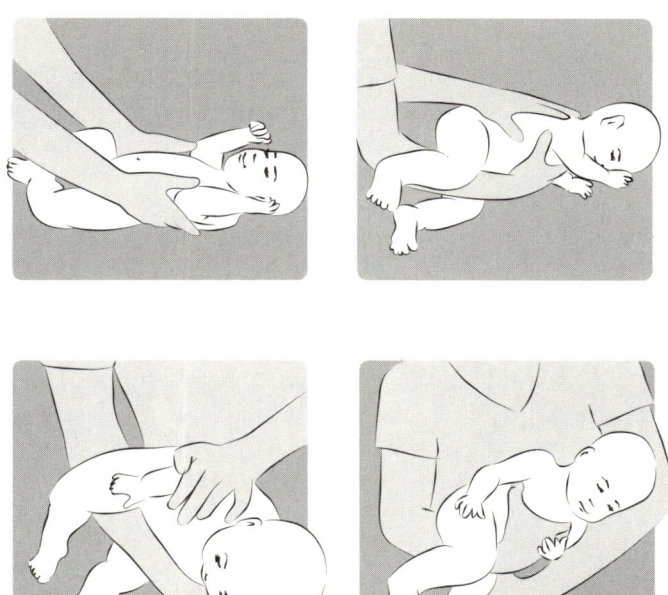

Greifen Sie Ihr Baby mit beiden Händen unter die Schulterblätter,
dann nehmen Sie es wie abgebildet hoch. Zum Schluss drehen
Sie das Kind zu sich, dann kann Ihr Kind Sie auch sehen, wenn es
nicht die Umgebung wahrnehmen möchte.

Säuglings eine Hand unter Nacken und Kopf gleiten, die
andere Hand halten Sie hinter den unteren Rückenbereich.
Heben Sie das Baby vorsichtig hoch, so dass der Kopf nicht
zurückfällt. Legen Sie den Kopf in die Armbeuge.

Sie können den Säugling auch hochnehmen, indem Sie
beide Hände unter die Schulterblätter legen, Daumen nach
vorne. Greifen Sie Ihr Baby beim Hochnehmen nicht zu

An der Schulter gehalten zu werden, vermittelt Ihrem Baby ein sicheres Gefühl. Viele Neugeborene schlafen so auch gern ein.

zaghaft und ängstlich, sondern etwas kräftiger und mit sicherer Hand. Das vermittelt Ihrem Baby Sicherheit. Vermeiden Sie beim Tragen des Babys schnelle und hektische Bewegungen. An der Schulter gehalten zu werden, vermittelt Ihrem Baby in aufrechter Haltung ein positives sicheres Gefühl. Viele Kinder legen ihr Köpfchen gerne auf die Schulter und schlafen dort ein. Stützen Sie mit einer Hand das Gesäß, mit der anderen den Kopf.

Sicher auf dem Arm getragen mit Blickkontakt zur Mutter –
so lassen sich auch ältere Säuglinge beruhigen.

Das Baby wird gewickelt

Bevor Sie Ihr Baby auf den Wickeltisch legen, muss alles
zum Wickeln in Griffnähe bereitliegen, denn Ihr Baby darf
keinen Augenblick alleine auf dem Wickeltisch bleiben. Es
könnte sonst von der Wickelkommode stürzen. Legen Sie
Ihr Baby mit dem Rücken auf die Wickelunterlage und
ziehen Sie es so weit aus, dass Sie seine Windel bequem
öffnen können (siehe Abb. Seite 94). Wenn Sie den Po an-

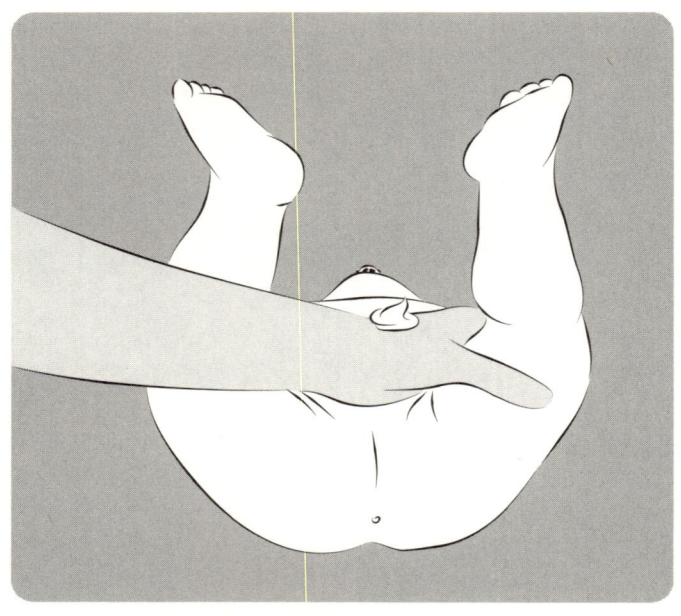

Umfassen Sie beim Windeln mit einer Hand den Oberschenkel Ihres Babys, das andere Bein liegt auf Ihrem Unterarm. Dann heben Sie die Beinchen vorsichtig nach oben. Einen Klecks Pocreme sollten Sie schon vorher auf Ihren Handrücken geben, dann müssen Sie beim Eincremen Ihr Baby nicht nochmals loslassen.

heben, bitte nicht an den Fußknöcheln hochziehen, sondern führen Sie Ihre Hand samt Unterarm unter einen Oberschenkel des Babys, um dann mit dieser Hand den anderen Oberschenkel von oben zu fassen. Wenn Sie jetzt Ihren Unterarm anheben, gehen beide Beinchen samt Po in die Höhe. Dieser Griff ist für die Hüfte Ihres Babys viel schonender und gesünder.

94

Welche Windeln Sie verwenden möchten, hängt von Ihrer Einstellung und von Ihrer Lebensweise ab – ob Stoffwindel oder Wegwerfwindel hat mit einem wunden Po meistens nichts zu tun. Bei beiden Varianten kann es zu einem wunden Po kommen. Nehmen Sie die schmutzige Windel unter dem Po heraus und entfernen Sie Stuhl- und Cremereste.

Bei Mädchen: vorsichtig sämtliche Stuhl- und Cremereste aus dem Genitalorgan herauswischen, damit keine Keime in die Scheide und Harnröhre dringen können. Besonders wichtig: immer von vorne nach hinten wischen, von der Scheide zum After! Mädchen haben eine viel kürzere Harnröhre als Jungen, deshalb neigen sie häufiger zu Harnwegsentzündungen als Jungen.

Bei Jungen: vorsichtig den Hodensack anheben und auch hier Stuhl, Urin und Cremreste entfernen, auch den Bereich darunter gründlich reinigen. Die Vorhaut soll dabei nicht zurückgestreift werden. (Verletzungsgefahr!)

Bei Jungs und Mädchen sind die Hautfalten in der Leiste besonders sensible Bereiche, diese sollten Sie immer gut säubern und trocknen, weil hier Haut auf Haut liegt. Sie können den Windelbereich mit Wasser und einem Waschlappen am besten aber mit einem Mullwaschlappen reinigen, weil Sie damit auch gut die Hautfalten säubern können. Alternativ können Sie ihn auch mit Feuchttüchern säubern.

Vor dem Eincremen immer erst die Haut, besonders die Hautfalten, gut trocknen, z. B. mit einen Kosmetiktuch oder auch mit weichem Toilettenpapier. Bedenken Sie dabei, dass Babyhaut um ein Vielfaches dünner ist als die Haut von Erwachsenen, deshalb nicht rubbeln, sondern lieber trocken tupfen. Nur wenn die Haut richtig trocken ist, kann die Creme auch wirklich die empfindliche Haut im Genitalbereich vor Urin und Stuhl schützen. Dann erst die Windel unter den Po legen, und sich etwas Creme auf den Handrücken der Hand streichen, mit der Sie den Oberschenkel Ihres Babys festhalten. Sie sollten nicht mit den Fingern in den Cremetopf gehen oder die Creme an der Tube mit dem Finger abstreifen. Falls Ihr Baby einmal eine → **Windeldermatitis** bekommt, können Keime auf diese Weise über die Creme immer wieder mit dem Windelbereich in Berührung kommen, was die Heilung stark behindert oder gar verhindert.

Zum Eincremen nehmen Sie am besten Pocreme auf pflanzlicher Basis, ohne Parfüm, Paraffin und Konservierungsstoffe. Wenn Sie den Po eincremen, benutzen Sie keine Öltücher, denn das Öl hinterlässt einen Fettfilm auf der Haut, und die Creme kommt so nicht mehr in direkten Hautkontakt, sondern liegt auf dem Fettfilm. Es bildet sich eine feuchte Kammer, und die Haut wird schnell wund und nässt.

Schließen Sie die Windel nicht zu fest, aber auch nicht zu locker. Gerade bei voll gestillten Babys ist der Stuhl leicht flüssig und würde sonst seitlich auslaufen. Wenn Sie am Bauch zwei Finger in die Windel stecken können und die Windel anliegt, sitzt sie gut.

> Bei jedem Wickeln, auch wenn die Windel nur nass ist (kein → **Stuhlgang**), sollten Sie den gesamten Po mit einem Feuchttuch oder lauwarmem Wasser säubern und wieder trocken tupfen und nicht nur die nasse Windel gegen eine trockene austauschen.

Die zarte Babyhaut ist noch sehr empfindlich, die Talgdrüsen arbeiten noch eingeschränkt (erst in der Pubertät arbeiten sie optimal) und auch der Säureschutzmantel ist noch nicht voll funktionsfähig, um vor Bakterien und Pilzen zu schützen. Deshalb können vielfältige Gründe zum wunden Po führen, wie

- scheuernde Windeln oder Kleidung
- zu langer Hautkontakt mit Urin und Stuhl
- zu seltener Windelwechsel
- feuchte Haut, die vor dem Eincremen nicht richtig trocken getupft wurde
- Essgewohnheiten der stillenden Mutter, z.B. scharfe Gewürze, säurehaltige Speisen und Getränke
- Pilzinfektionen
- Zahndurchbruch

Pflegetipps bei wundem Po
Bei jedem Wickeln den Po mit warmem abgekochtem Wasser abwaschen und immer einen frischen sauberen Waschlappen benutzen. Bei Pilzbefall verwenden Sie am besten Einweg-Waschlappen oder benutzen Feuchttücher. Den Po nach dem Waschen immer gut trocken tupfen. Sie können den Po an der Luft trocknen oder auch mit einem Fön auf niedriger Temperaturstufe mit 20 bis 30 Zentimeter Abstand trocken fönen, dabei muss der Fön immer in Bewegung bleiben und nicht zu lange auf nur eine Stelle gerichtet sein. Am besten fönen Sie immer auch

über das Handgelenk Ihrer Hand, mit der Sie die Beine hochhalten. Dadurch spüren Sie, ob die Wärme angenehm ist oder zu heiß und verhindern eine Verbrennung der zarten Babyhaut. Jungen sollten Sie sicherheitshalber auf den Bauch legen, denn wenn Ihr Junge pisselt, kann es durch den Urinstrahl zum Stromschlag kommen.

Das hilft, wenn der Po wund ist

leicht gerötet	Ringelblume-Calendula Creme z. B. von Weleda
starke Rötung	Desitin, Mirfulan oder Mitosyl etc., Zinksalbe
Pilzbefall am Po	Antimycotica-haltige Salben wie Multilind oder Infektosoor-Zinksalben etc.
Offener Po	Sitzbäder mit Tannosyntpulver, offene Stellen abtupfen und mit Calendula-Essenz reinigen. Oder Teebeutel mit schwarzem Tee leicht ausdrücken und damit die wunden Stellen abtupfen und anschließend trocken fönen. Einen offenen Po sollten Sie immer auch dem Kinderarzt zeigen.

Die Nabelpflege
Nach der Geburt wird die Nabelschnur mit einer Klemme abgetrennt. Der Nabelrest fällt normalerweise in den ersten

acht bis zehn Tagen ab. Es gibt aber auch Babys, bei denen der Nabelschnurrest erst nach drei Wochen abfällt, das sollte Sie nicht ängstigen oder verunsichern und bedarf auch keiner besonderen Behandlung. Vor der Nabelpflege sollten Sie sich immer gründlich die Hände mit Seife waschen. Zur Reinigung des Nabels können Sie eine sterile Kompresse und NaCl-0,9 %-Lösung (Kochsalzlösung) aus der Plastikampulle einsetzen oder ihn mit Octenisept-Spray desinfizieren. Sie können den Nabel aber auch mit Silber- oder Wescesinpuder und sterilen Kompressen 7,5 × 7,5 Zentimeter behandeln. Bei jedem Wickeln tragen Sie dabei den Puder auf. Einmal täglich werden die Puderreste mit einer in NaCl-0,9 %-Lösung getränkten sterilen Kompresse oder verdünnten Calendula-Essenz komplett entfernt und mit einer sterilen Kompresse abgedeckt. Wenn Sie so den Nabelschnurrest trocknen und desinfizieren, fällt er erwiesenermaßen am schnellsten ab.

Den Grind sollten Sie nur entfernen, wenn er sich an der Oberfläche befindet, auf keinen Fall sollten Sie im Inneren des Nabels pulen. Bei einem nässenden und blutenden Nabel bestäuben Sie den Nabel mit antibakteriellem Puder, (z. B. Silber- oder Wescesinpuder), und legen dann die sterile Kompresse darüber. Die Windel muss immer unterhalb des Nabels schließen, damit der Nabel nicht verunreinigt wird und keine Feuchtigkeit einzieht. Stuhlgang und Urin können die Wunde mit Keimen und Bakterien infizieren. Klappen Sie den oberen Rand der Windel am Anfang besser um. Sinnvoll ist es vor allem bei sehr zarten Neugeborenen, die Windel hinten zu schließen, damit sie nicht so leicht über den Nabel verrutschen kann. Eine Infektion des Nabelgrunds lässt sich an der Rötung erkennen, damit müssen Sie auf jeden Fall zu Ihrem Kinderarzt. Denn wenn Keime, Bakterien durch den Nabel eindringen, können innere Organe infiziert werden. Solange der Nabel nicht verheilt und ganz trocken ist, ist er eine Eintrittspforte für Keime und Bakterien.

> Achten Sie auf Veränderungen am Nabel. Eine Auswölbung beispielsweise kann auf einen Nabelbruch oder über einen längeren Zeitraum aus dem Nabel heraustretende Blutstropfen auf einen Vitamin-K-Mangel hinweisen. Gehen Sie in beiden Fällen zum Kinderarzt.

Sollte der Nabelschnurrest einmal mit Urin und Stuhl verschmutzt sein, können Sie ihn mit Arnikatinktur oder verdünnter Calendula-Essenz säubern. Arnika hemmt Keimbildung und wirkt gegen Entzündungen. Nachdem der Nabelschnurrest abgefallen ist, kann es noch zu leichtem Nachbluten des Nabels kommen, da er nicht sofort verheilt ist. Wenn der Nabel trocken ist und kein Blut oder Sekret mehr abgibt, meist zwei bis drei Tage nachdem der Nabelschnurrest abgefallen ist, können Sie Ihr Baby baden.

In manchen Kliniken wird der Säugling auch mit Nabelschnurrest gebadet. Dies halte ich nicht für empfehlenswert, weil dabei immer Keime und Bakterien eindringen können. Des Öfteren hatte ich deshalb schon Neugeborene betreut, die mit Antibiotika-Behandlung nach Hause entlassen werden mussten.

Das Baby wird gebadet

Das Baden sollte Ihrem Kind und Ihnen Spaß machen. Den Zeitpunkt für ein Bad können Sie frei wählen. Am besten dann, wenn Sie genügend Zeit haben, kein Besuch oder Ausgehtermin ansteht oder vielleicht auch abends, damit der Vater dabei sein kann. Es hat keinen Sinn, Ihr Baby zu baden, wenn es schon vor Hunger schreit oder sehr müde ist. Einmal pro Woche zu baden reicht völlig aus, Babys machen sich nicht schmutzig und riechen auch nicht nach Schweiß. Häufiges Baden trocknet die Haut nur aus. Am wohlsten fühlt sich Ihr Baby in den ersten Monaten in einer Babybadewanne. In einem Badeeimer kann sich das Baby nicht bewegen, weil es sehr eingeengt ist und nur am Kopf gehalten wird. Auch das Waschen fällt in einem solchen Eimer eher schwer.

Bereiten Sie zum Baden alles gut vor, damit Sie das Badezimmer nicht verlassen müssen, um beispielsweise eine Windel oder einen frischen Strampler zu holen.

So bereiten Sie ein Bad vor

- Sorgen Sie für eine ausreichende Badezimmertemperatur um die 24 Grad.
- Stellen Sie eine kleine Badewanne so auf, dass Sie hüfthoch ist, damit Sie eine bequeme Haltung beim Baden einnehmen können. Wenn Sie die Babybadewanne in einen Aufsatz auf die große Wanne stellen, sollte eine Ablagefläche für die Badeutensilien in der Nähe sein.
- Legen Sie in Reichweite:
  Waschlappen oder einen kleinen Naturschwamm
  Handtuch
  Wenn Sie auch im Badezimmer anschließend windeln wollen:

Windeln und Pocreme sowie Kosmetiktücher
saubere Kleidung
eventuell eine Wolldecke

- Füllen Sie die Badewanne immer so weit mit warmem Wasser, dass Ihr Baby bis zu den Schultern unter Wasser liegt.
- Messen Sie die Temperatur mit Thermometer (36 bis 37 Grad). In den ersten Wochen sollten Sie keine Badezusätze verwenden, klares Wasser reicht völlig aus. Babyseife nicht vor dem dritten Monat und höchstens für Hände, Po und → **Genitalien** benutzen. Später ist ein rückfettendes Ölbad sinnvoll. Haarshampoo braucht Ihr Baby erst dann, wenn ihm eine richtige Haarpracht gewachsen ist.
- Legen Sie Ihr Baby auf die Wickelunterlage, ziehen es aus, säubern den Po von Stuhlgang und auch von Cremeresten, und vergewissern Sie sich nochmals, dass das Badewasser die richtige Temperatur hat.
- Lassen Sie Ihr Baby langsam ins Wasser gleiten, dabei liegt sein Köpfchen auf Ihrem Handgelenk und Ihre Hand greift unter der Achsel durch den Oberarm. Die andere Hand haben Sie frei, um Ihr Baby zu waschen.

- Beginnen Sie sanft das Gesicht und dann das Köpfchen nach unten gehend zu waschen. Lassen Sie sich ruhig Zeit und genießen Sie Ihr Baby, dabei »streicheln« Sie es mit Waschlappen oder Schwamm und sprechen mit ihm.
- Waschen Sie sämtliche Hautfalten und die Genitalien.
- Nach fünf bis zehn Minuten – nicht länger, um ein Auskühlen und Auslaugen der Haut zu verhindern – nehmen Sie Ihr Baby wieder aus dem Wasser.

Beim Hineingleiten in die Badewanne liegt das Köpfchen Ihres Babys auf Ihrem Handgelenk, und Ihre Hand greift unter der Achsel durch den Oberarm.

Der Vater kann mit dem Baby in der großen Badewanne baden, aber auch dann sollte die Badedauer nicht länger als fünf bis zehn Minuten betragen. Die Mutter sollte erst rund sechs Wochen nach der Geburt, nach dem Versiegen des Wochenflusses, mit dem Baby baden. Solange der Nabel des Babys nicht komplett verheilt ist, können Keime eine Infektion beim Baby auslösen. Infektionsgefahr besteht beim Baden auch für die stillende Mutter, wenn sie wunde Brustwarzen oder kleine Einrisse an der Brustwarze hat, denn der Wochenfluss hat eine »normale Keimbesiedlung«, diese könnte eine → **Brustentzündung** (Mastitis) auslösen. Sie sollten in den ersten Wochen deshalb nicht baden, höchstens wundheilende Sitzbäder nehmen – besonders bei Dammschnitt oder Dammriss zu empfehlen.

Beim Abtrocknen besonders die Hautfalten beachten, z. B. unter den Achseln und am Hals. Vergessen Sie nicht, auch hinter den Ohren die Feuchtigkeit trockenzutupfen. Oberschenkel- und Pofalten sowie Kniebeugen und Zehenzwischenräume ebenfalls gut abtrocknen. Das geht sehr gut mit einem Kosmetiktuch oder mit einem trockenen Mullwaschlappen. Die Ohrmuschel sollten Sie am besten auch mit einem Kosmetiktuch trocknen. Den Gehörgang nicht mit Wattestäbchen reinigen, nur den Schmutz, der sich am Gehörgangaustritt befindet, können Sie vorsichtig entfernen!

Wenn die Haut Ihres Babys zu trocken ist, behandeln Sie sie mit ein wenig Babyöl, z. B. Mandel- oder Weizenkeimöl. Aber nicht den ganzen Körper, sondern nur die betroffenen Stellen einreiben. Achten Sie in jedem Falle darauf, dass die Pflegeprodukte weder Konservierungsstoffe noch Parfüm enthalten. Hat Ihr Baby → **Milchschorf**, können Sie die Kopfhaut mit Mandel- oder auch mit Olivenöl einreiben. Am nächsten Morgen haben sich die Schuppen gelöst, und

Sie können sie mit einem milden Shampoo und leichter Kopfmassage problemlos abwaschen

Wenn Sie Ihr Baby fertig angezogen haben, sollten Sie es noch zusätzlich in eine leichte Decke wickeln, wenn Sie mit ihm durchs Haus oder die Wohnung gehen. Ist Ihr Baby noch nicht zu müde oder schon zu hungrig, wirkt zusätzlich zum Baden noch eine zärtliche Streichelmassage (siehe Seite 185) für Entspannung und Wohlbefinden.

Falls Sie Ihr Baby nicht stillen (oder nicht mehr stillen), sollten Sie die Flasche schon unmittelbar vor dem Bad vorbereiten und im Flaschenwärmer bereitstellen, damit es kein Geschrei nach dem Baden gibt. Vor dem Baden sollte das Baby nicht gefüttert werden, sondern es ist sinnvoll, ca. eine halbe Stunde vor einer Mahlzeit das Baby zu baden, damit es danach und von der Anstrengung des Badens gut schlafen kann.

Wenn Ihr Baby gute Laune hat und entspannt ist, können Sie auch gleich die Fingernägel bei Bedarf schneiden. Oder Sie warten, bis es schläft, doch sollte es sehr fest schlafen und ganz entspannt sein. Denken Sie dabei an seinen Greifreflex und dass es auch im Schlaf unkontrollierte, spontane Bewegungen macht. Schneiden Sie die Nägel nicht zu kurz, dafür lieber häufiger. Sie können sie auch vorsichtig mit einer Glasfeile rund feilen, wenn sie kurz aber kratzig sind.

Das Stillen

Eine Mutter erzählte mir bei unserem ersten Gespräch, dass allein der Gedanke, aus ihrer Brust komme Milch und das Baby sauge daran, in ihr Ekel und Abneigung auslöse. Auch wollte sie das Kind nicht auf ihrem nackten Bauch liegen haben. Zuerst redete ich der Mutter gut zu. Sie solle doch sich und ihrem Baby die Möglichkeit geben, das Stillen und den damit verbundenen engen Körperkontakt zu erleben. Sie müsse ja nicht ewig stillen, versuchte ich sie zu überzeugen. Doch als ich merkte, dass ihre Abwehrhaltung immer größer wurde und auch der Vater nicht für das Stillen zu begeistern war, wurde mir klar, dass es für die Mutter-Kind-Beziehung keine gute Basis ist, unter Zwang zu stillen.

Während meiner über 25-jährigen Tätigkeit in ganz unterschiedlichen Familien ging es mir immer in erster Linie darum, dass die jungen Eltern mit dem Neugeborenen zu einer Familie zusammenwachsen. Gerade beim ersten Kind ist das manchmal sehr schwierig. Nichts ist mehr wie früher in der Beziehung, und ein tragfähiges Dreiergeflecht muss sich erst finden. Da ich rund um die Uhr in den Familien war, habe ich Situationen hautnah miterlebt, in denen das nach außen hin so perfekte Zusammenleben nahe an der Zerreißprobe stand. Eine harmonische Atmosphäre, in der sich das Baby wohlfühlt und gut gedeihen kann, ist für mich deshalb das oberste Ziel meiner Arbeit. Dogmatische Lösungen lehne ich ab, da sie den Blick auf die individuellen Bedürfnisse von Mutter, Vater und Kind versperren. Ich orientiere mich bei meiner Arbeit in den Familien immer am Machbaren und an dem, was der Familienharmonie am zuträglichsten ist. So auch beim Stillen. Obwohl ich es für die beste Ernährung eines Neugeborenen erachte, würde ich einer Mutter das Stillen nicht aufzwingen. Die Liebe der Eltern, das sich Angenommenfühlen in einer ausgeglichenen entspannten Atmosphäre ist viel wichtiger für das Baby und sollte nicht dem erzwungenen Stillen geopfert werden. Durch Zwang entsteht kein »Bonding«, keine Bindung zwischen Mutter und Kind. Diese muss erst langsam wachsen.

Das Baby in der beschriebenen Familie wurde übrigens per Kaiserschnitt geholt und auch nicht gestillt. Nachdem sich die Mutter aber in ihren Wünschen und in ihren Zweifeln ernst genommen fühlte, konnte sich eine intensive Liebe und Zuneigung zu ihrem Kind entwickeln.

Grundsätzlich ist Muttermilch für Ihr Kind in den ersten Monaten die beste Nahrung, auch wenn inzwischen sehr gute industriell gefertigte Säuglingsmilch/Formula-Nahrung auf dem Markt ist. Aber Abwehrkörper, sogenannte Immunglobuline, sind nur in der Muttermilch enthalten. Dadurch wird das Baby gegen zahlreiche Infektionskrankheiten geschützt. Nach neusten Erkenntnissen ist es auch wichtig für die Gelenke Ihres Kindes. Stillen fördert aber auch die Gesundheit der Mütter. Einer Studie der Universität Pittsburgh zufolge leiden Frauen, die lange gestillt haben, seltener an Diabetes und Herz-Kreislauf-Erkrankungen, auch das Brustkrebsrisiko nimmt durch das Stillen ab. Aber: Gerade Mütter, die gezwungenermaßen stillen, haben oft mit Stillproblemen zu kämpfen, von Milchstau über wunde Brustwarzen bis hin zur Brustentzündung. Deshalb sollten die Bedürfnisse und Vorbehalte der Mutter immer ernst genommen werden. Auch mit der Flasche können Sie Ihr Kind gut versorgen, außerdem können sich dann beide Elternteile von Geburt an gleichberechtigt um das Baby kümmern.

Manchmal kann ich stillunwillige Frauen von den Vorteilen der Muttermilch überzeugen oder wenigstens einen Kompromiss erreichen. So auch bei einer sehr jungen Mutter, die bei ihrer Großmutter aufgewachsen war. Ihre Hebamme, die sie zur Geburtsvorbereitung aufsuchte, wollte sie unbedingt dazu bringen, so lange wie möglich zu stillen. Derart unter Druck gesetzt, wollte sich die junge Frau nach der Entbindung in der Klinik eine Spritze geben lassen, damit es erst gar nicht zum Milcheinschuss kommen würde. Ich versuchte, die junge Frau ohne Druck von den Vorteilen des Stillens zu überzeugen und versprach, dass ich ihr schon nach kurzer Zeit und ohne Vorwürfe helfen würde, sanft abzustillen. Sie ließ sich überzeugen und hat, etwas unwillig, immerhin acht Wochen gestillt. Ab der neunten Woche bekam der Säugling dann nur noch Säuglingsmilch/Formelmilch aus der Flasche. Allerdings durfte das die Großmutter nicht wissen, weil sie der Meinung war, ihre Enkelin müsste wenigstens so lange stillen, bis sie ihre Arbeit wieder aufnehmen würde – oder sie hätte erst gar nicht damit anfangen sollen. Ihre Kinder seien schließlich auch ohne Muttermilch groß geworden.

Um uns lange Auseinandersetzungen zu ersparen, haben wir das Baby am Besuchstag der Großmutter heimlich mit der Flasche gefüttert. Im Beisein seiner Urgroßmutter durfte es, wenn auch nicht sehr enthusiastisch, da es ja schon mit der Flasche Milch bekommen hatte, satt und zufrieden am Busen der Mutter nuckeln. Wenn das Baby gar nicht wollte, erklärten wir der Urgroßmutter, dass zu viele Menschen beim Trinken stören, woraufhin alle außer der Mutter, dem Baby und mir das Zimmer verließen. Wir spielten dann eine Weile leise mit dem Kind und kamen nach einiger Zeit mit dem so »gestillten« Säugling wieder. Mit dieser unpragmatischen Lösung – das Versteckspiel dauerte ja nur einige Wochen und betraf maximal ein bis zwei Mahlzeiten am Tag, an einem Tag in der Woche – waren alle zufrieden: die Großmutter, die nichts von der Flasche wusste, die Mutter, die sich nicht traute, ihren Stillunwillen offen zu äußern und sich mit der Großmutter auseinanderzusetzen, und der Säugling, der ohne Geschrei und Tricks seinen Hunger stillen konnte.

Das Stillen und die Milchbildung (Laktation) ist ein komplexer Vorgang, der von vielen Faktoren abhängig ist, nicht zuletzt vom seelischen Zustand und dem Stillwillen der Mutter. Doch allein schon wegen der Abwehrstoffe, die das Baby über die Muttermilch erhält, sollte jede Mutter, wenn irgend möglich, die ersten sechs Wochen versuchen zu stillen – auch wenn sie sich gegen das Stillen über einen längeren Zeitraum entschieden hat. Wer weiß, vielleicht finden Sie das Stillen doch nicht so unangenehm, und wenn doch, können Sie jederzeit abstillen. Geben Sie sich und Ihrem Baby die Möglichkeit, es auszuprobieren.

Etwa zehn Prozent aller Mütter können aus medizinischen oder psychischen Gründen nicht stillen.

Vom rein praktischen Standpunkt aus gesehen ist Stillen eine schnelle, einfache, bequeme und kostenlose Methode, Ihr Baby zu ernähren. Wenn Sie und Ihr Baby Routine haben, werden Sie es gemeinsam genießen können. Stillen kann ein erfüllendes, wunderbares Erlebnis sein, das die Beziehung zwischen Mutter und Kind von Geburt an intensiviert.

Vorteile des Stillens

- In den ersten Tagen erhält das Baby über das Stillen das wertvolle Kolostrum, die Vormilch, die reich an Eiweiß und dem wichtigen Immunglobulin A (IgA) ist.
- Gestillte Kinder sind in den ersten Monaten besser gegen zahlreiche Infektionskrankheiten geschützt (sogenannter Nestschutz).
- Muttermilch ist aufgrund ihrer Zusammensetzung den zum Teil noch nicht ausgereiften Funktionen des kindlichen Magen-Darm-Traktes und seinem Stoffwechsel besonders gut angepasst. Sie schützt vor schweren Entzündungen des Dünn- und Dickdarms, Infektionen der Atemwege, vor Mittelohrentzündung, bakterieller Hirnhautentzündung, Blutvergiftung und Harnweginfektionen. **Auch** kann sie Allergien und Asthma vorbeugen. (Das Risiko an einer Allergie zu erkranken, sinkt bei sechsmonatiger Stilldauer um 50 Prozent!)
- Beim Stillen ist eine Überfütterung des Kindes aufgrund der Rückkopplung zwischen Nahrungs- und Flüssigkeitsbedarf des Säuglings sowie Milchbildung der Mutter, äußerst selten.
- Durch das Saugen an der Brust wird die Kieferentwicklung des Neugeborenen positiv unterstützt.
- Die kostenlose Muttermilch ist wohltemperiert und ohne Aufbereitung immer parat.
- Stillen bietet Entspannung für Mutter und Kind.

Der Stillbeginn

Wenn möglich, legen Sie Ihr Neugeborenes gleich nach der Geburt an. Lassen Sie es aber nicht stundenlang nuckeln, damit Ihre Brustwarzen nicht schon in den ersten Tagen wund sind, und das Stillen für Sie dadurch mit allzu großen Schmerzen verbunden ist. In den ersten achtundvierzig Stunden braucht das Neugeborene noch keine Nahrung. Der Milcheinschuss kommt meist erst am dritten Tag, bei einem Kaiserschnitt oft erst am vierten. Lassen Sie Ihr Baby aber trotzdem von Anfang an regelmäßig über den Tag verteilt fünf bis sechs Mal jeweils fünf bis sechs Minuten an jeder Brust trinken. Säuglinge haben einen angeborenen Such-Saugreflex, und auch wenn noch keine Milch kommt, regt das Saugen den Milchfluss an, da die Nervenenden im Warzenhof dem Gehirn signalisieren, die Hormone Prolaktin und Oxytocin auszuschütten. Meist kommen dann nur ein paar Tropfen **Vormilch** (Kolostrum genannt), die nach neusten wissenschaftlichen Erkenntnissen wichtig für die Gelenke ist, und gleich nach der Geburt zur Verfügung steht.

Das Oxytocin steuert nicht nur den Milchspendereflex/ Milchfluss, sondern auch eine Kontraktion des Uterus. Wenn Sie Ihr Baby anlegen, kann das leicht schmerzhaft sein, aber nur in den ersten Minuten, nicht während der gesamten Mahlzeit. Durch diese Kontraktionen entwickelt sich bei Stillenden die Gebärmutter schneller wieder auf ihre normale Größe zurück als bei Frauen, die nicht stillen. Die Schmerzen beim Ansaugen betreffen die Brust, weniger den Uterus, und können einige Wochen dauern.

In der ersten Woche nach der Geburt wird die **Übergangsmilch** gebildet, die noch dickflüssig und gelb ist. In der zweiten Woche beginnt der Wechsel zur reifen **Frauenmilch**, die dünnflüssiger, aber kalorienreicher und sättigender ist. Durch den zusätzlichen Kalorienverbrauch werden die Fettdepots, die Sie sich eventuell während Ihrer Schwangerschaft angelegt haben, aufgebraucht.

Um das Stillen mit Ihrem Neugeborenen zu lernen, ist es wichtig, dass Sie gerade in den ersten Tagen – ob zu Hause oder in der Klinik – genügend Zeit und Ruhe haben. Trotz des angeborenen Such-Saugreflexes muss Ihr neugeborenes Baby die richtige Saugtechnik erst lernen. Wenn Ihr Baby anfangs Probleme hat, die Brustwarze zu greifen, z. B. weil Sie Flach- oder Hohlwarzen haben, benutzen Sie Saug- oder Brusthütchen, die es aus Latex oder Silikon in Apotheken gibt. Durch das Saugen mit einem solchen Hütchen tritt die Brustwarze besser hervor, und Ihr Baby kann sie besser umschließen. Nach etwa fünf bis acht Tagen brauchen die meisten Neugeborenen kein Hütchen mehr. Auch wenn die Brust sehr prall ist und Ihr Baby die Brustwarze dadurch nicht richtig fassen kann, hilft ein Brusthütchen.

Wenn Sie Ihr Baby ausschließlich mit Muttermilch ernähren möchten, können Sie nie früh genug damit beginnen, für unvorhersehbare Zwischenfälle einen Vorrat an Muttermilch anzulegen. Gerade in den ersten Wochen tauchen viele Stillprobleme auf. Dann ist es ideal, wenn Sie auf eine kleine Reserve an Milch zurückgreifen können. Wenn Sie über zu viel Milch verfügen oder Ihr Baby die Brust nicht leer trinkt, pumpen Sie immer etwas Milch ab (→ **Abpumpen**) oder streichen

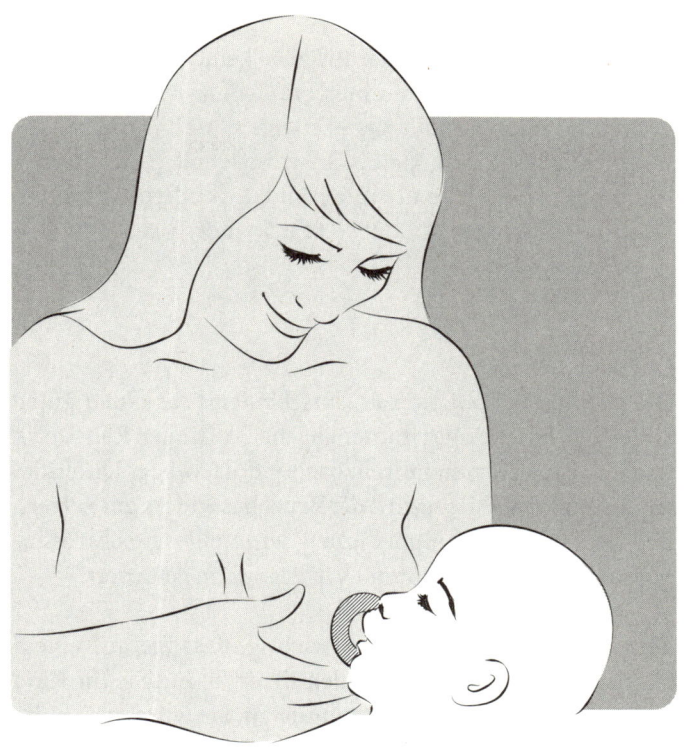

Saug- oder Brusthütchen können vor allem in den ersten Tagen
Ihrem Baby helfen, die Brustwarze besser zu fassen und die damit
verbundenen Stillprobleme auszugleichen.

Sie die Brust aus und frieren Sie die Milch ein. Je leerer
Ihre Brust ist, desto mehr Milch wird nachgebildet und
außerdem verhindern Sie einen Milchstau.

Die **Größe der Brust** hat übrigens keine Aussagekraft über die Stillfähigkeit einer Frau. Ein großer Busen besteht überwiegend aus Fettzellen und nicht aus Milchdrüsen. Eine kleine Brust bedeutet nicht, dass sie nicht ausreichend Milch bildet, die Brustdrüsen sind unabhängig von der Größe, in jeder Brust ist die gleiche Anzahl.

Die Stillpositionen
Die richtige Stillposition ist entscheidend für einen guten Stillerfolg, falsche oder immer gleiche Positionen können zu wunden Brustwarzen führen. **Immer dort, wo der Unterkiefer des Säuglings liegt, wird die Brust besonders gut geleert.** Bei wechselnden Stillpositionen wird eine gleichmäßige Milchbildung im gesamten Drüsengewebe gefördert.

Beim **Stillen im Sitzen** ist es wichtig, dass Sie auf einem Stuhl oder Sessel mit Armlehnen sitzen, damit Sie Ihr Kind nicht die ganze Zeit frei halten müssen. Sie würden sich dabei zu schnell verkrampfen, was von Schmerzen im Schulter- und Nackenbereich bis hin zu Kopfschmerzen führen kann. Auch Ihr Baby spürt die Verkrampfung und trinkt dann nicht mehr kontinuierlich und entspannt. Am besten platzieren Sie noch ein Kissen oder Stillkissen unter Ihrem Arm, darauf können Sie Ihr Baby legen, es zu sich hindrehen und noch besser abstützen. Ihre Füße stellen Sie auf eine Fußbank, damit sich Ihre Nackenmuskeln nicht verspannen. Machen Sie es sich gemütlich beim Stillen, hören Sie Musik oder legen Sie ein Hörbuch ein. Dass Sie beim

Stillen im Sitzen mit dem Wiegengriff. Hier ist es wichtig, dass Sie bequem sitzen und der Säugling an die Brust kommt und nicht die Brust zum Säugling.

Stillen → **fernsehen,** halte ich nicht für empfehlenswert, das lenkt das Baby zu sehr ab.

Die gleiche Position können Sie übrigens einnehmen, wenn Sie Ihr Baby mit der Flasche füttern. Dabei geben Sie

Stillen mit dem Säugling im Rückengriff. Diese Haltung, auch
Fußballhaltung genannt, ist für Frauen mit großen oder prallen
Brüsten besonders geeignet.

ihm ja auch nicht nur Milch, sondern vor allem viel Aufmerksamkeit. Es schaut Sie an und möchte seinen Blick mit
sanften Worten und einem Lächeln erwidert bekommen,
ganz ohne Stress und Hektik.

Wenn **Sie im Liegen stillen**, achten Sie darauf, dass Sie
bequem auf der Seite liegen, eventuell ist es mit einem Kissen unter dem Kopf entspannter. Schulter und Brust sollten dabei frei sein. Ihr Kind sollte nicht eingeengt zwischen
Brust und Achselhöhle liegen, sondern so frei, dass Sie es

Stillen im Liegen ist für einige Frauen entspannter als im Sitzen.

leicht zu sich hindrehen können. Ihr Baby liebt den Haut-kontakt, deshalb ist es gut, wenn im Zimmer eine ange-nehme Temperatur herrscht. Bei Kälte ziehen sich zudem die Milchkanäle zusammen, und Ihr Baby muss sich beim Trinken noch mehr anstrengen.

Die Trinktechnik
Voraussetzung für gelungenes Stillen ist, dass Sie Ihr Baby richtig an Ihre Brust anlegen. **Führen Sie Ihr Baby dazu an**

die Brust und nicht umgekehrt. Bauch an Bauch mit Ihnen muss es seinen Kopf nicht drehen und kann beim Trinken Blickkontakt mit Ihnen aufnehmen. Sein Näschen muss frei bleiben, damit es ungehindert atmen kann.

Berühren Sie die Lippen Ihres Babys sanft mit Ihrer Brustwarze. Wenn Sie Ihr Baby am Mundwinkel so stimulieren, lösen Sie den Such-Saugreflex aus. Es dreht sein Köpfchen in Richtung Brust und öffnet seinen kleinen Mund. Mit dem sogenannten C-Griff nehmen Sie Ihre Brust und geben Sie die Brustwarze mitsamt Vorhof in den weit geöffneten Mund Ihres Babys.

Um Ihre Brustwarzen zu schonen, achten Sie darauf, dass Ihr Baby den Mund so weit öffnet, dass die Brustwarze und ein großer Teil des Warzenhofs in seinem Mund verschwinden und es kräftig anfängt zu saugen. Dadurch wird der Milchfluss stimuliert und sichergestellt, dass Ihr Kind nicht nur die Vorder-, sondern auch die fettreiche Hintermilch bekommt.

Damit beide Brüste in etwa gleich viel Milch produzieren, sollten Sie die Seite, auf der Ihr Kind zuletzt getrunken hat, immer zuerst geben, weil Ihr Säugling am Anfang besonders gierig trinkt und dadurch die Milchbildung fördert. Je besser Ihr Baby die Brust leert, desto mehr Milch wird nachgebildet. Sie können sich eine kleine Schleife oder ein Bändchen als Gedächtnisstütze an den → **BH** binden, welche Brust die Letzte war. Es ist ganz normal, dass Sie durch das Stillen und Intervallschlafen vergesslich werden. (Ich nenne das »Stillsheimer«, aber keine Angst, nach dem Abstillen und wenn Ihr Baby länger durchschläft, verschwindet dieses Phänomen wieder.)

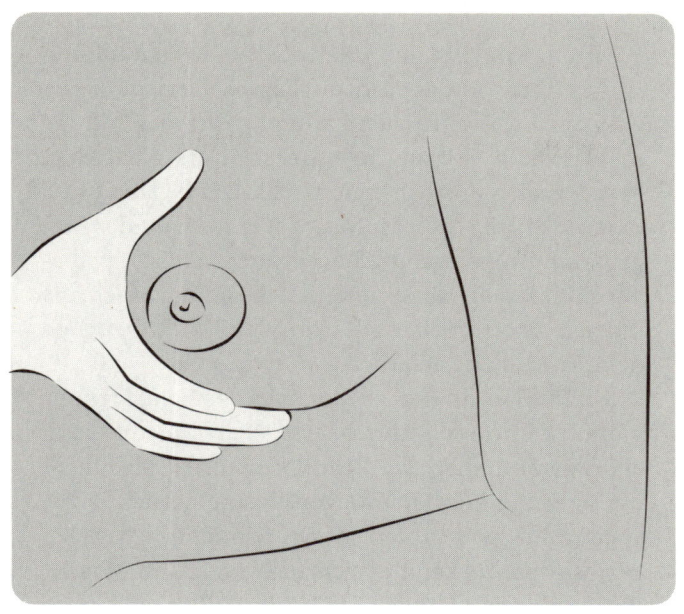

Mit dem sogenannten C-Griff nehmen Sie Ihre Brust und geben die Brustwarze samt Vorhof in den weit geöffneten Mund Ihres Babys.

Wundern Sie sich nicht, wenn Ihr Baby eine Brust bevorzugt, auch wenn dies nicht die Brust ist, die Ihre persönliche Schokoladenseite ist. Vielleicht kann Ihr Kind die Brustwarze besser fassen, oder aber es ist vom Liegen her die angenehmere Seite für Ihr Kind. Um dies herauszufinden, stillen Sie Ihr Baby in unterschiedlichen Stillpositionen. Wechselnde Stillpositionen sind grundsätzlich sinnvoll, um jeden Bereich des Drüsengewebes zu entleeren.

Wenn Ihr Kind hin und wieder Milch im Schwall ausspuckt, aber sonst gut gedeiht, liegt es meistens daran, dass es zu viel getrunken hat und dabei viel Luft geschluckt hat. Dies ist nicht weiter schlimm, auch wenn es sauer nach Erbrochenem riecht. Das bedeutet nur, dass die Milch schon im Magen war und mit der Magensäure in Verbindung hochgekommen ist. Speibabys sind Gedeihbabys, sie verlieren ständig Milch, die ihnen ununterbrochen aus dem Mund läuft. Dennoch nehmen sie kontinuierlich an Gewicht zu.

Wenn Ihr Baby **immer wieder** nach der Nahrungsaufnahme im Schwall erbricht und **nicht gedeiht**, kann ein Gastroösophagealer Reflux vorliegen. Dabei fließt die Nahrung über den Mageneingang zurück in die Speiseröhre und in den Mund. Erbricht es dagegen explosionsartig, kann es sich auch um einen Magen-Pförtnerkrampf handeln. In beiden Fällen sollten Sie einen Arzt zu Rate ziehen.

Möchten Sie Ihr Baby von der Brust nehmen, weil es genug getrunken hat und nur noch nuckelt oder sich Ihre Brust weich und leer anfühlt, stecken Sie vorsichtig Ihren kleinen Finger in den Mundwinkel Ihres Babys, damit löst sich das Vakuum. Einige Babys drehen sich, wenn sie satt sind, einfach mit der Brustwarze im Mund auf die Seite, um weiter nur zu nuckeln, was für die stillende Mutter schmerzhaft ist. Wenn der Stillvorgang mit Schmerzen verbunden ist, wirkt sich das ungünstig auf den Milchfluss aus, weil Sie sich beim Stillen oder sogar schon vor dem Stillen verkrampfen.

Brustpflege

- Besonders zu Beginn des Stillens sollten Sie darauf achten, dass Ihr Baby nicht zu lange an der Brust nuckelt, denn dadurch werden die Warzen leicht wund und der Stillvorgang kann für Sie schmerzhaft werden.
- Waschen Sie Ihre Brüste nicht öfter als früher und lassen Sie die Seife weg oder verwenden Sie pH-neutrale Seife, damit der natürliche Schutz der Haut erhalten bleibt.
- Verreiben Sie einige Tropfen Muttermilch auf der Brustwarze und lassen Sie sie einziehen. Das beugt Entzündungen vor und hilft auch bei wunden und gerissenen Warzen.
- Um die Warzen geschmeidig zu halten, können Sie sie mit Wollwachs einreiben.
- Verwenden Sie immer trockene, saubere Stilleinlagen.
- Stilleinlagen aus Wolle und Seide halten besonders gut trocken, diese sollten Sie bei wunden Brustwarzen verwenden.

Sie und auch Ihr Baby brauchen am Anfang noch viel Übung, Ruhe und Geduld, bis es harmonisch mit dem Stillen klappt. Nehmen Sie sich deshalb viel Zeit und fordern Sie die nötige Rücksichtnahme auch von Ihrer Umgebung ein. **Erst nach fünf bis zehn Minuten fließt die gehaltvolle Muttermilch, deshalb braucht Ihr Baby, damit es satt wird, genügend Zeit, an jeder Brustseite zu trinken. Denn** wenn es nur einige wenige Minuten die Vormilch trinkt, ist zwar der Durst Ihres Babys gestillt, aber nicht sein Hunger. Dieser wird erst durch die fettere, cremigere Nach- bzw. Hintermilch gestillt. Nachdem Ihr Baby an der ersten Seite getrunken hat, wird es in der Regel ein Bäuerchen machen. Da es unvermeidlich ist, dass es beim Trinken Luft schluckt, ist dies die einzige Möglichkeit, diese Luft wieder loszuwerden, sonst kann es zu Blähungen kommen. Macht Ihr Baby kein Bäuerchen, wird es nicht mehr weiter trinken wollen, was aber nicht heißt, dass es schon satt ist. Einige Babys brauchen für das Bäuerchen etwas Zeit. Werden Sie nicht ungeduldig, je älter Ihr Baby wird, desto schneller kann es aufstoßen.

Eine Mahlzeit mit Bäuerchen und Wickeln sowie Ansprache und Zuwendung dauert in den ersten Wochen etwa eine Stunde.

Trinkt Ihr Baby an der einen Brust, wird durch das Saugen vermehrt das Hormon Prolaktin ausgeschüttet, das auch die Milchproduktion in der anderen Brust anregt. Die Milch, die dabei auslaufen kann, muss Ihrem Baby nicht verlorengehen. Sie können sie auffangen und einfrieren, um für Notfälle gerüstet zu sein. Auch einen romantischen Abend mit Ihrem Partner ohne zeitlichen Stress kann Ihnen diese Vorratshaltung ermöglichen. Sie gewinnen etwa sechs bis sieben zusammenhängende Stunden, wenn eine Muttermilch-Mahlzeit mit der Flasche von der Oma oder einem Babysitter gefüttert wird. Aber immer mit

Teesauger, damit Ihr Baby nicht brustfaul wird, wenn es an der Flasche mit einem Milchsaugerloch leichter geht.

Schwache und zarte Säuglinge müssen häufiger angelegt werden. Sie haben noch nicht die Kraft, lange und kräftig zu saugen. Ebenso wie trinkfaule Babys nuckeln sie oft mehr, als dass sie trinken wollen. Lange Schlafphasen bei solchen Babys bedeuten auch nicht unbedingt, dass sie satt geworden sind. Es kann auch ein Zeichen größeren Schlafbedarfs als Folge großer Anstrengung sein. Wie gut die Saug- und Trinkleistung Ihres Babys ist, können Sie anfangs als Mutter nur schwer beurteilen. Wenn Sie unsicher sind, empfehle ich Ihnen, eine → **Stillprobe** zu machen. Eine solche Probe zeigt Ihnen, ob Ihr Baby genügend trinkt und wie viel Zeit es dazu braucht. Denn jeder Säugling hat ein eigenes Trinkverhalten, das Sie erst mit einer solchen Probe besser kennenlernen.

Ich habe Säuglinge erlebt, die sehr unterschiedlich viel Zeit benötigten, um satt zu werden. Eine Mahlzeit dauerte 20 bis 30 Minuten, bei der nächsten Mahlzeit, für die gleiche Milchmenge, dauerte es über eine Stunde. Bei diesen Babys musste die Milchmenge immer gewogen werden, besonders dann, wenn die Mütter berufstätig waren und jemand anderes die Versorgung des Kindes mit Muttermilch übernahm.

Daran erkennen Sie, ob Ihr Baby richtig trinkt
- Es macht Saug- und Schluckbewegungen und gibt hörbare Schluckgeräusche von sich. Manchmal rinnt auch etwas Milch aus dem Mundwinkel heraus.
- Beim kräftigen Saugen bewegen sich Unterkiefer und Ohren Ihres Babys. Schwaches Saugen ähnelt Nuckeln.

Daran erkennen Sie, dass Ihr Baby satt ist
- Wenn es die Brustwarze loslässt und nach einem Bäuerchen nicht mehr an die Brust möchte oder nur noch nuckelt. Nuckeln bedeutet, dass das Baby keine Milch in den Mundwinkeln hat und auch keine Schluckgeräusche bzw. -bewegungen zu hören oder zu sehen sind.
- Wenn es auf den Suchreflex nicht reagiert, wenn Sie am Mundwinkel Ihres Babys streicheln und es seinen Kopf nicht in die Richtung der von Ihnen gestreichelten Seite dreht.
- Wenn es keine Such- und Kaubewegungen macht.

Es dauert eine Zeit, bis sich das Stillverhalten des Babys und die Milchproduktion aufeinander eingestellt haben, und es kann während der ganzen Stillzeit zeitweilig wieder zu Anpassungsproblemen kommen.

Zu wenig Milch

Die Aussage, dass jede Mutter genügend Milch für ihr Kind hat, stimmt so nicht ganz. Es trifft auch nicht immer zu, dass, je mehr das Neugeborene trinkt, umso mehr Milch automatisch nachgebildet wird. Gerade wenn Ihr Baby einen Entwicklungsschub durchmacht und sein Appetit größer wird, kann es etwas dauern, bis sich Ihre Milchproduktion darauf eingestellt hat. Auch gegen Abend und bei viel Stress wird die Muttermilch oft weniger und ist auch nicht mehr so gehaltvoll. Sie ist dünner und deshalb nicht mehr ausreichend sättigend für große, kräftige Säuglinge. Das merken Sie daran, dass Ihre Brust sich weich anfühlt, keine Milch mehr kommt, aber ihr Baby noch trinken möchte oder nach kurzer Zeit wieder aufwacht, schreit und nicht schlafen kann, weil es nicht wirklich satt geworden ist. In solchen Fällen kann es für Sie und Ihr Baby erleichternd sein, dass Sie – wenn auch keine eingefrorene Muttermilch mehr vorrätig ist – für einen begrenzten Zeitraum am Abend zusätzlich Pre-Milch- bzw. Pre-HA-Säuglings-Formelmilch bei allergisch belasteten Familien geben.

Die Psyche spielt beim Stillen eine nicht unbedeutende Rolle. Mit einer positiven, unvorbelasteten Einstellung zum Stillen gibt es seltener Probleme. Wenn Sie sich aber verkrampfen, weil Sie Angst vor den Schmerzen haben oder andere Faktoren wie Stress oder familiäre Belastungen vorliegen, kommt die Botschaft »Milchbildung« im Gehirn nur eingeschränkt an, die für das Stillen verantwortlichen Hormone Prolaktin und Oxytocin werden nicht ausreichend ausgeschüttet. Das schafft für die Mutter zusätzliche Probleme beim Stillen, und der Teufelskreis schließt sich. Das Stillen wird für Mutter und Kind zu einem Negativerlebnis, bei dem dann viele Mütter an Abstillen denken und dies dann leider oft tun.

Prolaktin	Milchbildungshormon; Prolaktin ist auch für die »Stillsheimer« verantwortlich, es macht vergesslich.
Oxytocin	Milchspendehormon; die Hormone, die im Gehirn gebildet werden, gelangen über den Blutkreislauf zu den Brustdrüsen.

Babys haben feinste Sensoren und reagieren hochsensibel auf seelische Schwankungen der Mutter oder ihrer nächsten Bezugsperson. Auf Stress, Hektik, Streit oder wenn Mütter ungern oder gar mit Widerwillen stillen, reagieren sie mit Weinen und starker Unruhe. Sie wollen dann nicht oder nur wenig trinken oder lehnen die Brust ganz ab, strecken sich beim Anlegen wie ein Flitzebogen und drehen dabei schreiend ihren Kopf von der Brust weg. In diesem Fall müssen Sie als Mutter besonders viel Zeit und Geduld aufbringen und Ihr Baby mit einigen Tricks überlisten. Bieten Sie Ihrem Baby zum Beispiel etwas abgepumpte Milch mit einem Teesauger an. Legen Sie das Baby aber direkt vor Ihre Brust, um nach wenigen Schlucken Milch den Sauger durch Ihre Brustwarze, auf der sich einige Tropfen Milch befinden, zu ersetzen. Oft ist diese ablehnende Haltung nach kurzer Zeit vorbei, wenn Mutter und Baby zusammenfinden, die Mutter vielleicht doch am Stillen Gefallen findet oder sich einen für sie überschaubaren Zeitraum setzt, in dem sie sich auf das Stillen einlässt.

Ich habe Mütter erlebt, bei denen auch bei positiven und nicht nur bei negativen Ereignissen die Milch von einer Minute auf die andere einfach wegblieb. So zum Beispiel war eine Mutter am Tag der Taufe ihres Kindes nicht in der Lage zu stillen, obwohl sie nichts vorbereiten musste. Die Großeltern hatten alles in ihrem Haus bestens organisiert. Genauso spontan wie der Milchfluss ausblieb, ist die Milch am nächsten Tag wieder geflossen.

> Mit fünf bis sechs Monaten hat sich das Geburtsgewicht verdoppelt und mit neun bis zwölf Monaten verdreifacht. In den ersten drei Monaten nimmt das Baby etwa zwischen 150 und 200 Gramm pro Woche zu.

Während der Wachstumsphasen hat Ihr Baby einen deutlich höheren Nahrungsbedarf. Etwa in der vierten bis sechsten Lebenswoche und am Ende des dritten Monats machen die Säuglinge besondere Wachstumsphasen durch. In dieser Zeit müssen Sie sich mehr Ruhe gönnen und Ihr Kind eventuell häufiger anlegen. Innerhalb von zwei Tagen hat sich die Milchproduktion wieder dem Bedarf des Babys angepasst. Wichtig ist, dass Sie viel trinken und sich gut ernähren, sonst lässt der Nährwertgehalt der Muttermilch, besonders gegen Abend, nach.

In den ersten Lebensmonaten ist das Wachstum Ihres Babys größer als in jedem anderen Altersabschnitt. Je älter Ihr Kind wird, je mehr geht die Gewichtszunahme zurück.

Welche Gründe können verantwortlich sein, wenn Sie zu wenig Milch haben?

Von Seiten der Mutter

- komplikationsreiche oder schwere Geburt
- Plazentareste, die nicht vollständig ausgeschieden oder entfernt wurden
- falsche Anlegetechnik
- verzögerter Stillbeginn
- zu seltenes und zu kurzes Anlegen des Babys
- kein nächtliches Stillen, zu lange Pausen
- Schmerzen an den Brustwarzen
- Flach- oder Hohlwarzen
- familiäre Probleme
- Stillunwille der Mutter
- Unsicherheit und Zweifel der Mutter
- Übermüdung
- Diät der Mutter, ungenügende Ernährung
- Nikotin und → **Alkohol**
- Schmerzmittel und andere Medikamente, z. B. Methergin

Von Seiten des Kindes

- schwerer Geburtsverlauf/Geburtstrauma (Steckenbleiben im Geburtskanal)
- → **Gestationsalter**, zu früh geboren
- Mangelgeborenes Kind
- gestiegener Appetit des Babys, verursacht durch Entwicklungsschub
- schläfriges Baby

- zu langes Wachsein des Babys (Übermüdung)
- Baby mit Ikterus (Neugeborenengelbsucht)
- Saugschwierigkeiten (Kind ist zu schwach)
- → **Zungenbändchen**

Was kann helfen um die Milchbildung zu erhöhen?
- ausreichend Schlaf
- ein glückliches, harmonisches Familienleben
- Stillfrequenz erhöhen
- Stillpositionen variieren
- korrektes Anlegen
- Abpumpen, um die Milchbildung anzukurbeln
- zum Einreiben der Brust: Oleum Laktagogum
- Bockshornkleesamen und Vitamin-B-haltige Kohlenhydrate, z. B. Getreide
- genügend eiweißreiche und kalorienreiche Ernährung
- Milchprodukte und vermehrter Fleischverzehr

Nicht zuletzt sind malzhaltige Getränke und Tees, z. B. Geißrautetee oder Milchbildungstee empfehlenswert (diese Teesorten bestehen aus Anis, Kümmel, Fenchel und eventuell Brennnessel, was zusätzlich Blähungen bei Ihrem Baby verhindert oder die Winde ohne Bauchschmerzen abgehen lässt. Sie sollten aber nicht mehr als drei Tassen am Tag trinken.)

Bei Trinkunlust Ihres Babys trinken Sie Kreuzkümmeltee, um den Appetit Ihres Babys anzuregen. Matetee ist appetithemmend, auf diesen Tee sollten Sie in der Stillphase ganz verzichten. Denn dies kann auch der Grund sein, wenn Ihr Baby nicht kräftig, sondern lustlos trinkt und nicht gedeiht. Gönnen Sie sich am Tag immer wieder Nickerchen und Pausen, um Ihre Milchproduktion zu steigern.

Milchstau
Zu einem Milchstau kann es während der gesamten Stillzeit kommen, in den ersten Wochen jedoch tritt er am häufigsten auf. Grund für einen Stau kann zum Beispiel das unvollständige Entleeren der Brust durch das Baby sein. Die Milchproduktion und das Trinkverhalten des Säuglings haben sich noch nicht aufeinander eingestellt. Es wird mehr Milch gebildet als das Baby trinkt. Auch seelische Belastungen, wie familiäre Konflikte, Stillunwille, Überforderung und Stress, können die Ursachen für einen Milchstau sein. Bei andauerndem Stress wird viel Adrenalin gebildet, welches die Ausschüttung des Hormons Oxytocin, das für den Milchspendereflex zuständig ist, behindert. Darüber hinaus können auch zu eng anliegende, festsitzende BHs und eine falsche Trinktechnik dazu führen, dass die Milch nicht richtig abfließen kann. Meist beginnt ein Milchstau mit einer Schwellung der Brust, die sehr druck- und berührungsempfindlich ist. Der Busen fühlt sich heiß und manchmal knotig an, die Milchdrüsen und → **Milchgänge** verhärten sich. Obwohl das Stillen jetzt sehr schmerzhaft sein kann, ist es die beste Möglichkeit, eine Brustentzündung zu vermeiden. Die Milch muss aus der Brust, und das bewerkstelligt Ihr Baby am besten, wenn es beim Anlegen großen Hunger hat und kräftig saugt. Es darf auf keinen

Fall nur an der Brust nuckeln, dadurch wird der Milchstau nicht gelöst, sondern nur noch weiter die Milchbildung angeregt.

Was können Sie bei Milchstau machen?
- Legen Sie Ihr Baby an. Das Kinn Ihres Babys soll beim Trinken auf der verhärteten Stelle liegen, so wird die Verhärtung gleich mit wegmassiert.
- Stellen Sie sich unter die lauwarme Dusche und massieren Sie Ihre Brüste mit etwas Druck in kreisenden Bewegungen im Uhrzeigersinn zum Warzenvorhof hin. Die sanfte Massage öffnet die Milchgänge, und die Milch fließt ab oder Sie können sie abpumpen.
- Bestrahlen Sie die Brust mit Rotlicht und/oder legen Sie warme Kompressen in heißem Salbeitee eingeweicht ca. 20 Minuten auf die Brust, darüber decken Sie ein Handtuch oder einen warmen Schal. Dann können Sie die Milch unter sanftem Druck → **ausstreichen** oder – noch besser – Ihr Baby anlegen, aber nur wenn es wirklich trinkt und nicht nur nuckelt. Anschließend legen Sie einen kühlenden Quarkwickel oder geklopfte kühle Kohlblätter etwa 30 Minuten auf die Brust. Das austretende Sekret verhindert eine Entzündung. Auch kühlende Umschläge mit Retterspitz können eine Brustentzündung verhindern.
- Homöopathische Mittel, die bei Milchstau helfen: Belladonna D6 3×5 Globuli, Phytolacca D4 3×1

Globuli täglich. Außerdem: Mercurialis-Salbe von Wala, Tee mit Phytoöstrogenen.
- Tritt Milchstau in Verbindung mit Fieber auf, ist Bettruhe erforderlich, außerdem sollte ein Arzt konsultiert werden.

Pralle Brüste oder wenn die Milch »sprudelt«

Wenn die Brust zu prall ist, wird die Brustwarze durch das Anschwellen des Drüsengewebes für den Säugling schwer fassbar. Er hat Mühe, die Brustwarze ganz mit seinem Mündchen zu umschließen oder verschluckt sich, weil beim Trinken zu viel Milch auf einmal herausspritzt. Manche Säuglinge schreien, sobald sie angelegt werden, wenn sie einige Male die Erfahrung gemacht haben, dass sie, am Busen liegend, die Brustwarze nicht fassen können, andere spucken die Milch sofort wieder aus.

Damit Ihr Baby die Brustwarze richtig fassen kann, pumpen Sie vor dem Stillen etwas Milch ab, bis der Warzenvorhof weich wird. Um die Milchkanäle zusätzlich zu weiten, können Sie auch einen warmen Umschlag oder ein bis zwei feuchtwarme Waschlappen auf die Brust legen oder Ihre Brust warm abduschen. Durch die Wärme fließt die Milch manchmal schon von alleine ab, oder Sie können sie gut ausstreichen. Das ist besser als Abpumpen, weil dadurch nicht die Milchproduktion zusätzlich angeregt wird.

Auch die Känguruhaltung ist bei prallen Brüsten empfehlenswert. Sie liegen auf dem Rücken im Bett und das Baby liegt auf Ihrem Bauch. Die Beinchen Ihres Babys zeigen

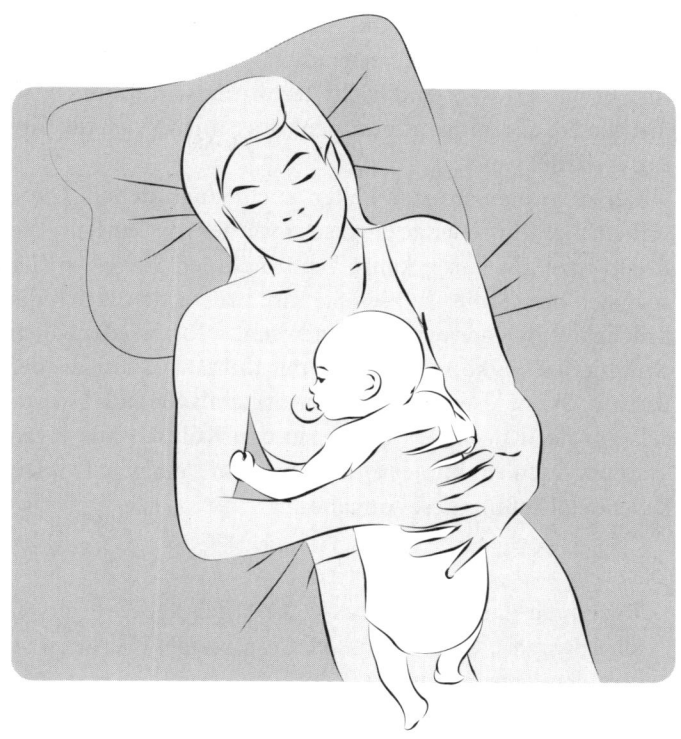

Die Känguruhaltung ist vor allem bei prallen Brüsten zu empfehlen.

nach unten. Bei dieser Position verschluckt sich Ihr Baby nicht so leicht, denn die Milch spritzt ihm nicht schon beim Ansaugen in den Mund.

Stillen Sie nur an einer Seite pro Mahlzeit, und pumpen Sie nach dem Stillen nicht ab, um die Brust ganz zu leeren. Vermeiden Sie auch das Ausstreichen der Brust, es sei denn, um einen Stau zu vermeiden. Wenn Sie spüren, dass Ihre Brust hart wird und leicht berührungsempfindlich ist, müssen Sie allerdings abpumpen! Aber nur so viel, bis Ihre Brust wieder weich ist.

Bei zu prallen Brüsten helfen auch Saughütchen. Diese sollten aber nur so lange eingesetzt werden, bis Ihr Baby die Brustwarze gut fassen kann. Dann nehmen Sie sie wieder ab. Nach dem Stillen kühlen Sie Ihre Brüste, damit sich die Milchgänge wieder verengen und nicht sofort wieder Milch einschießt. Dies können Sie z. B. mit Kühlakkus tun, die der Brustform entsprechen oder mit Stilleinlagen aus Hydrogel (aus der Apotheke), die Sie in den Kühlschrank legen können. Auch ein kühler Quarkwickel mit einigen Tropfen Lavendelöl erfüllt diese Aufgabe.

Bei einem dauerhaften Zuviel an Milch helfen Petersilienwurzel-, Salbei- und Pfefferminztee. (Letzterer regt den Kreislauf an, deshalb nicht abends oder spät nachmittags trinken, sonst schläft Ihr Baby nachts nicht). Zwischen den Mahlzeiten immer wieder die Brust kühlen, weniger und schluckweise trinken. Auch leichte sportliche Aktivitäten verringern die Milchbildung.
Homöopathisches Mittel: Phytolacca D2 3–5 × 3 Globuli täglich über drei bis fünf Tage.

Manchmal liegt es weder an der Mutter noch am Kind, dass nicht gestillt wird. In meiner über 25-jährigen Tätigkeit habe ich es auch schon erlebt, dass eine werdende Mutter gern gestillt hätte, aber der werdende Vater beim Kennenlerngespräch ganz klar sagte, dass er auf keinen Fall möchte, dass seine Frau stillt. Sie wollte ein Kind, das war für ihn okay. Aber Stillen? Auf keinen Fall, denn: »Der Busen meiner Frau gehört mir.« Wenn seine Frau stillen würde, zöge er aus, war seine klare Position. Die werdende Mutter hatte mich schon am Telefon darauf vorbereitet, dass ihr Mann nicht möchte, dass sie stille, und bat mich, mit ihm darüber zu reden und ihn umzustimmen, was ich auch versuchte.

Aber er war davon nicht zu überzeugen, wie wichtig und gut Muttermilch für sein Kind sei. Dass das Baby nicht gestillt werden sollte, war eine Abmachung zwischen den Eltern, die vor der Geburt getroffen worden war, und um die Beziehung nicht zu belasten, sagte ich der Mutter, dass Tausende von Säuglingen nicht gestillt wurden. In den 1960er und 70er Jahren haben die wenigsten Frauen gestillt, und auch diese Kinder sind gesund ohne einen Tropfen Muttermilch aufgewachsen. Vom Stillen alleine hängen die Mutter-Kind-Bindung und das Wohl des Neugeborenen nicht ab. Flaschenkinder, die nie gestillt wurden, entwickeln durch Nähe und Zuwendung beim Trinken die gleiche, eventuell – wenn andernfalls widerwillig gestillt wird – sogar noch eine stärkere Mutter-Kind-Bindung.

Ein Rhythmus stellt sich ein

Nach der Geburt zu Hause angekommen, muss sich Ihr Baby erst an die neue Umgebung gewöhnen. Hinzu kommt, dass Ihr Baby, das in der Klinik viel geschlafen hat, weil es durch die Geburt noch sehr angestrengt war, nun von Tag zu Tag wacher wird. Lassen Sie sich in diesen ersten Tagen zu Hause ganz auf das Baby ein und richten Sie sich auch beim Stillen nach den Bedürfnissen Ihres Kindes. Lassen Sie es auf Verlangen ausreichend an jeder Brustseite trinken, damit es Vor- und Hintermilch bekommt und Ihre Milchproduktion/Ihr Milchfluss dadurch gut in Gang kommt und sich steigern kann. Sie werden beobachten, zu welcher Zeit der Hunger am größten ist und wann Ihr Baby am längsten schläft. Ich habe die Erfahrung gemacht, dass die meisten Babys morgens besonders gut schlafen, und der Hunger nicht bei der ersten Mahlzeit in der Frühe am größten ist, sondern meistens bei der zweiten Mahlzeit, zwischen zehn und elf Uhr, unabhängig davon, ob die Kinder voll gestillt oder mit Säuglingsmilch/Formelmilch aus der Flasche gefüttert wurden.

Ob Ihr Baby Hunger hat, können Sie auch an seinem Schreiverhalten erkennen. Ein Kehllaut deutet auf Hunger hin. Kräftiges, kurzes Geschrei tief aus dem Bauch heraus *(äh äh äh)* dagegen drückt Ärger und Langeweile aus. Doch bevor Ihr Baby vor Hunger schreit, zeigt es durch Saugen an seiner Faust, durch Schmatzen und durch suchendes Hin- und Herbewegen des Köpfchens, dass es trinken möchte.

Wenn Sie und Ihr Baby sich aufeinander eingestellt haben und das Stillen etwas Routine bekommen hat, können Sie auf einen festen Tages-Rhythmus hinarbeiten. Während meiner langjährigen Pflege in den Familien habe ich immer wieder erlebt, wie Schlaf-, Still- und Wachphasen das Leben mit einem Neugeborenen entspannen können. Die Mutter kann Zeit zur Regeneration finden und eine Übermüdung wird vermieden, was sich wieder wohltuend auf den Umgang mit dem Baby und die Milchbildung auswirkt.

So könnte der Tagesablauf eines wenige Wochen alten Säuglings aussehen:

Erste Mahlzeit 5.30 bis 6 Uhr morgens

Nachdem Ihr Baby an beiden Brustseiten gut getrunken hat, und Sie es gewickelt haben – am besten zwischen beiden Brustseiten nach dem Bäuerchen – legen Sie es gegen sechs in seinen Stubenwagen, damit es wieder selbständig einschlafen kann. Bis 9.30 Uhr sollte Ihr Baby jetzt schlafen. Falls es früher aufwacht, versuchen Sie es dennoch nicht vor 9.30 Uhr zu stillen, wenn es bei der 5-Uhr-Mahlzeit gut getrunken hat. Nehmen Sie es im Stubenwagen mit, wo immer Sie sich gerade in der Wohnung aufhalten, das mache ich auch immer. Stellen Sie ein Stoffbuch in den Wagen, hängen Sie ein Mobile oder einen beweglichen, glänzenden Gegenstand auf, machen Sie Musik an. Wenn sich Ihr Baby mit den Spielsachen oder sich selbst beschäftigt, können Sie in Ruhe einen Kaffee oder Tee trinken und dabei die Morgenzeitung lesen – das alles kann ein morgendliches gemeinsames Ritual für Sie und Ihr Kind werden. Solange Ihr Baby abgelenkt ist, aber Ihre Nähe spürt und noch keinen Hunger hat, wird es zufrieden in seinem Stubenwagen einfach nur dabei sein wollen.

Ist es sehr lange vor der nächsten Stillzeit, und Ihr Baby hat gerade erst vor einer Stunde gut getrunken, aber es saugt intensiv an seiner Faust, bieten Sie ihm einen Schnuller an, bevor Sie es auf den Arm nehmen. Ist es mit dem Schnuller zufrieden, wollte es nur sein Saugbedürfnis befriedigen und hatte keinen Hunger. Wenn Sie Ihr Baby gleich auf den Arm nehmen, riecht es die Milch, sucht die Brust und möchte nach kurzer Zeit auch trinken, unabhängig davon, wie groß sein Hunger ist. Vielleicht wird es schon nach drei Minuten an der Brust wieder einschlafen. Weil es aber nur die dünnflüssige Vormilch getrunken hat, wird es nicht wirklich gut schlafen und sich bald wieder melden. Deshalb versuchen Sie Ihr Baby im Stubenwagen oder in einer Wippe zu beruhigen oder legen Sie es dem Vater auf den Arm. Der Vater ist ihm vertraut, es kennt seine Stimme, aber der Vater riecht nicht nach Milch, deshalb wird sich das Baby gut von ihm ablenken lassen.

Zweite Mahlzeit 9.30 bis 10 Uhr

Wenn Ihr Baby schon einige Zeit vor der Mahlzeit wach war, sollte es nach dem Stillen oder nach der Flasche (wenn Sie Formula-Nahrung geben) wieder einschlafen, damit es nicht überdreht. Bringen Sie Ihr Kind immer wach zu Bett. Wenn Sie es in den Stubenwagen legen, können Sie es so lange, bis es eingeschlafen ist, in Ihrer Nähe lassen. Dann sollten Sie es in ein ruhiges Zimmer stellen, damit es ungestört einige Stunden schlafen kann. Wenn Sie über eine Terrasse verfügen, können Sie Ihr Baby fertig angezogen im Kinderwagen nach draußen schieben oder mit der Kinderwagentragetasche auf den Balkon stellen – im Frühjahr und Sommer immer mit Fliegennetz.

Wenn Ihr Baby schläft, können Sie die Zeit nutzen, um Hausarbeiten zu verrichten, die Sie mit Ihrem Baby nur schwer oder mit mehr Zeitaufwand erledigen können, z. B. Arbeiten, bei denen Sie viel hin und her laufen müssen.

Auch wenn es immer heißt, stillende Mütter sollten ruhig den Haushalt etwas vernachlässigen, gibt es doch immer Dinge – gerade wenn Geschwisterkinder mit im Haushalt leben –, die erledigt werden müssen. So können Sie sich an die Vorbereitungen für das Mittag- oder Abendessen machen. Denn es ist für Sie als stillende Mutter wichtig, regelmäßig nährstoff- und vitaminreiche ausgewogene, frisch zubereitete Speisen zu sich zu nehmen. Wenn irgend möglich, nehmen Sie sich auch etwas Zeit für sich selbst, ruhen sich aus oder widmen sich in Ruhe Ihrer Körperpflege, was für ein besseres körperlich-seelisches Wohlbefinden sorgt.

Dritte Mahlzeit 13.30 bis 14 Uhr

Sinnvoll ist es für Sie, wenn Sie vor dieser Mahlzeit selbst oder mit den Geschwisterkindern zu Mittag essen, damit Sie danach in Ruhe Ihr Baby stillen können. Nach dieser Mahlzeit gegen 15 Uhr können Sie einen Mittagsschlaf halten. Wenn Sie einige Besorgungen mit dem Kinderwagen erledigen möchten oder mit den Geschwisterkindern auf den Spielplatz gehen wollen, legen Sie nach dem Stillen Ihr Baby gleich fertig angezogen in den Kinderwagen. So ersparen Sie sich Zeit und wecken Ihr Baby beim Anziehen nicht mehr auf. Brauchen Sie noch etwas Zeit, können Sie es in den Garten oder auf die Terrasse (ggf. mit Babyphon) stellen, aber bitte nur in den Schatten. Keine direkte Sonneneinstrahlung, die helle Haut von jungen Säuglingen enthält noch keine Pigmente und würde leicht einen starken Sonnenbrand bekommen. Verwenden Sie deshalb Sonnencreme mit einem hohen Lichtschutzfaktor. Den Nachmittagssnack für die Geschwister können Sie auch mit auf den Spielplatz nehmen und dort eine Art Picknick veranstalten. Gerade mit Geschwisterkindern ist Organisation in den ersten Wochen mit Neugeborenem wichtig, um nicht in Stress zu geraten.

Bauchlage – wichtig für die Entwicklung Ihres Babys

Legen Sie Ihr Baby von Anfang an, wenn es wach ist, immer wieder auf den Bauch, ob beim Wickeln und Anziehen oder bei der Streichelmassage, denn ältere Säuglinge, die die Bauchlage nicht in den ersten Wochen/Monaten geübt haben, möchten meist nicht mehr auf dem Bauch liegen. Die Bauchlage aber ist sehr wichtig für die motorische Entwicklung von Säuglingen und Kleinkindern, denn sie sieht den Vierfüßlerstand vor, bei dem sich die Kinder auf ihren zwei Knien und beiden Händen aufstützen und meistens mit dem Po wackeln. Sie ist eine Vorstufe des Krabbelns.

Manche Kinder robben auch erst, bevor sie krabbeln, dadurch trainieren sie ihre Muskeln und ihre Beweglichkeit. Das Krabbeln fördert neben dem Gleichgewichtssinn auch eine bewusste Körperwahrnehmung, zu der auch die Hand- und Augenkoordination gehören, die wiederum das Sprachzentrum mit einbezieht und durch die diagonalen Bewegungen beide Hirnhälften aktiviert. Kinder, die nie auf dem Bauch liegen, überspringen meistens das Krabbeln. Dies kann zu einem schlechteren Körpergefühl und zu Konzentrationsschwierigkeiten führen. Häufig lernen diese Kinder erst spät durch gezielte Übungen über die Körpermitte beide Gehirnhälften zu aktivieren und miteinander zu verbinden, was Krabbelkinder spielerisch altersgemäß gelernt haben. Schon im ersten Monat, aber spätestens am Ende des zweiten Monats sollten Sie deshalb Ihr Baby regelmäßig länger auf den Bauch ins Ställchen/Laufstall oder auf die Krabbeldecke legen. Das ist zwar für Ihr Baby anstrengend, und es fällt ihm anfangs auch schwer, den Kopf hochzuhalten. Unterstützen Sie Ihr Baby dabei, indem Sie für Anreize sorgen, damit es seinen Kopf hoch streckt. Hängen Sie z.B. ein buntes Mobile auf, und Ihr Baby wird sein Köpfchen heben und es leicht hin und her bewegen, um das Spielzeug anzuschauen. Damit werden spielerisch seine Muskeln trainiert. Der Laufstall unterstützt die motorische und geistige Entwicklung Ihres Babys, denn darin kann Ihr Baby seine Umwelt besser wahrnehmen, kann sich später an den Stangen hochziehen und das Stehen und Gehen alters- und entwicklungsgerecht üben. Auch hat es genügend Platz, um sich frei zu bewegen, kann strampeln, kann sehen, woher die Geräusche und Stimmen kommen, kann ganz in Ruhe ein Spielzeug erkunden, tasten und schmecken und ist vor Unfällen geschützt. Natürlich darf das Ställchen kein Dauerparkplatz für Ihr Baby werden, und Sie sollten es nicht lange allein lassen. Das Ställchen sollte in dem Raum stehen, in dem Sie und die Familie sich überwiegend aufhalten.

Vierte Mahlzeit 18 bis 18.30 Uhr

Auch der Weg vom und zum Spielplatz muss zeitlich einkalkuliert werden, damit Sie wieder zur Abendmahlzeit zwischen 18 und 18.30 Uhr zu Hause sein können. Auf dem Spielplatz zu stillen, funktioniert in den ersten Monaten noch nicht gut, weil dort nicht die nötige Ruhe zum Trinken besteht. Wenn Sie nach Hause hetzen müssen, merkt auch Ihr Baby die Hektik, und die Geschwister trödeln gerade dann besonders, wenn es einmal schnell gehen muss. Zu Hause ist es sinnvoll, erst das Baby zu stillen, dabei können die Geschwister noch etwas spielen. Während Sie in Ruhe stillen, versorgt idealerweise Ihr Partner die Geschwister-kinder. Nach dem Stillen kann er die Mutter bei der Betreuung des Babys ablösen, bis es erste Anzeichen von Müdigkeit zeigt, wie Gähnen oder Unruhe. (Das Baby greift sich immer wieder an die Ohren oder reibt seine Augen.) Dann spätestens sollte das Baby ins Bett gelegt werden, bevor es vor Müdigkeit anfängt zu schreien.

Versuchen Sie regelmäßig, über die Bedürfnisse Ihres Partners und über die Freizeitplanung zu sprechen. Auch wenn aus einem Paar Eltern werden, ist es wichtig, persönliche Hobbys zu pflegen. Kein Elternteil kann, will und sollte sein Leben komplett nach der Geburt aufgeben. Die Mutter kann sich Freiräume schaffen, selbst wenn sie voll stillt. Es ist eine Frage des Wollens und der Organisation. Wenn Sie sich als Mutter die erste Zeit nicht von Ihrem Baby trennen können oder wollen, ist es völlig in Ordnung, aber das sollte eine Mutter nicht auch vom Vater verlangen. Denn mütterliche Gefühle sind hormonell bedingt anders als väterliche, was nicht bedeutet, dass der Vater sein Kind weniger liebt.

Die mütterlichen Gefühle sollte ein Vater aber nicht unterschätzen und seiner Partnerin Zeit mit dem Baby geben, ohne sie zu drängen, sich z. B. mit Freundinnen zu treffen, damit er selbst kein schlechtes Gewissen hat, wenn er seinen Freizeitaktivitäten nachgeht. Darüber sollten Sie offen mit Ihrem Partner sprechen, denn dieses Streitthema habe ich oft in Familien erlebt. Väter, die Freiräume haben, um beispielsweise Sport zu treiben, sind ausgeglichene Väter, die ihre Pflichten gerne erfüllen. Wichtig ist die gemeinsame Planung und Organisation, damit sich keiner überfordert oder dem Partner gegenüber benachteiligt fühlt.

Der Schlaf und die Erholung Ihres Babys hängen maßgeblich davon ab, wie Sie es zu Bett bringen und wie es in den Schlaf findet. **Bringen Sie Ihr Baby mit viel Zeit ins Bett, damit es in entspannter Atmosphäre in Ruhe einschlafen kann.** Damit unterstützen Sie das Durchschlafen Ihres Babys von Anfang an. Dabei ist es ganz wichtig, dass Ihr Baby selbständig einschläft. Wenn Stillen als bequeme Möglichkeit zum Einschlafen genutzt wird, klappt dies in den ersten Monaten zwar meistens gut. Ich habe jedoch oft erlebt, dass Babys, die schon durchgeschlafen haben, mit etwa fünf, sechs Monaten nachts wieder aufwachen und gestillt werden möchten, weil sie nur so wieder einschlafen können. **Ständiges Stillen beeinträchtigt auf Dauer das Durchschlafen.**

Säuglinge, die im Elternbett neben der Mutter schlafen und sich nachts immer wieder im Stundentakt am Busen in den Schlaf trinken, entwickeln kein Sättigungsgefühl. Durch das Einschlafen an der Brust finden sie nicht in einen Tiefschlaf, den aber jedes Baby sowie auch seine Eltern zur Erholung dringend brauchen.

Legen Sie Ihr Baby deshalb immer wach in sein Bett. Wenn es gewohnt ist, sich am Busen in den Schlaf zu nuckeln – selbst, wenn es nur kurz wach wird, was ganz normal ist – wird es nicht wieder alleine einschlafen. Daher ist es wichtig, dass Sie rechtzeitig mit dem Einschlafritual beginnen, also nicht erst, wenn Ihr Kind schreit und übermüdet ist. Behalten Sie immer den gleichen Ablauf bei, entspannte Stimmung mit viel Zärtlichkeit, immer die gleiche Musik, die gleiche Spieluhrmelodie oder Sie singen immer die gleichen Lieder. Geben Sie Ihrem Baby ein Kuscheltier oder Tuch und eventuell auch einen Schnuller, Dinge, die es **nur** zum Einschlafen bekommen sollte, **damit es sein Bettchen mit etwas Positiven, Schönem verbindet und sich auch später auf sein Bett freut.**

Im ersten Monat sind Neugeborene nach etwa eineinhalb Stunden mit Trinken und Zuwendung müde. Ich fahre oder schaukele die Babys in den Schlaf, weil das an die Geborgenheit im Bauch der Mutter erinnert.

Fünfte Mahlzeit 22 bis 22.30 Uhr

Die Zeit am Abend vor der fünften Mahlzeit können Sie auch nutzen, um ins Kino oder Theater zu gehen, denn

Wenn Sie Ihren Säugling zur Nachtruhe hinlegen, vermeiden Sie hektische Bewegungen, behalten Sie Blickkontakt und sprechen Sie beruhigend auf Ihr Baby ein.

meistens sind die Vorstellungen gegen 22 Uhr zu Ende. Außerdem können Sie abgepumpte Milch für den Fall, dass es doch später wird, zu Hause im Gefrier- oder Kühlschrank bereithalten. Die Milch ist in sehr kurzer Zeit von der Person, der Sie Ihr Baby anvertraut haben, im Wasserbad auf Trinktemperatur erwärmt und kann mit einem Teesauger aus der Flasche getrunken werden. Wenn Sie zurückkommen, und Ihr Baby ist bereits satt, pumpen Sie die Milch ab.

Die abgepumpte Milch können Sie wieder im Kühlschrank aufbewahren, und der Vater kann dann die Frühmahlzeit übernehmen. Dadurch können Sie einige Stunden länger schlafen, was auch gut für Ihre Milchbildung ist. Am Morgen wird die Brust durch die längere ungestörte Nachtruhe sehr viel Milch nachgebildet haben. Nachts sind die Drüsen auch viel aktiver und bilden mehr Milch, einige Mütter »laufen« in der Nacht förmlich aus. Wenn Ihr Baby nicht beide Brüste komplett leer trinken kann, sollten Sie die Brust ausstreichen oder abpumpen, um einen Milchstau zu verhindern und um sich gleichzeitig einen neuen Vorrat anzuschaffen.

Wenn Ihr Baby hin und wieder Ihre Milch aus der Flasche trinkt, werden Sie später beim Abstillen auch keine Probleme bekommen, dass Ihr Baby die Flasche verweigert. Das ist besonders für Mütter, die berufstätig sind und nach acht Wochen wieder außer Haus arbeiten müssen, wichtig.

Auch wenn Ihrem Baby hin und wieder während Ihrer Abwesenheit die abgepumpte Milch mit einem Teesauger verabreicht wird, wird das Ihr erfolgreiches Stillen nicht beeinträchtigen. Muttermilch ist Muttermilch auch aus der Flasche. Wenn Ihr Baby liebevoll gefüttert wird, die gleiche Nähe und Zuwendung wie an der Brust erfährt, wird es auch genauso glücklich sein. Denken Sie daran: Eine Mutter, die ihr Kind mit der Flasche füttert, kann ihrem Baby die gleiche Liebe und Zuneigung vermitteln wie eine Mutter, die voll stillt.

Sechste Mahlzeit 2 bis 2.30 Uhr

Lassen Sie Ihr Baby nachts nicht schreien, wenn Sie merken, es schläft nicht wieder ein. Wenn es aufwacht, sucht und zu weinen anfängt, geben Sie ihm seine Milch, ob Flasche oder Brust. Machen Sie jedoch kein helles Licht an und kein Programm wie am Tage. Wenn nicht dringend erforderlich, wechseln Sie auch nicht die Windel. Das Baby sollte nicht zu wach werden, sondern gleich nach der Mahlzeit wieder in seinem Bett einschlafen. Dadurch lernt Ihr Baby auch schneller Tag und Nacht zu unterscheiden. Um auf Dauer von der Nachtmahlzeit wegzukommen, schiebe ich die zunächst festgesetzte Mahlzeit um jeweils ca. 20 bis 30 Minuten hinaus. Ziel ist es, auf diese Weise über einen gewissen Zeitraum am Ende gänzlich auf die Nachtmahlzeit verzichten zu können, indem ich das Baby, sobald ich merke, dass es beginnt richtig aufzuwachen, wieder in den Schlaf fahre oder schaukele. Säuglinge, die ein starkes Saugbedürfnis haben, bekommen ihren Schnuller wieder, den sie im Schlaf verloren haben, und nuckeln sich damit wieder kurzweilig in den Schlaf. Ich spreche nicht, summe nur sanft *sch-sch-sch*, ohne den Säugling direkt anzusprechen, und mache auch kein Licht an. Wenn es sehr dunkel ist, benutze ich eine kleine Taschenlampe mit minimaler Leuchtkraft, um den Schnuller zu finden und um zu sehen, wie und wo der Säugling liegt oder ob er sich freigestrampelt hat. Meist halte ich noch ein bis zwei Schnuller in Reserve. Auch sein Kuscheltuch oder Lieblingstier lege ich wie beim Einschlafen wieder an seinen Körper. Wenn Ihr Baby erst später in der Nacht aufwacht als üblich, halten Sie sich trotzdem an die festen Tageszeiten. Bekommt beispielsweise Ihr Baby statt um 2 Uhr erst gegen 2.30 bis 3 Uhr eine Mahlzeit, dann sollten Sie es trotzdem um 6.30 Uhr wieder stillen oder ihm eine Flasche anbieten. Wenn Sie kontinuierlich jede Nacht die Mahlzeit so etwas hinauszögern, gewöhnt sich Ihr Baby die Nachtmahlzeit in kurzer Zeit ab.

Anfänglich erfordert der Ablauf der Nachtmahlzeit etwas Geduld, man ist selbst einige Zeit wach und bekommt dadurch nur wenig Schlaf. Aber nach einigen Wochen, wenn das Baby seinen Rhythmus hat, klappt es sehr gut mit dem Durchschlafen. **Mit etwa sechs bis acht Wochen kann ein reif geborener Säugling nachts sechs bis sieben Stunden schlafen, wenn er einen Rhythmus von Hunger, Sättigungsgefühl und Schlafenszeiten hat.**

Wenn Sie stillen, ist es sinnvoll, dass Sie Ihr Baby in der ersten Zeit (zweite bis sechste Woche) nachts alleine versorgen. Der Partner kann Ihnen dabei nicht so sehr viel abnehmen, höchstens das Wickeln oder das Bäuerchen. Dies führt aber meist dazu, dass Ihr Baby dann hellwach wird. Denn wenn erst die Mutter den Säugling beschäftigt und dann noch der Vater, wird Ihr Kind zu lange wach und schläft nicht so schnell wieder ein. Besser ist es, wenn Sie sich das Baby zum Stillen ins Bett holen und es erst an der einen Brustseite anlegen, dann ein Bäuerchen machen und das Baby wickeln (wenn das wirklich notwendig ist), um es danach an der anderen Seite weiter zu stillen. Oft schläft

Ihr Baby an der zweiten Brustseite ein, und Sie können es nach einem Bäuerchen behutsam wieder ins Bettchen oder Körbchen legen – was in der Nacht auch völlig in Ordnung ist, denn Sie stillen im dunklen Zimmer und Aktivitäten wie am Tag finden nicht statt.

In den ersten Wochen trinkt Ihr Säugling etwa fünf bis zehn Minuten an jeder Seite. Wenn der Partner fürs Wickeln und Bäuerchen machen jedes Mal aufsteht und beide Elternteile auf Wochen und Monate nur in Intervallen schlafen, sind beide gereizt, abgespannt und aggressiv.

Ernährung der stillenden Mutter

Nach etwa zwei bis drei Wochen haben Mutter und Kind sich zu Hause gut aneinander gewöhnt. Etwas Routine und ein Rhythmus hat sich beim Stillen eingestellt, auch wenn Ihr Baby häufig in der zweiten Lebenswoche um den zehnten Tag mehr Hunger entwickelt, weil es einen Wachstumsschub durchlebt, passt sich Ihre Milchproduktion in der Regel automatisch an. In der zweiten bis dritten Woche nach der Geburt bildet sich die reife Frauenmilch, diese Milch ist eiweißärmer, dafür aber reicher an Fett und Zucker und dementsprechend nahrhafter als die eiweißreichere Übergangsmilch. Wichtig ist, dass Sie sich gut ernähren. Bitte eiweißhaltige, vitamin- und mineralstoffreiche Nahrung zu sich nehmen und auch viel trinken, denn die Qualität

Ihrer Muttermilch hängt direkt mit Ihrer Ernährung zusammen.

Die meisten Mütter bekommen, sobald ihr Baby »andockt«, auch Durst. **Stellen Sie sich deshalb zu jeder Stillmahlzeit etwas zu trinken hin.** Trinken Sie nur hochqualitatives, kalziumreiches und natriumarmes Mineralwasser mit wenig Kohlensäure oder stilles Wasser. Kohlensäure kann beim Baby Blähungen verursachen und lässt sich nicht gut mengenmäßig trinken. Am besten Sie trinken beim Stillen einen halben Liter Flüssigkeit. Alternativ zum Wasser können auch Milch, Kräutertee, Gemüse- oder Obstsäfte ohne Säure bei Stillbeginn griffbereit neben Ihnen stehen. Sie können auch ein Malzbier oder ein alkoholfreies Bier trinken, die darin enthaltene Gerste fördert das Hormon Prolaktin, das die Milchbildung steuert, und der Hopfen wirkt zusätzlich beruhigend.

Vergessen Sie nicht, dass der Fettgehalt und die Qualität der Muttermilch wesentlich von Ihrer Ernährung abhängen. Wenn Ihr Kind zu wenige Kalorien erhält, hat es natürlich bald wieder Hunger. Essen Sie deshalb bitte regelmäßig. Einen Teil der Kalorien liefern die Fettreserven der Mutter, aber eben nicht alle!

Oftmals haben stillende Mütter auch zwischen den üblichen Mahlzeiten Hunger, was ganz normal ist, denn Sie benötigen auch tatsächlich mehr Energie – ca. 500 Kalorien am Tag. Geben Sie Ihrem Heißhunger auf Süßes ruhig nach, was nicht heißen soll, täglich eine Tafel Schokolade zu essen, aber täglich einige Stückchen schadet auch Ihrer ausgewogenen Ernährung nicht. Denn neben der vitamin- und mineralstoffreichen Ernährung brauchen Sie natürlich Nervennahrung, auch wenn Sie nach der Geburt einige Kilos mehr auf die Waage bringen als vor der Schwangerschaft. Diese Kilos werden Sie durch die Anstrengung in den ersten Monaten, durch Stillen und Schlafmangel schnell wieder → abnehmen.

Auch ich brauche bei anstrengender Pflege viel Süßes, kann eine Tafel Schokolade, eine Tüte Weingummi sowie Kekse in durchwachten Nächten essen, ohne gleich dick zu werden. Bei schwierigen Neugeborenen, Mangelgeborenen Kindern, Mehrlingspflege sowie Frühchen brauche ich diese Nervennahrung und halte mein Gewicht. Auch ohne Stillen.

Risiken vermeiden in der Stillzeit
Nur wenige Frauen können sich in ein Umfeld zurückziehen, in dem sie keinerlei schädlichen Einflüssen ausgesetzt sind. Krankheit, Müdigkeit und Sorgen können Einfluss auf die Milchmenge haben und sie verringern. Einige Risiken lassen sich aber gut vermeiden oder minimieren:
- → **Rauchen**, auch passives Rauchen
- Alkohol. Mal ein Glas Sekt oder Wein ist möglich, sollte aber die Ausnahme bleiben. Keine Spirituosen
- Medikamente, nur in Absprache mit dem Arzt
- rohes Fleisch, rohen Fisch, Rohmilchprodukte oder Eier
- viel Kaffee, vor allem nach 16 Uhr (auch Tee sollte nach 16 Uhr nicht mehr getrunken werden, außerdem sollte er aus organischem Anbau ohne Pflanzenschutzmittel stammen)

- Abführmittel bzw. Abführtees, sie verursachen bei Ihrem Baby Bauchschmerzen und Durchfall

In den ersten Lebenswochen treten die meisten Probleme beim Stillen auf. Verzichten Sie deshalb in dieser Zeit auf folgende Nahrungsmittel:

Zwiebeln, Knoblauch, exotische Kräuter und Gewürze, Hülsenfrüchte, Bohnen, Erbsen, Mais, Paprika, sämtliche Kohlarten, Sauerkraut, Fertiggewürze wie Glutamat und Konservierungsstoffe. Außerdem: Erdbeeren, Pflaumen, Kiwi, Ananas, Orangen, Zitronen, Grapefruit und ähnliches Obst mit viel Fruchtsäure. Vor allem aber muss das Obst reif sein.

Geräucherte Lebensmittel wie Fisch, Fleisch oder Wurst sowie in Essig eingelegtes Gemüse enthalten häufig Nitrat als Konservierungsmittel. Sie sollten gemieden werden oder nur selten auf Ihrem Speisezettel stehen, weil Nitrat mit Hämoglobin in Ihrem Blut reagiert und somit seine Fähigkeit verringert, Sauerstoff zu transportieren.

Vermeiden Sie Fertiggerichte. Sie wissen nicht, was darin steckt, welche Zusatzstoffe oder blähende Bestandteile enthalten sind, weil manches gar nicht auf der Packung steht. Diese können Ihrem Baby aber über das Stillen schwer zu schaffen machen. Genauso wie fruchtsäurehaltige Nahrungsmittel. Dadurch bekommt das Baby nicht nur einen wunden Po, es kann auch zu Bauchschmerzen führen. Je älter Ihr Baby wird, desto reifer werden auch Magen und Darm. Sie können von Monat zu Monat immer mehr Nahrungsmittel dazunehmen.

Kuchen z. B. Marmorkuchen oder Ihre Lieblingkekse sollten Sie immer vorrätig haben. Sie sind eine praktische Zwischenmahlzeit, wenn Sie stillen und zwischendurch Hunger haben oder noch gar nicht zum Frühstücken gekommen sind. Das Backen müssen Sie gar nicht selbst übernehmen. Bitten Sie eine Freundin oder Verwandte um ein solches Mitbringsel.

Speiseplan der stillenden Mutter

Gemüse
- Artischocken
- Avocado
- Brokkoli (Nur die Röschen, nicht den Strunk)
- Fenchelgemüse (Fencheltee nur 3–4 Tassen/Tag trinken, zu viel wirkt blähend)
- Kartoffeln, Süßkartoffeln
- Kohlrabi (besser erst nach den ersten acht Wochen)
- Mangold
- Möhren (bei empfindlichen Babys Frühchen oder Mangelgeborenen die ersten sechs Wochen besser nur gekocht)
- Pastinaken
- Pilze (in Maßen)
- Salat (Salatsoße immer mit Essig oder Joghurt, nicht mit Zitrone marinieren)
- Schwarzwurzeln
- Spargel (kann sehr intensiv schmecken, und Ihr Baby

verzieht das Gesicht) ist aber auch für die Milchbildung
gut
- Spinat
- Tomaten
- Zucchini

Kräuter, Gewürze und Eier (aber nicht roh/weich gekocht)
dürfen gegessen werden, allerdings kein Chili, Tabasco,
scharfes Curry etc.
  Keine rohen Eier und Eierspeisen, z.B. Tiramisu oder
Bayrische Creme.

Obst (es muss reif sein)
- Äpfel (keine sauren, grünen Äpfel)
- Aprikosen
- Bananen
- Birnen
- Granatapfelsaft, idealerweise frisch gepresst
- Mango (Vorsicht, empfindliche Babys reagieren mit rotem Po)
- Melonen (Wasser- und Honigmelone)
- Papaya
- Pfirsiche (nur sehr reife süße Früchte)
- Steinobst (in Maßen und nur sehr süße, reife Früchte)
- Weintrauben (ohne Kerne und süß)

Fleisch
Rotes Fleisch sollte zweimal pro Woche gegessen werden,
wegen des Eisengehalts. Aber immer gut durchgebraten!
Ganz besonders Geflügelfleisch.

Fisch
Fisch darf gegessen werden, allerdings ist bei Meeresfrüchten und Muscheln Vorsicht geboten! Keinen rohen Fisch essen.

Nudeln und Reis

Brot
• Mischbrot, gut vermahlen
• Weißbrot
• Kuchen darf gegessen werden, allerdings aufpassen bei Obstkuchen!

Milchprodukte
Joghurt, Quark, Milch und Käse dürfen ohne Einschränkungen gegessen werden, aber keinesfalls Rohmilchprodukte. Allerdings sollte man streng auf das Verfallsdatum achten. Will man den Nährwertgehalt der Milch erhöhen, kann man ab dem zweiten Monat jeden Tag ½ Liter Vollmilch trinken. Wenn Ihr Baby zu → **Koliken** neigt, sollten Sie besser auf laktosefreie Milchprodukte zurückgreifen.

Auch in Schaf-, Ziegen- und Stutenmilchprodukten ist Laktose enthalten. Butter und Hartkäse dagegen enthalten nur sehr wenig Laktose.

Getränke
• Kaffee und Tee morgens 1–2 Tassen, nicht mehr nach 16 Uhr

- Coca-Cola (siehe Tee und Kaffee)
- Malzbier, alkoholfreies Bier
- Milch
- Obstsäfte (Vorsicht Säure! wunder Po)
- Sekt (in Maßen ist milchbildend) auch alkoholfreies Bier ist gut, wenn Sie kein Malzbier mögen
- stilles Mineralwasser
- Wein (zum Essen ein Glas, aber nicht täglich, Spirituosen sind nicht erlaubt)

Schokolade stärkt die Nerven, zu viel davon bewirkt allerdings → **Verstopfung** – sowohl beim Baby als auch bei der Mutter. Lakritze und auch Keks sind erlaubt.

Bei diesen Lebensmitteln sollten Sie vorsichtig sein oder sie ganz meiden:

Gemüse
- Auberginen (ungeschält, schwer verdaulich besonders in Verbindung mit Olivenöl)
- Blumenkohl
- Bohnen, Linsen
- Brokkoli, nur die Röschen (die ersten vier Wochen immer den Strunk entfernen, er bläht)
- Erbsen (alle Hülsenfrüchte blähen und können zu Bauchkrämpfen bei Ihrem Baby führen)
- Salatgurke (bläht)
- Knoblauch
- Kohlrabi
- Lauch/Porree
- Mais

- Paprika (wenn, dann nur gekocht ab zwei Monaten, macht einen wunden Po und bläht)
- Rosenkohl
- Rotkohl, Weißkohl, alle Kohlsorten
- Sauerkraut
- Schnittlauch (in größeren Mengen)
- Sellerie
- Zwiebeln

Obst
- Ananas
- Erdbeeren (wunder Po, Ausschlag)
- grüne, saure Äpfel (süße, rote dürfen langsam steigernd gegessen werden)
- Himbeeren (nur wenige erlaubt, wirkt abführend, kann eventuell wunden Po verursachen)
- Johannisbeeren
- Kiwi
- Orangen
- Pflaumen (wunder Po und blähend)
- Trauben (nur ganz süße sind erlaubt)
- Zitronen, Zitrusfrüchte generell
- Blaubeeren (schwer verdaulich)
- Brombeeren
- Stachelbeeren (bläht)

Wenn Sie merken, dass Ihr Baby nicht besonders empfindlich ist, können Sie langsam eine Obstsorte nach der anderen ausprobieren. Aber keine Ananas, da Ihr Baby die Enzyme nicht verträgt.

Brot
- Gewürzbrot (je nach Inhalt, Nüsse sind Allergieträger)
- Leinsamenbrot (abführend, verursacht Bauchschmerzen)
- Schwarzbrot (in den ersten sechs Wochen nicht empfehlenswert, bläht und ist schwer verdaulich)
- Sonnenblumenkernbrot (auch mit zwei Monaten nur geschrotet)
- Vollkornbrot mit ganzem Korn (schwer verdaulich, erst mit zwei Monaten, wenn Ihr Baby nicht zu empfindlich ist, aber auch dann nicht frisch, sondern ein bis zwei Tage altes Brot)
- Müsli, sollten Sie in den ersten vier Wochen meiden, dann mit wenig beginnen, auch kein eingeweichtes Müsli, das kann starke Blähungen hervorrufen.

Gewürze
- asiatische Gewürze (allgemein nicht scharf würzen)

Die Mutter der kleinen Franziska, die gerne asiatisch aß, nicht nur, weil sie den Geschmack mochte, sondern auch ohne zu hungern gut damit abnehmen konnte, begann ihre wie sie meinte stillfreundliche Diät, als die Tochter sechs Wochen alt war. Sie würzte reichlich, ließ aber Sprossen und Blähendes sowie rohen Fisch und rohes Fleisch weg. Beim Stillen verzog Franziska ihr Gesicht erst nur beim Ansaugen, nach drei Tagen hat sie die Brust dann ganz verweigert. Ich musste für Franziska unsere Reservemilch auftauen, die sie dann mit Genuss getrunken hat. Zum Glück hatten wir früh angefangen, einen kleinen Vorrat für Notfälle anzulegen. Aufgrund dieser Reaktion verzichtete die Mutter auf asiatische Gewürze, und das Stillen klappte wieder problemlos.

Mineralwasser sowie auch Leitungswasser sollten unter 10 mg/Liter Nitrat enthalten. Bei jungen Säuglingen wird das Nitrat leicht in das schädliche Nitrit umgewandelt, das die Blut-Sauerstoffaufnahme behindert. Auch bei eingelegtem Gemüse, Fisch oder Fleisch sollten Sie darauf achten, dass es nicht zu viel Nitrat enthält.

Viele Gynäkologen verordnen der werdenden und stillenden Mutter Vitamin-Präparate. Besser jedoch ist es, sich gesund und vitaminreich zu ernähren als Vitaminpillen einzunehmen, die dem Säugling Probleme bereiten können, z. B. einen wunden Po und Bauchschmerzen, wie es auch bei Eisen- und säurehaltigen Vitamin-C-Präparaten der Fall sein kann.

Verwenden Sie Jodsalz, und essen Sie mehr Seefisch gedünstet, gekocht oder kurz angebraten. Dies ist nicht nur wichtig für die werdende Mutter und für das ungeborene Kind, sondern auch fürs Stillen. Jod ist ein wichtiger Bestandteil des Schilddrüsenhormons. Empfehlenswert sind daher Kabeljau, Schellfisch, Seelachs oder Scholle. Das Essen sollten Sie nicht zu sehr salzen, sonst kann es zu Ödemen, vor allem an den Augenlidern beim Säugling, kommen.

Tierische Fette und Öle, Butter, Käse und Eidotter liefern auch → **Vitamin D**. Pflanzliche Fette, z. B. kaltgepresste Olivenöle, Sonnenblumenöl und Margarine, versorgen Sie mit Vitamin D und E. Wegen des Allergierisikos ist allerdings Vorsicht bei Nussölen angeraten.

Vitamine und Spurenelemente	Normalbedarf täglich	Mehrbedarf beim Stillen	Wird gedeckt durch
Calcium	900 mg	400 mg	40 g Käse oder 350 ml Milch
Eisen	15 mg	5 mg	100 g Schnitzel und Kartoffeln oder 50 g Spinat
Jod	200 g	60 g	50 g Scholle oder 100 g Makrele
Magnesium	300 mg	75 mg	60 g Haferflocken oder 200 g Banane
Vitamin A	0,8 mg	1 mg	200 g Aprikosen oder 100 g Möhren
Vitamin D	1,1 mg	0,6 mg	300 g Fenchel oder 100 g Hühnerbrust
Folsäure	150 g	75 g	100 g Brokkoli
Vitamin C	75 mg	50 mg	200 g Honigmelone oder 50 g Paprika

Flaschenkinder

Beim Füttern von Muttermilch oder Säuglingsmilch/Formelmilch mit der Flasche sollten Sie sich ebenso viel Zeit nehmen wie beim Stillen. Machen Sie häufig ein Bäuerchen mit dem Säugling, damit es nicht zu Blähungen und Koliken kommt. Denn auch an der Flasche schluckt Ihr Baby Luft. Wenn der Säugling ca. die Hälfte der Nahrung getrunken hat, wickeln Sie ihn. Das Trinken macht ihn müde, das Wickeln hingegen macht ihn wieder munter und Ihr Baby sollte eine alters- und gewichtsangepasste Menge trinken, um dann besser zu schlafen. Manche Babys trinken auch eine komplette Mahlzeit und nuckeln sich dann an der Flasche in den Schlaf. Auch wenn das Baby an der Flasche eingeschlafen ist, sollten Sie mit ihm ein Bäuerchen machen, sonst kann es leicht zu Blähungen kommen.

Eine Flaschen-Mahlzeit mit Wickeln kann gerne etwa eine Stunde dauern, werden Sie nicht ungeduldig. Machen Sie es sich bequem. Setzen sie sich in einen gemütlichen Sessel mit Armlehnen, die Füße können Sie auf einen kleinen Tritt stellen, damit sich die Nackenmuskeln nicht verkrampfen, und hören entspannende Musik, am besten klassische oder Instrumentalmusik.

Halten Sie die Flasche zum Füttern leicht schräg, so dass der Sauger mit Milch und nicht mit Luft gefüllt ist, und drehen Sie Ihr Baby zu sich hin.

Sie können auch den Arm des Säuglings unter Ihren Arm zum Rücken lehnen. Dabei hat das Baby einen sehr engen Kontakt zu Ihnen, ähnlich wie beim Stillen. Achten Sie darauf, dass immer Milch im Sauger ist, sonst schluckt Ihr Baby zu viel Luft beim Trinken. Verwenden Sie am besten einen Ventilsauger. Wenn Ihr Baby sich festsaugt, ziehen Sie vorsichtig die Flasche leicht zurück, als wollten Sie den Sauger aus dem Mund ziehen, oder lösen Sie leicht den Sauger, indem Sie ihm vorsichtig den kleinen Finger zwischen Ober- und Unterkiefer schieben.

Nur weil das Baby Ihrer Freundin Milch X verträgt und damit länger schläft, sollten Sie nicht ohne Rücksprache mit dem Kinderarzt die Milch wechseln. Es gibt zahlreiche Säuglingsmilchprodukte, welche für Ihr Kind die Besten sind, besprechen Sie mit dem Kinderarzt in Verbindung mit der Familienanamnese.

Welche Sauger wann?

Sauger sollten flach und kiefergerecht geformt sein. **Silikonsauger** sind hell und klar, sollten aber dem älteren Säugling nicht mehr gegeben werden, weil sie wenig elastisch sind und leicht reißen. Sobald das Baby Zähne hat, könnte es Silikonteile abknabbern und verschlucken. Besser sind Sauger und Schnuller aus Latex (Kautschuk). Kautschuk ist ein Naturprodukt, weich aber auch strapazierfähig und reiß- und bissfest.

Silikon ist ein geruchloser Kunststoff, der häufig in der Medizintechnik verwendet wird, bei Untersuchungen wurde lösliches Platin in Silikonschnullern entdeckt, die bei gefährdeten Kindern Allergien auslösen können.

Die Nuk-Formsauger sind kiefergerecht. Während des Saugvorgangs wird dieser von den Lippen, dem Kiefer und der Zunge des Kindes verformt. Somit macht das Baby an einem abgeflachten Saugteil seine Saugbewegungen. Das fördert das normale Wachstum seines Kiefers. Wenn ein Baby immer Luft aus der Flasche zieht, so dass sich der Sauger ein-stülpt, sollten Sie einen Ventilsauger benutzen. **Ventilsauger** sind bei kleinen Luftschluckern und sehr empfindlichen Babys sehr empfehlenswert. Ich verwende nur noch Sauger mit Ventil.

Das Saugerloch muss auf die Konsistenz der Nahrung abgestimmt sein. Es gibt Milchsauger und Teesauger sowie für den älteren Säugling später auch Breisauger. Das Saugerloch sollte nie – nur damit es schnell geht – zu groß sein, Ihr Baby sollte in jedem Alter genügend Zeit zum Genießen seiner Mahlzeit haben.

Glas- oder Plastikflaschen?
Glas ist ein Naturprodukt ohne chemische Substanzen, die sich bei Wärme/Hitze nicht verändern oder gar Gesundheit gefährdende Substanzen abgeben, wie z. B. Weichmacher im Plastik. Glasflaschen bleiben klar und sauber, selbst nach Jahren. Tee und Obstsäfte können das Glas nicht verfärben. Sie sind unempfindlich gegenüber Reinigungsmitteln, Sterilisation und Desinfektionsvorgängen. Ihr Nachteil besteht darin, dass sie schneller kaputtgehen können und dass sie schwerer als Plastikflaschen sind und deshalb auch nicht alleine von kleinen Babys gehalten werden können.

Hygiene und Sauberkeit bei der Ernährung mit der Flasche
Die Säuglingsmilch muss immer frisch zubereitet werden. Sie sollten niemals Reste wieder aufwärmen oder gar im Flaschenwärmer warmhalten, denn es bilden sich sehr

leicht Bakterien in der Milch, die sich sehr schnell vermehren und einen gefährlichen Durchfall verursachen, der sogar lebensbedrohlich für Ihr Baby werden kann. Ihr Baby ist in den ersten Monaten noch sehr empfindlich gegenüber Infektionen, Darmentzündungen oder Durchfall. Durch starken Durchfall und Erbrechen kann es zu einem hohen Flüssigkeitsverlust und der Gefahr der Dehydratation, der Austrocknung des Babys kommen. Achten Sie deshalb besonders darauf, dass alles, was mit Ihrem Kind in Kontakt kommt, vorher gründlich gereinigt und sterilisiert wird.

Besonders in Schraubverschlüssen und in den Gewinden an den Glasflaschen-(bzw. Plastikflaschen) setzen sich gerne Milchreste fest, die sehr leicht übersehen werden. Bevor Sie eine Flasche mit Milch, Tee oder Wasser zubereiten, waschen Sie sich bitte immer gründlich mit Seife die Hände. Es reicht beim Waschen der Flaschen, Sauger oder Schnuller nicht aus, sie nur mit klarem Wasser auszuspülen. Milch enthält Fett, das können Sie nur mit Spülmittel entfernen! Säubern Sie die Flaschen gründlich mit einer Flaschenbürste und mit einem biologischen Spülmittel. Die Sauger mit einer Saugerbürste und Spülmittel säubern und mit klarem Wasser nachspülen. Es ist sehr wichtig, dass wirklich alle Milchreste entfernt sind. Danach sterilisieren Sie die Gegenstände im Sterilisator, oder durch Auskochen. Dieses Prozedere mindestens bis zum sechsten Lebensmonat beibehalten.

Die Mikrowelle ist zur Erwärmung von Säuglingsmilch nicht geeignet, da sich die molekulare Struktur der Nahrungsmittel verändert. Auch kann es durch die unterschiedliche Erwärmung zu Verbrennungen kommen.

Die richtige Trinktemperatur prüfen Sie am besten, indem Sie einige Tropfen Milch auf Ihr Handgelenk geben, die Trinktemperatur sollte ca. 37 °C betragen.

Für die Ernährung des Flaschenkindes benötigen Sie:
- 2 Thermoskannen (¾ l) in verschiedenen Farben (für heißes und kaltes Wasser). Empfehlenswert sind Kannen mit Metallkern, der Verschluss sollte mit einer Hand zu bedienen sein
- Wasserkocher
- Vaporisator, er sollte sich automatisch ausschalten und 6 Flaschen und Zubehör aufnehmen können.
- kleine Teeflasche mit Teesauger
- 6 Glasflaschen mit kiefergerechten 0–6-Monate-Saugern (mit Ventil)
- 1 Flaschenständer
- Flaschenbürste und Saugerbürste
- Flaschenwärmer
- Portionsdose
- Babymilchpulver
- Schnuller NUK 0–6 Monate (bei starkem Saugbedürfnis)

Zusammenfinden in den ersten Wochen

Ihr Baby wird von Woche zu Woche aktiver – und braucht mehr Ansprache. Die oberste Priorität muss für Sie sein: ein geduldiger und liebevoller Umgang mit Ihrem Baby!

Untersuchungen haben gezeigt, dass je mehr Sie mit Ihrem Baby sprechen und Anreize geben, desto mehr wird seine Intelligenz angeregt. Ihr Baby spürt die Zuwendung und das Gefühl der Sicherheit, genießt die liebevolle Hinwendung, die sanfte Sprache, das Anlächeln und Streicheln. Beim Säugling sind Körper und Seele (Psyche) noch derartig eng miteinander verbunden, dass sich die Empfindungen und das Erlebte direkt im Verhalten ausdrücken. Gefühle können noch nicht verborgen oder verdrängt werden, deshalb liefern Ihnen Gefühlsausbrüche wie Geschrei, Mimik und Motorik, sich Zusammenziehen, roter Kopf, Luftanhalten beste Informationen über Vorhandensein oder Nichtvorhandensein bestimmter Gefühle. Aber nicht jede innere Wahrnehmung drückt sich in äußerlich wahrnehmbarem Verhalten aus.

Ihr Baby wird von Woche zu Woche längere Wachphasen haben. In diesen Wachphasen braucht es besonders viel Zuwendung. Es mag sehr gerne, wenn Sie mit ihm sprechen, schmusen oder es streicheln. Für das Baby ist es wichtig, dass es Ihr Gesicht sieht, wenn Sie mit ihm sprechen. Es spürt die zärtlichen Worte und fühlt sich geborgen.

Das Baby sollte nicht in ein abgelegenes Zimmer gestellt werden, sondern wenn möglich am Alltagsleben der Familie teilhaben. Nur wenn es schläft, sollte es in sein Bett an einem ruhigen Ort gelegt werden, damit es nicht gestört oder erschreckt wird, idealerweise bei offener Tür. Auch wenn es in den ersten Monaten am Tage noch viel schläft, hört es die vertrauten Stimmen der Familie, der Mutter, des Vaters und der Geschwister. Dass ein Säugling in den ersten Monaten nur trinkt und schläft, ist ein absolutes Ammenmärchen. Ein Neugeborenes braucht sehr viel Ansprache,

Geborgenheit und Sicherheit, was nur durch Nähe und Zuwendung vermittelt werden kann.

Das Schreien

Ich bekam einen Anruf, ob ich nicht kurzfristig einer Mutter helfen könne, deren zwei Wochen alte Tochter sich nicht mehr von ihr
füttern und schon gar nicht beruhigen ließe. Ich fuhr zu der an-
gegebenen Adresse. Als ich die Auffahrt zum Haus hochlief, hörte
ich schon extrem laute Radiomusik, und die Mutter saß mit ihrem
dreijährigen Sohn vor der Haustür auf der Treppe und weinte. Als
ich sie fragte, was passiert sei, sagte sie, ihre Tochter würde schon
schreien, wenn sie nur ins Zimmer käme, und trinken würde sie
bei ihr auch nicht. Sie hätte alles versucht, um ihr Baby zu beruhigen, aber nichts half. Das Radio müsse sie so laut aufdrehen, weil
sie das Geschrei ihrer Tochter nicht mehr ertragen könne. Sie werde auch nicht mehr mit ins Haus gehen, solange ihr Baby schreie.
Ich sagte ihr, sie solle mit ihrem Sohn eine Unternehmung starten
und erst wieder zurückkommen, wenn es ihr wieder gutgehe. Es
könne gern einige Stunden dauern, ich werde mich in dem Haus
schon zurechtfinden, versuchte ich sie zu beruhigen.
   Um ihre Tochter zu finden, brauchte ich nur dem Geschrei
nachzugehen. Als ich in das Zimmer des Babys kam, lag dieses
mit hochrotem Kopf und verschwitzt schreiend in seinem Bett.
Ich nahm es heraus, um es zu beruhigen. Dann sagte ich leise
mehrmals sanft seinen Namen und dass alles gut sei und es nicht
weinen müsse (wenn Sie etwas Positives sagen, ist die Stimmlage automatisch sanft). Ich legte Wange an Wange, weil sich
diese Nähe auf kleine Babys besonders beruhigend auswirkt. Ich

wechselte die Kleidung des Mädchens und die Windel und ging mit ihr langsam durchs Haus.

Es beruhigte sich sehr schnell, es spürte natürlich meine Sicherheit, mit der ich es hochnahm und mit ihm sprach. Wir gingen in die Küche, und ich bereitete mit dem Baby auf dem Arm eine Flasche Babymilch zu, da es nicht mehr gestillt wurde. Das Baby trank seine Milch ohne Probleme und schlief selig, als die Mutter mit dem älteren Bruder zurückkehrte.

Die Mutter hatte mittlerweile richtig Angst vor ihrem Baby, dieses würde bei ihr ständig schreien. Daher wollte sie ihre Tochter auch nicht auf den Arm nehmen und schon gar nicht füttern. Diese Unsicherheit spürte auch ihr Neugeborenes, so dass es schrie, wenn die Mutter es im Arm hielt. Nicht unerhebliche Schuld an der Unsicherheit und Angst der Mutter hatte auch der Vater, der der Mutter auch in meiner Gegenwart anfangs ständig sagte, was sie alles falsch mache. Es gab einige Gespräche auch mit mir und dem Vater, bis die Mutter den sicheren und selbstbewussten Umgang mit ihrer Tochter gelernt hatte.

Was tun, wenn Sie Ihr schreiendes Baby nicht beruhigen können?

Es ist nicht ungewöhnlich, dass ein Baby auch einmal ohne erkennbaren Grund schreit. Die Natur hat es für das Überleben des Neugeborenen so eingerichtet, dass das Babygeschrei unangenehm und auf Dauer nicht zu ertragen ist und deshalb schnell Abhilfe geschaffen wird. Gehen Sie immer geduldig und sanft mit Ihrem Baby um, auch wenn Sie sein Schreien noch so sehr unter Stress setzt. Wenn Sie dadurch zu unruhig oder gar aggressiv werden, wird sich Ihr Baby nicht mehr von Ihnen beruhigen lassen. Legen Sie Ihr Baby in solchen Momenten ins Bett oder in den Laufstall und verlassen Sie das Zimmer, bevor Sie die Nerven verlieren, Ihr Baby vielleicht unsanft behandeln oder womöglich noch schütteln. Das kann schlimme Folgen haben, denn das Gehirn schwappt beim Schütteln hin und her, da im Schädel des Säuglings noch relativ viel freier Platz ist. Blutgefäße können dabei im Gehirn reißen, und das kann für Ihr Baby sogar tödlich enden! Besser, Sie lassen Ihr Baby einige wenige Minuten alleine an einem sicheren Ort schreien, um sich zu beruhigen und um durchzuatmen. Es ist nicht ungewöhnlich, wenn eine Mutter ihr Baby einmal nicht beruhigen kann. Dies hängt auch mit Ängsten und starken Emotionen zusammen sowie den starken körperlichen und nervlichen Belastungen, denen sie nicht zuletzt durch den Schlafmangel bzw. Intervallschlaf ausgesetzt ist. Es ist kein Versagen oder ein Zeichen für zu wenig Mutterliebe, es ist meist nur ständiger Stress. Viele Mütter glauben, wenn sie es nicht alleine schaffen, ihr Kind zu beruhigen, haben sie als Mutter versagt. Sie befinden sich in einem Leistungswettbewerb mit anderen Müttern, bei denen scheinbar alles wie am Schnürchen klappt, und haben einen sehr hohen Anspruch an sich und ihr Kind – manchmal bis zur hundertprozentigen Perfektion.

Wenn Sie es nicht schaffen, Ihr Kind zu beruhigen, rufen Sie eine Freundin oder Ihre Mutter an, ob sie nicht kurz vorbeikommen könne, um Ihnen Ihr Kind für kurze Zeit abzunehmen. Denn oft lässt sich das Baby leichter von Außenstehenden beruhigen, die nicht mit mütterlichen Gefühlen »belastet« und damit innerlich ruhiger und ausgeglichener sind. Das Baby spürt diese Sicherheit sofort und hört dadurch leichter auf zu schreien, beruhigt sich, schläft vielleicht sogar ein, und Sie können sich selbst auch erholen und zur Ruhe kommen. Am Tage können Sie Ihr Baby auch einfach in den Kinderwagen legen und einen Spaziergang machen. Das beruhigt Sie und Ihr Baby. Durch dieses Geschaukel schläft Ihr Kind ein, und frische Luft tut gerade bei Schlafmangel auch Ihnen gut.

Früher war es in Großfamilien ganz üblich, dass der Mutter zeitweilig das Baby abgenommen wurde. Wenn die Mutter ihr Baby nicht beruhigen konnte, war immer jemand da, der sich um das Baby kümmern konnte. Die Mutter war dadurch viel gelassener, weil sie wusste, es ist Hilfe da, die ihr auch eine gewisse Verantwortung abnehmen konnte. Mütter, die den ganzen Tag mit ihrem Baby alleine zu Hause sind, zweifeln oftmals, ob sie alles richtig machen und ihrem Kind genügend Zuneigung, Aufmerksamkeit und Liebe schenken.

Mein Rat: Lassen Sie es erst gar nicht so weit kommen, holen Sie sich so früh wie möglich Hilfe von einer erfahrenen Person, wenn Probleme oder Unsicherheiten auftreten. Treten Sie nicht in den Wettbewerb mit angeblich perfekten Müttern, die nach eigenem Bekunden immer alles alleine geschafft haben.

Das Lächeln am Ende des ersten Monats

Am Ende des ersten Monats ist der Säugling körperlich reif und seelisch weit genug entwickelt, dass er seine Umgebung wahrnimmt. Seine Augen sind weit geöffnet und leuchten. Jetzt reagiert Ihr Baby auf bewegliche Objekte, geht mit den Augen und dem Köpfchen mit, wenn Sie Ihr Gesicht oder ein Spielzeug langsam hin und her bewegen. Durch visuelle Reize, wie z.B. Stoffbuch, Stofftier und glänzende Objekte, die seinem Gesichtsfeld zugewendet sind, lässt sich Ihr Baby leicht ablenken. Auch die ersten Laute, sogenannte Kehllaute wie »och«, »oh« und »o«, beherrscht Ihr Baby jetzt. In Bauchlage kann es schon leicht seinen Kopf anheben und auch wenn es an Ihrer Schulter liegt. Ihr Baby lächelt, wenn es ein Gesicht sieht und mit ihm gesprochen wird und ahmt nach, zum Beispiel wenn ihm die Zunge herausgestreckt wird. Noch wird Ihr Baby jeden anlächeln, dabei handelt es sich um das sogenannte Soziallächeln. Das »richtige« Lächeln als Reaktion z.B. auf eine dem Baby bekannte Person beginnt erst im dritten Monat.

Der zweite Monat:
Rhythmus für die ganze Familie

Ein junger Vater rief mich an und fragte, ob ich ihm und seiner kleinen Familie helfen könne, seine kleine Tochter sei zwei Monate alt und seit der Geburt hätten er und seine Frau keine einzige Nacht mehr geschlafen. Auch ein gemeinsames Essen sei seitdem nicht mehr möglich, weil einer von beiden immer mit dem Baby auf dem Arm durchs Haus laufen müsse, sonst würde es schreien. Wochentags komme er oft abends von der Arbeit, und seine Frau wäre noch immer im Bademantel. Anfangs hätten sie geglaubt, ihr Baby fände mit der Zeit einen eigenen Rhythmus, aber dies sei überhaupt nicht der Fall. »Wir gehen auf dem Zahnfleisch. Was sollen wir tun? Können Sie uns helfen, einen Rhythmus zu finden?«, fragte er mich verzweifelt.

Wir haben dann gemeinsam einen Rhythmus für die kleine Familie erarbeitet. Die staunenden Eltern haben erlebt, wie ihr Baby im Stubenwagen selbständig ohne langes Geschrei einschlief, ohne ständig am Busen zu nuckeln oder auf dem Arm im Laufschritt durchs Haus getragen zu werden. In Wachphasen wurde aus dem kleinen »Schreimonster« ein zufriedenes Baby, das seine Eltern nur sehen und hören wollte und sonst meist glücklich vor sich hin gluckste. Zaubererei? Übertreibung? Mitnichten!

Mit etwa vier Wochen beginnt Ihr Baby, Verbindungen zwischen bestimmten Dingen und Ereignissen herzustellen,

z. B. bringt es die Brust in Verbindung mit dem Stillen seines Hungers, die Wickelkommode mit dem Windeln, das Bett mit dem Einschlafen etc. Es ist insgesamt aufmerksamer und wacher und nimmt seine Umgebung konzentrierter wahr. Ihr Baby ist reifer und hat Wachphasen, in denen es glücklich und zufrieden ist, nur wenn es Ihre Nähe durch Ihre Stimme wahrnimmt, Sie sehen und das Treiben der Familie um sich herum beobachten kann. Ihre Anwesenheit genügt oft schon, Ihr Kind fühlt sich angenommen und sicher, ohne dass Sie es ständig umhertragen oder es stundenlang an der Brust nuckeln lassen müssen. Mit Beginn des zweiten Monats wird es auch etwas leichter für Sie, einen festen Rhythmus von Wach- und Schlafzeiten zu erarbeiten. Gerade weil Ihr Baby jetzt aktivere und etwas längere Wachphasen hat, ist ein Rhythmus von Essen, Zuwendung, Nähe und Schlafen wichtig, damit Ihr Baby nicht überdreht und keiner Reizüberflutung ausgesetzt ist. Ein fester Rhythmus von Schlaf- und Wachzeiten gibt Ihrem Baby jetzt Halt und Sicherheit. Er hilft ihm auch, sich leichter zu orientieren, sich auf seine Umgebung, auf neue Reize zu konzentrieren, seine Sinne zu entwickeln und sich zu entspannen, weil es schon früh die immer gleichen Abläufe erkennt und dadurch ausgeglichen und zufrieden ist.

Ein geregelter Tagesablauf kommt aber auch der ganzen Familie zugute, denn als Mutter von Geschwisterkindern und Frau des Vaters sollten Sie auch bei all der Liebe und Zuneigung zu Ihrem Baby nicht deren Bedürfnisse vergessen und sich einige Stunden im Tagesablauf für den Partner und die Geschwisterkinder freihalten, um das Familienleben und Ihre Beziehung lebendig und stabil zu halten.

Ihr Baby wird die festen Schlafenszeiten nutzen, um das Erlebte, die Reize und Eindrücke zu verarbeiten und zu speichern und um Energie und Kraft zu sammeln für seine weiteren Wachphasen am Tage. Auch benötigt es genügend Schlaf und Ruhe, damit es ausreichend Kraft hat, lange genug zu trinken, um den Milchspendereflex auszulösen und die sättigende Hintermilch aus den Milchbläschen zu bekommen. Wenn das Baby dagegen aus Erschöpfung nach fünf Minuten wieder am Busen einschläft, wird es schnell wieder aufwachen, weil es nur die wenig sättigende Vormilch getrunken hat. Das Resultat ist, dass das Kind permanent nuckelnd an der Brust der Mutter hängt, weil es ständig Hunger hat, aber zu müde für längeres anstrengendes Saugen ist. Dies führt bei der Mutter zu Unzufriedenheit und Gereiztheit, beim Baby zu Überdrehtheit und Übermüdung. Durch die Übermüdung strömen auf Ihr Baby zu viele Eindrücke ein, die es noch nicht verarbeiten kann. Daraus kann sich eventuell sogar ein sogenanntes Schreibaby (siehe Seite 200) entwickeln.

Bedenken Sie: Nicht jedes Schreien bedeutet Hunger. Manchmal habe ich den Eindruck, dass Mütter es sehr bequem finden, ihr Baby, wenn es schreit, schnell an die Brust zu legen, damit es wieder ruhig ist. Das hat zwar anfänglich Erfolg, doch langfristig ist es mit großen Nachteilen verbunden. Wenn Sie alle Bedürfnisse Ihres Kindes mit Stillen befriedigen, wird es schwerer für Ihr Baby, ein natürliches Hunger- und Sättigungsgefühl zu entwickeln. Nahrungsaufnahme soll in erster Linie den Hunger stillen und darf keine Ersatzbefriedigung sein. Ein waches Kind mit einem wohligen Sättigungsgefühl kann während der Wachphasen die Aufmerksamkeit seiner Umgebung widmen und nicht ausschließlich der Brust. Ein Kind im zweiten Monat braucht Ansprache und Reize, um seine Sinne zu entwickeln. Außerdem besitzt es einen lebhaften Bewegungsdrang, ist ständig mit seinen Armen und Beinen am Rudern und Strampeln, den es ausleben möchte. Kurzes Geschrei kann und darf auch einmal dazwischen sein und sollte nicht immer an den Busen oder zur Flasche führen.

Mit circa fünf Wochen lassen sich Babys durch visuelle Reize ablenken und auch beruhigen, wie z. B. Stoffbücher mit kräftigen Farben und großen Mustern, oder Streifen und Stofftiere oder glänzende Objekte.

Besser ist es, Sie beschäftigen sich aktiv mit Ihrem Baby, als es immer mit Nahrung zu beruhigen. Beispielsweise setze ich mich bequem hin und lege den Säugling auf meine Oberschenkel und stelle meine Füße etwas erhöht, dass das Kind und ich uns in die Augen sehen können, seine Beine liegen an meinem Oberkörper, sein Po liegt an meinem Bauch. Dabei nehme ich seine kleinen Händchen in meine Hände und singe oder summe ein Lied. Oder ich spreche einen Kinderreim und bewege die Hände oder Füße im Takt dabei hin und her. Wenn Sie keine Kinderlieder kennen, können Sie auch eine CD auflegen und mitsummen. Das ist aktives Fördern und eine positive Stimulation, mit dem Sie Lernprozesse in Gang setzen und gleichzeitig Ihrem Baby Nähe, Vertrauen und Zuneigung geben.

Alle meine Täubchen sitzen auf dem Dach,
fliegt eins davon fliegen alle nach.
(Wenn die Täubchen fliegen, gehen die
Hände hoch.)

Himpel und Pimpel heißen meine Füße.
(Füße leicht anheben)
Sind die besten Freunde mögen sich so sehr.
(Füße aneinander reiben)
Himpel springt nach oben, Pimpel hinterher.
Beide fallen runter, springen ist so schwer.

Himpel und Pimpel heißen meine Füße.
(Füße leicht anheben)
Sind die besten Freunde mögen sich so sehr.
(Füße aneinander reiben)
Himpel läuft nach rechts hin,
Pimpel hinterher.
Beide kommen wieder, laufen ist so schwer.

Himpel und Pimpel heißen meine Füße.
(Füße leicht anheben)
Sind die besten Freunde mögen sich so sehr.
(Füße aneinander reiben)
Himpel will jetzt tanzen, Pimpel hinterher.
Beide werden müde, tanzen ist so schwer.

Hier hast 'nen Taler,
geh auf den Markt,
kauf dir 'ne Kuh

und ein Kälbchen dazu.
Kälbchen hat ein Schwänzel,
dideldideldideldänzel.
(Bei jeder Zeile sacht über die Handfläche
Ihres Babys streicheln, zum Schluss kitzeln.)

Kleine Schnecke, kleine Schnecke,
krabbelt rauf, krabbelt rauf,
krabbelt wieder runter, krabbelt wieder runter,
kitzelt auf dem Bauch, kitzelt auf dem Bauch.
(zur Melodie von »Bruder Jakob«. Wandern Sie mit
den Fingern am Körper Ihres Babys nach oben und
kitzeln zum Schluss am Bauch.)

Kommt ein Mäuschen, baut ein Häuschen. Kommt
ein Mückchen, baut ein Brückchen.
Kommt ein Floh, der macht – so.
(Gehen Sie mit den Fingern am Körper des Kindes
hoch und kitzeln es zum Schluss leicht.)

Himpelchen und Pimpelchen
stiegen auf einen Berg.
Himpelchen war ein Heinzelmann
und Pimpelchen ein Zwerg.
Sie blieben lange da oben sitzen
und wackelten mit den Zipfelmützen.
Doch nach fünfundzwanzig Wochen
sind sie in den Berg gekrochen,
schnarchen da in guter Ruh.

Seid mal still und hört ihnen zu!
Krr – krr – krr.

Hoppe, hoppe Reiter, wenn er fällt, dann schreit er,
fällt er in den Graben, fressen ihn die Raben,
fällt in den Sumpf, macht der Reiter plumps.
(Je älter das Baby, desto wilder liebt es den »Sturz«.)

Solche Reimspiele können Sie auch gut nach oder beim
Windeln auf der Wickelkommode machen. Sie können
auch im zweiten Monat mit ersten Babygymnastikübungen
(siehe Seite 224) beginnen, oder Sie lassen Ihr Baby einfach
nackt auf der Wickelkommode unter der Wärmelampe frei
strampeln, natürlich immer mit einer Hand am Baby!

Nach einer Wachzeit von ca. ein bis eineinhalb Stunden
sollte Ihr Baby im zweiten Monat wieder zum Schlafen
gelegt werden, damit es nicht übermüdet.

Wo soll Ihr Baby schlafen?
Ihr Baby sollte in den ersten Monaten, am besten im gesamten ersten Jahr, bei Ihnen im Schlafzimmer schlafen,
aber im eigenen Stubenwagen oder im eigenen Bett. Die
sicherste Schlafposition ist die Rückenlage, am besten in
einem Schlafsack, der Körpergröße angepasst und aus Naturmaterial hergestellt. Der Jahreszeit entsprechend sollte
dieser nicht zu warm, aber auch nicht zu dünn sein. Die
Zimmertemperatur im Schlafzimmer sollte nicht höher als
16 bis 18 Grad sein.

Ob beim Windeln oder bei der Babygymnastik: Sie dürfen nie Ihr Baby alleine auf der Wickelkommode liegen lassen, am sichersten ist, immer eine Hand am Körper des Kindes zu lassen!

Ich betreute einen Säugling, dessen Mutter auf 22 bis 24 Grad Zimmertemperatur auch im Schlafzimmer bestand, damit sie sich leicht bekleidet im Nachthemd dort aufhalten konnte. Nur ungern hat sie akzeptiert, dass diese Temperatur zum Schlafen in der Nacht mit einem Schlafsack eine Gefahr für ihr Baby darstellt, die zum Plötzlichen Kindstod durch Überwärmung führen kann.

Das Baby im Schlafzimmer erleichtert Ihnen auch nachts das Stillen. Wenn Sie merken, dass Ihr Baby langsam aufwacht – meist wuselt es herum, wird unruhig und/oder fängt an zu schmatzen –, können Sie es, ohne dass es richtig aufwacht und schreit, bei einem kleinem Nachtlicht stillen und nach seinem Bäuerchen, ohne es zu wickeln – wenn die Windel nicht nach Stuhlgang riecht – und ohne Ansprache wieder in sein Bettchen legen. Dadurch lernt Ihr Baby schon recht früh, dass nachts kein größeres Programm abläuft und schläft schnell wieder ein. Diese Vorgehensweise ist auch für Flaschenkinder ideal, wenn Sie alles für die Zubereitung der Milch griffbereit auf einem Tablett mit ins Schlafzimmer nehmen. (Wenn die Windel voll oder der Po gerötet ist, müssen Sie natürlich auch nachts Ihr Baby wickeln.)

Einen Rhythmus erarbeiten

In vergangenen Tagen und Wochen haben Sie erfahren, wie lange Ihr Säugling zwischen den Mahlzeiten schläft. Jedes Baby hat eine längere Schlafphase, die aber leider nicht nachts ist. Seit mehr als 25 Jahren betreue ich nun schon Neugeborene unterschiedlicher Reife und Gewicht, aber noch keines hat in den ersten Wochen nachts länger als zwei Stunden durchgehend geschlafen. Deshalb weiß auch ich, wie kräftezehrend Intervallschlafen für die Eltern ist.

Meistens schlafen Neugeborene am Tage, wahrscheinlich liegt es daran, dass die ungeborenen Babys im Bauch der Mutter bei jeder Bewegung im Fruchtwasser schön in den Schlaf geschaukelt wurden – das erklärt auch, warum Babys gerne in den Schlaf gefahren oder geschaukelt werden. Viele Mütter berichteten mir, dass am Abend, wenn sie zur Ruhe gekommen waren und schlafen wollten, der Nachwuchs im Bauch anfing zu strampeln und teilweise so munter wurde, dass sie nicht einschlafen konnten.

Im Folgenden möchte ich Ihnen beispielhaft zeigen, wie Sie die Schaf- und Wachphasen Ihres Babys im zweiten Monat gestalten können.

Erste Mahlzeit: 6 Uhr

Mit Bäuerchen und eventuellem Windelwechseln dauert es eine dreiviertel bis zu einer Stunde, bis Ihr Baby wieder schläft. Wenn Sie morgens um 6 Uhr gestillt haben, und Ihr Baby auch an beiden Brüsten gut getrunken hat, sollten drei Stunden Pause bis zur nächsten Mahlzeit liegen. Verkürzt oder verlängert sich dieser Zeitraum um etwa eine halbe Stunde, ist dies anfangs völlig normal und sollte immer einkalkuliert werden. Auch später, wenn Ihr Baby einen Rhythmus hat, ist eine halbe Stunde plus oder minus noch immer im Rhythmus.

Auch wenn Ihr Baby in der Frühe – zu einer Zeit, zu der Sie normalerweise nicht aufstehen – einen sehr wachen Eindruck macht, sollten Sie es ohne großes Programm wieder in sein Bett legen, damit es alleine einschläft. Manche Frauen sind noch über die Freude der Geburt so im »Hormonrausch«, dass sie das Gefühl haben, sie könnten Bäume ausreißen, und ihrem Baby um diese Uhrzeit problemlos eine frühmorgendliche Unterhaltung bieten. Bedenken Sie, dass diese Energie nicht von Dauer sein wird, und gewöhnen Sie Ihrem Kind nicht an, was Sie später nicht mehr erfüllen können. Mit Ihren Kräften kurz nach der Geburt sollten Sie haushalten, denn dieses starke Gefühl ist nur vorübergehend. Stillen und Schlafmangel über Wochen und Monate werden Sie viel Kraft kosten.

Zweite Mahlzeit: 10 Uhr

Die 10-Uhr-Mahlzeit bietet sich dazu an, Ihrem Baby das Vitamin D zu verabreichen. Wenn Sie sich angewöhnen, dieses immer zu einer bestimmten Uhrzeit zu geben, vergessen Sie es auch nicht so leicht. Vitamin D ist notwendig, damit der Körper die Mineralien sowie Kalzium und Phosphat aus dem Darm aufnehmen und in die Knochen einlagern kann. Fehlt Vitamin D, kann es zu einer Knochenerweichung bzw. Verformungen kommen. Jeder Säugling sollte deshalb ab dem zehnten Lebenstag im ersten Lebensjahr täglich 500 I. E. Vitamin D bekommen, um eine Rachitis zu vermeiden.

Es gibt Vitamin D als Tablette, in Pulverform oder in flüssiger Form. In Österreich und der Schweiz wird die flüssige Form verabreicht, was für die Mütter einfacher ist. Sie können die Flüssigkeit mit einer Pipette in den Mund träufeln. Vitamin D aus Fischöl schützt Säuglinge, so sagen schwedische Forscher, auch vor Diabetes Typ A.

Bei Vitamin D in Tablettenform zerteilen Sie am besten die Tablette und geben vor dem Trinken die Hälfte in die Backentasche Ihres Babys. Die Tablette löst sich ohne Probleme auf. Nach einem Bäuerchen, bevor das Baby weiter trinkt, können Sie die zweite Hälfte geben. Dies ist einfacher als die Tablette in Wasser aufgelöst mit dem Löffel zu geben, denn dabei geht meist ein Teil der Tablette verloren. Vitamin D gibt es mit und ohne Fluorid. Was besser ist, darüber sind die Meinungen sehr geteilt, beraten Sie sich darüber mit Ihrem Kinderarzt.

Als homöopathische Alternative zur Vitamin-D-Tablette

sind in Deutschland Apatit/Phosphor-Compositum-Tropfen oder Conchae/Quercus-Kompositum-Pulver erhältlich. Dabei handelt es sich um verschiedene Kalke, die einer Rachitis vorbeugen. »S« steht auf den Packungen für Säugling und »K« für Kleinkinder.

Wenn Ihr Baby bei der zweiten Mahlzeit früher aufwacht, muss Ihr Baby nicht immer gleich Hunger haben, oft möchte es einfach nur Gesellschaft. Nehmen Sie es beispielsweise mit ins Badezimmer, wenn Sie sich zurechtmachen für den Tag. Die monotonen Geräusche der Dusche oder des Haarföns lassen manchmal Ihr Baby wunderbar wieder einschlafen. Ich nehme den Säugling immer im Stubenwagen oder Babywippe mit ins Bad, oder lege das Baby auf eine Decke auf den Badezimmerfußboden.

Manche Babys haben auch ein starkes Saugbedürfnis, was auch ein Grund sein kann, dass Ihr Kind schon bald wieder aufwacht. Dieses starke Saugbedürfnis sollten Sie befriedigen: Geben Sie Ihrem Säugling einen Schnuller, und fahren Sie ihn kurz mit seinem Stubenwagen in den Schlaf. Sie müssen nicht mit Ihrem Baby durch die Wohnung wandern, es reicht, wenn Sie eine Armlänge mit seinem Stubenwagen hin und her fahren. Monotone Stimulation wirkt sehr beruhigend, und dadurch schläft Ihr Baby wieder ein. Dabei können Sie gut lesen oder entspannende Musik hören, z. B. Mozart, Vivaldi usw. Durch das Lesen und die Musik sind Sie auch etwas abgelenkt, eine Zeitschrift oder ein Buch können Sie sehr gut mit einer Hand halten (leider keine Tageszeitung, die auch zu sehr raschelt und beim Einschlafen stören würde).

Sie brauchen keine Angst zu haben, Ihr Baby könnte durch den Einsatz des Schnullers eine sogenannte Saugverwirrung bekommen. Der Saugreflex passt sich flexibel der Größe und Form der in den Mund genommenen Brustwarze oder des Saugers an. Auch ist nachgewiesen, dass ein Schnuller das Stillen nicht beeinträchtigt. Ich selbst habe noch nie bei einem Baby eine Saugverwirrung festgestellt! Dagegen habe ich mehrfach erlebt, dass eine Mutter sehr unterschiedliche Brustwarzen hatte, z.B. war eine Brustwarze groß und ihr Baby konnte daran sehr gut saugen, die andere war eine Hohlwarze und nicht greifbar. Nur mit Saughütchen war es möglich, dass ihr Baby daran trinken konnte. Doch das war kein Problem für das Neugeborene, es kam nie zu einer Saugverwirrung, trotz der sich ständig wechselnden Saugbedingungen.

Lassen Sie sich also nicht einreden, dass Ihr Baby eine Saugverwirrung bekommt, wenn es einen Schnuller benutzt, um sein Saugbedürfnis zu befriedigen. Säuglinge sind recht geschickt und lernen in sehr kurzer Zeit, mit unterschiedlichen Saugtechniken umzugehen, sei es bei unterschiedlichen Brustwarzen, einem Schnuller, einem Stillhütchen oder einem Milch- bzw. Teesauger.

Nach der 10-Uhr-Mahlzeit waschen Sie Ihr Baby und ziehen ihm frische Kleidung an. Wenn Sie Ihr Baby erst eine Stunde zuvor umziehen mussten, weil es sich vollgespuckt hatte oder Urin und Stuhl ausgelaufen waren, dann brauchen Sie ihm eine Stunde später natürlich keine frische Kleidung anzuziehen. Einmal täglich sollten Sie Ihrem Baby grundsätzlich frisch gewaschene Kleider anziehen. Danach kann der Säugling, wenn er gewickelt und satt ist und nicht gleich wieder einschlafen möchte, mit zum Frühstück oder zu einer anderen häuslichen Aktivität, die gerade ansteht.

Je nach Zeit und Grad der Müdigkeit können Sie Ihrem Baby mit einer **Streichelmassage** den Tagesstart versüßen. Für die Massage ist eine weiche Babyhaarbürste besonders gut geeignet. Streichen Sie sanft über den Rücken, Beine, Bauch und Füße und natürlich über den Kopf Ihres Babys, wenn es nackt – am besten unter der Wärmelampe – auf der Wickelkommode liegt. Streichen Sie aber immer in eine Richtung, dies wirkt beruhigend, wenn Sie die Bürste hin und her bewegen, macht das das Baby aktiv, vielleicht sogar unruhig. Eine Streichelmassage wird Ihr Baby genießen und sich dabei entspannen, eventuell sogar einschlafen. Wenn es eingeschlafen ist, sollten Sie es nicht wecken, um es anzuziehen, sondern vorsichtig eine Windel unterlegen, diese nur leicht schließen und es dann in eine Decke gewickelt in sein Bett/ Stubenwagen legen.

Wenn Sie die Erfahrung gemacht haben, dass Ihr Baby bei der Streichelmassage gern einschläft, sollten Sie ihm vorher eine Windel anlegen, gerade bei Jungen reicht es meist nicht aus, nur etwas unterzulegen, da es »in alle Richtungen« gehen kann.

Eine solche Massage ist auch am Abend, wenn Ihr Baby unruhig ist, vielleicht sogar weint, sinnvoll, da sie sehr beruhigend und entspannend wirkt. Mit der Streichelmassage kann auch der Vater sein Baby beruhigen, und durch dieses Erlebnis von Anfang an die Bindung und Zuneigung zu seinem Kind festigen. Eine solche Massage kann zum allabendlichen Ritual werden, mit dem Ihr Baby schon recht früh lernt, Tag und Nacht zu unterscheiden.

Dritte Mahlzeit: 14 Uhr

Vor der dritten Mahlzeit können Sie mit Ihrem Baby die täglichen Einkäufe, ob auf dem Markt oder im Supermarkt, mit dem Kinderwagen erledigen. Bevor Sie Ihr Baby fertig anziehen und in den Kinderwagen legen, egal für welche Unternehmung: Legen Sie sich alles, auch die Sachen für Ihr Baby, in einer gepackten Wickeltasche oder einem Rucksack griffbereit an die Wohnungstür. Erst nachdem Sie sich selbst komplett angezogen haben, inklusive Ihrer Schuhe, sollten Sie Ihr Baby fertig anziehen und in den Kinderwagen legen. Sonst ist Ihr Baby schon nass geschwitzt und schreit, bevor Sie Ihr Zuhause verlassen haben, weil ihm viel zu warm ist. Womöglich vergessen Sie dann durch das Geschrei noch wichtige Dinge, wie Ihren Geldbeutel oder Ihre Haustürschlüssel, was bei der Rückkehr zu noch mehr Stress führt, dann nämlich, wenn Ihr Baby Hunger hat oder dringend eine frische Windel benötigt.

Packen Sie eine Wickeltasche oder einen Rucksack mit allem, was Sie zum Wickeln für Ihr Baby brauchen, plus mindestens einmal eine komplette Ersatzkleidung. Bei nicht gestillten Kindern auch immer eine Flasche mit Milchpulver und zwei kleine Thermoskannen mit heißem und kaltem abgekochtem Wasser zum Zubereiten einer Mahlzeit einpacken. Auch ein Händedesinfektionsmittel sollten Sie mitnehmen, denn unterwegs hat man meist keine Gelegenheit, sich die Hände zu waschen, z. B. am Spielplatz, im Supermarkt, in öffentlichen Verkehrsmitteln usw. Das hat nichts mit einer übertriebenen Hygiene zu tun: Neugeborene und kleine Säuglinge sind in den ersten Monaten noch sehr empfindlich. Immunabwehrstoffe bilden sie erst, wenn sie robben und krabbeln. Auch an eine kleine Flasche mit Wasser für sich selbst sollten Sie denken sowie an etwas Traubenzucker und – wenn Geschwister vorhanden sind – auch an eine Kleinigkeit zu essen und zu trinken sowie ein Buch oder Spielzeug für diese.

Wenn Sie größere Kinder haben, können Sie diese zu Fuß mit dem Kinderwagen vom Kindergarten, von der Schule oder vom Hort abholen. Sie und Ihr Baby sind an der frischen Luft, und Sie können durch schnelles Gehen etwas für Ihre Fitness tun. Außerdem kann das Geschwisterkind auch stolz den Familiennachwuchs seinen Freunden vorstellen. Verzichten Sie deshalb bei solchen Ausflügen auf das Tragetuch, sondern benutzen Sie den Kinderwagen, weil sonst das Geschwisterkind seinen Freunden das Baby nicht richtig zeigen kann. Auf dem Rückweg kann das Geschwisterkind den Wagen schieben oder – je nach Alter – auf dem Kittyboard stehen. Wenn Ihr Baby während des Fahrens gut eingeschlafen ist, können Sie sich zu Hause erst einmal um das Geschwisterkind kümmern, z. B. mit ihm gemeinsam Mittagessen, Hausaufgaben machen oder spielen.

Mit dem Auto solche Ausflüge zu erledigen, ist zum einen ungesünder, meistens aber auch umständlicher, weil Ihr Baby immer vom Kindersitz in den Kinderwagen herein- und herausgenommen werden muss. Den Kinderwagen ins Auto zu heben, ist für Sie nach der Geburt ein kleiner Kraftakt. Besonders nach einem Kaiserschnitt sollten Sie schweres Heben vermeiden. Für Ihr Neugeborenes bedeutet das ständige Umbetten dagegen viel Unruhe, auch wenn es das Autofahren eigentlich liebt und beim Fahren immer wieder einschläft, ist sein Schlaf doch häufig unterbrochen. Das schlafende Baby im Autositz auf ein Fahrgestell zu montieren, wäre für Sie zwar einfacher, ist aber in den ersten Wochen für das Neugeborene nicht empfehlenswert, weil es nicht zu lange in der sitzenden Haltung verweilen sollte.

Nehmen Sie sich in den ersten Monaten nicht zu viele Termine mit Ihrem Baby vor, wie Babymassagekurs, Babyschwimmkurs usw. Denn das setzt Sie zusätzlich unter Zeitdruck und dies spürt Ihr Kind, und vielleicht müssen Sie auch noch die Schlafphase Ihres Babys dafür unterbrechen. Für diese Kurse werden Sie später noch genügend Zeit haben, und Ihr Kind kann dann auch aktiver daran teilnehmen. Genießen Sie lieber die Stunden mit Ihrem Säugling, gehen Sie täglich längere Zeit mit ihm an die frische Luft, am besten schon von der ersten Woche an. Ein Spaziergang hilft auch Ihnen, den Schlafmangel und die dadurch bedingte latente Müdigkeit durch vermehrte Sauerstoffzufuhr und Licht auszugleichen. Das sollten Sie auch im Winter tun, wenn nicht gerade Minus zehn Grad herrschen oder es nebelig ist, Sie kommen so aus Ihrer häuslichen Umgebung und schöpfen wieder Kraft.

Der nötige Tagesschlaf
Auch am Tage braucht Ihr Baby ausreichend Schlaf, damit es nicht total überdreht. Es ist ein Irrglaube, dass wenn Babys am Tag häufig und lange wach sind, sie nachts besser schlafen. Eher das Gegenteil ist der Fall! Deshalb legen Sie bei den ersten Anzeichen von Müdigkeit Ihr Baby schlafen, bevor es vor Übermüdung schreit. Das passiert von einer Minute auf die andere – eben hat es noch gelächelt, jetzt schreit es, ist übermüdet und findet nur schwer in den Schlaf. Sie können wenige Wochen alte Babys nicht wach halten! Die Wachphasen entwickeln sich mit dem Alter und der Reife Ihres Babys.

Die Nachmittagsstunden eignen sich auch zum Treffen mit Freunden in Straßencafés oder Parks oder um mit den Geschwisterkindern auf den Spielplatz gehen. Muten Sie Ihrem Baby in den ersten Wochen jedoch auch hier nicht zu viel zu. So sollten Sie in der ersten Zeit nicht überall stillen, solange Sie und Ihr Baby noch nicht sicher aufeinander eingespielt sind. Denn fremde Eindrücke stören das Neugeborene und lenken es zu sehr ab. Es trinkt dann nur einige Minuten, um seinen Durst zu stillen, oder es schreit und möchte nicht trinken, was für Sie Stress bedeutet und Sie womöglich zwingt, mit Ihrem schreienden Baby nach Hause zu müssen. Planen Sie lieber genügend Zeit für den Nachhauseweg ein.

Vierte Mahlzeit: 18 Uhr

Versuchen Sie sich vor der vierten Mahlzeit etwas Ruhe und Schlaf zu gönnen. Denn zum Abend hin werden viele Babys häufig unruhig, weil sie auch die Eindrücke des Tages verarbeiten müssen. Je mehr Stress und Unruhe Ihr Baby am Tag erlebt hat, je unausgeglichener ist es am Abend. Deshalb ist es wichtig, Zeitdruck und Hektik zu vermeiden. Nach der vierten Mahlzeit gegen 18 Uhr, wenn Ihr Kind nachmittags während Ihres Ausflugs gut geschlafen hat, sollten Sie Ihr Baby mit in die Küche nehmen. Während Sie das Abendessen vorbereiten oder die Geschwisterkinder versorgen, kann es auf einer Decke oder im Stubenwagen in Ihrer Nähe sein. Es sollte so viel wie möglich an Ihrem Alltagsleben von Anfang an teilnehmen, ohne dass es ständig nur umher getragen werden muss, solange es wach ist und keine Anzeichen von Müdigkeit zeigt.

Ist Ihr Baby abends unruhig und quengelig, können Sie es gut auf der Wickelkommode beruhigen, indem Sie es unter der Wärmelampe nackt strampeln lassen oder mit einer ganz weichen Babybürste seinen Rücken massieren. Sprechen Sie dabei mit ihm und singen oder summen Sie ein Lied. Es beruhigt Ihr Baby und fördert zugleich seine Entwicklung.

Fünfte Mahlzeit: 22 Uhr

Wenn das Baby schläft, können Sie den Abend für gemütliche Zweisamkeit nehmen, z.B. beim Dinner mit Kerzenlicht zu Hause, selbst wenn nur Spaghetti mit Tomatensoße auf der Speisekarte stehen. Denn in den ersten Wochen werden Sie nicht viel Zeit haben, um mehrgängige Menüs zu kochen. Wenn Ihr Baby am Abend wach ist, können Sie und Ihr Partner sich ganz dem Säugling und seinem Bedürfnis nach Nähe widmen, ohne dass sich mögliche Geschwisterkinder zurückgesetzt fühlen, da diese üblicherweise zu dieser Zeit schlafen. Gerade bei größeren Familien bleibt am Tage nicht allzu viel Zeit, das Baby ausgiebig genießen zu können.

Eine Mutter erzählte mir, dass sie bei ihrem erstgeborenen Kind jede Nacht ab zwei Uhr im Laufschritt mit dem Kinderwagen durch die Straßen ihres Heimatdorfes spazieren fahren musste, damit es nicht das ganze Haus zusammenschrie und ihr Ehemann schlafen konnte, der am nächsten Tag im Büro ausgeschlafen sein musste. Am Tag »hopste« sie ihren Kleinen auf einem Gymnastikball sitzend in den Schlaf und bei den eigenen Mahlzeiten übernahm sie diese Methode, damit sie überhaupt zum Essen kam. Sie hätten sich in ihrer Ehe nie so heftig gestritten wie in den ersten Wochen nach der Geburt. Bei einem nächtlichen Streit fing sie mit den Spaziergängen an, und diese Spaziergänge konnte sie ihrem Baby nur schwer wieder abgewöhnen. Es war fast acht Monate alt, als der nächtliche Spuk endlich ein Ende fand. Bei ihrem zweiten Kind haben wir gemeinsam einen Rhythmus für die ganze Familie erarbeitet. Dabei wurde ihr bewusst, wie wenig sie ihr erstes Kind durch den Dauerstress und ohne Erholungsphasen für sich selbst und ihren Mann genießen konnte.

Ich lege das Baby ganz bewusst wach ins Bett oder in den Stubenwagen, damit es auch die Möglichkeit hat, selbständig und bewusst in seinem Bett/Stubenwagen einzuschlafen. Wenn ein Baby schwer in den Schlaf findet, fahre ich es in einem monotonen Rhythmus in den Schlaf.

Babys, die wach in ihr Bett gebracht werden, haben längere Schlafphasen und schlafen auch früher nachts durch. Auch Säuglinge haben schon die sogenannten Sekundenwachphasen, in denen sie kurz die Augen öffnen, aber nicht richtig wach werden. In den wenigen Sekunden registriert das Baby aber, wo es ist. Ist es in vertrauter Umgebung, wie beim Einschlafen, schläft es sofort weiter. Die meisten Babys dagegen, die schlafend in ihr Bett gelegt wurden, merken sehr schnell, dass sie nicht mehr am Busen sind oder auf dem Arm an der Flasche saugen und wachen wieder auf. Deshalb ist es besser, dass Sie Ihr Baby früh daran gewöhnen, in seinem eigenen Bett einzuschlafen. Ein Durchschlafen muss mit viel Geduld und liebevoller Konsequenz erarbeitet werden. Wichtig ist ein Einschlafzeremoniell, so dass das Zubettbringen immer in der gleichen Reihenfolge und zur gleichen Uhrzeit stattfindet. Damit führen Sie Ihr Kind zum zufriedenen und entspannten Einschlafen hin, es erkennt die Schlafenszeit. Wird es immer zu anderen Zeiten ohne Rituale/Zeremoniell in sein Bett gelegt, weiß es nicht, dass es Schlafenszeit ist und lernt dadurch auch keine geregelten Schlafenszeiten.

Für Ihr Kind sollen sein Bett und das Zubettbringen immer etwas Positives sein, verbunden mit den gleichbleibenden angenehmen Geräuschen, Gerüchen und liebgewonnenen Gegenständen. Ein bestimmtes Kuscheltuch oder Schmusetier, eine Spieluhr mit einer bestimmten Melodie oder den Schnuller sollte es nur zum Einschlafen im Bett geben. Neugeborene verlieren den Schnuller anfangs leicht, bei jeder Saugpause fällt er aus dem Mund. Um dies zu verhindern, ziehen Sie durch den Schnullerring ein dünnes Mulltuch, das den Schnuller hält, wenn Ihr Baby eine kurze Pause beim Saugen macht. Wenn Sie ein solches Zubett-geh-Ritual einführen, dann wird sich auch später das ältere Baby und Kleinkind auf sein Bett freuen und gerne ins Bett gehen.

Mit einer solchen Methode beugen Sie auch vor, dass Ihr Baby ein sogenanntes Schreibaby (siehe Seite 200) wird. Denn nichts anderes lernen Schreibabys in Kliniken und Schreiambulanzen als Rhythmus und Tagesstruktur, um Zufriedenheit und innere Gelassenheit, Halt, Sicherheit und Orientierung zu finden.

Träumen Babys?

Babys träumen sogar schon im Mutterleib. Forscher der Universität Jena haben herausgefunden, dass Föten etwa ab dem siebten Monat Träume haben. Diese strukturierte und koordinierte Hirnaktivität haben die Forscher bereits lange, bevor man bei den Föten die für Traumphasen typischen Augenbewegungen beobachten kann, nachweisen können. Schlaf entsteht nicht aus dem ruhenden Gehirn. Schlaf und Schlafphasen entwickeln sich in aktiv regulierten Prozessen.

Sie können erkennen, dass Ihr Baby träumt, wenn sich seine Augen im geschlossenen Zustand bewegen. In der Traumschlafphase schenkt Ihnen Ihr Baby das sogenannte Engelslächeln, auch Freisseln genannt. Ihr Baby braucht auch regelmäßig eine längere Schlafphase, um in einen erholsamen Tiefschlaf zu kommen. Denn bis zum dritten Monat fallen Babys erst in den leichteren Traumschlaf, wenn sie einschlafen. Deshalb sollten Sie Ihr Baby auch in seinem

Bett oder Stubenwagen einschlafen lassen, denn wenn Sie es von Ihrem Arm in sein Bett legen, wacht es dadurch sehr leicht auf und reagiert auf die veränderte Situation mit Protestgeschrei.

In der Tiefschlafphase ist Ihr Baby völlig entspannt, es atmet ruhig und kaum sichtbar. Sein Gesicht ist dabei nicht immer rosig, manche Babys sehen sehr blass wie Porzellan-Püppchen aus. Im Schlaf schaltet der Organismus seine Aktivität stark herunter, deshalb sollten Sie nicht gleich in Panik geraten, wenn Sie meinen, Ihr Kind sei bleich und atme nicht mehr. Reißen Sie es deshalb nicht gleich aus dem Bettchen, denn damit erschrecken Sie Ihren Säugling, und das ist nicht gut für die Entwicklung seines Urvertrauens. Dieses Urvertrauen geben Sie Ihrem Baby nur mit ausgeglichener, liebevoller behutsamer Zuwendung. Ich kann gut nachempfinden, wenn Sie ins Körbchen schauen und sich erschrecken, weil keine Atembewegungen im Tiefschlaf Ihres Babys zu sehen sind und Ihr Baby dabei sehr blass ist, aber es gibt andere Möglichkeiten, seinen Vitalzustand zu kontrollieren.

Wenn Sie die Atmung kontrollieren möchten, legen Sie vorsichtig Ihre flache Hand sanft und nicht fest auf den Brustkorb Ihres Babys. So spüren Sie die leichten Auf- und Ab-Bewegungen, die seine Atmung verursacht. Sie können Ihr Baby auch anpusten, dann wird es grimassieren. Oder Sie halten einen Spiegel vor Mund und Nase und dieser wird durch seinen Atem beschlagen. Die Atmung eines Säuglings ist schnell und oberflächlich. Neugeborene atmen 40-mal in der Minute, Frühgeborene sogar 40- bis 60-mal in der Minute. Zum Vergleich: Erwachsene atmen nur 16-mal in derselben Zeit.

Sechste Mahlzeit 2 Uhr:
Bei der Nachtmahlzeit soll nur der Hunger Ihres Babys gestillt werden. Sie sollten es deshalb nur bei schwacher Beleuchtung stillen oder ihm eine Flasche anbieten. Wenn nicht dringend erforderlich, sollte auch keine Windel gewechselt werden, damit das Neugeborene nicht zu wach wird.

Ich entwerfe Ihnen im Folgenden ein Beispiel für einen Rhythmus, auf den Sie im zweiten Monat mit Ihrem Baby hinarbeiten können. Natürlich können Sie den Ablauf an Ihre Zeiten angleichen. Er mag Ihnen auf den ersten Blick etwas monoton erscheinen, aber ich versichere Ihnen, er ist die Grundlage für einen ausgeglichenen und zufriedenen Säugling und einen strukturierten Alltag für die ganze Familie. Eine monotone Stimulation ist enorm wichtig für Ihr Baby. Dadurch kann es seine Umgebung besser wahrnehmen, Sinne entwickeln und Reize besser verarbeiten, und er gibt ihm – gerade durch Monotonie – enorme Sicherheit.

Mit sechs Wochen kann der reif geborene Säugling sechs Stunden schlafen, auf dieser Tatsache aufbauend, beginne ich mir einen Tag-und-Nacht-Rhythmus zu erarbeiten:

Wenn Ihr Baby Montagnacht um 2 Uhr aufwacht, geben Sie ihm einen Schnuller und versuchen es wieder in den Schlaf zu fahren, bis zur Mahlzeit um 2.30 Uhr.

Die 2. Mahlzeit um 6.30 Uhr

Die 3. Mahlzeit um 10.30 Uhr

Die 4. Mahlzeit um 14.30 Uhr

Die 5. Mahlzeit um 18.30 Uhr

Die 6. Mahlzeit um 22.30 Uhr

In der Nacht wieder um 2.30 Uhr

Dienstag, Mittwoch und Donnerstag genauso wie am Montag.

Freitagnacht geben Sie ihm um 3 Uhr seine Mahlzeit

Die 2. Mahlzeit um 7 Uhr

Die 3. Mahlzeit um 11 Uhr

Die 4. Mahlzeit um 15 Uhr

Die 5. Mahlzeit um 19 Uhr

Die 6. Mahlzeit um 23 Uhr

Samstag, Sonntag und Montag genauso wie am Freitag.

Dienstagnacht geben Sie ihm um 3.30 Uhr seine Mahlzeit.

Die 2. Mahlzeit um 7.30 Uhr

Die 3. Mahlzeit um 11.30 Uhr

Die 4. Mahlzeit um 15.30 Uhr

Die 5. Mahlzeit um 19.30 Uhr

Die 6. Mahlzeit um 23.30 Uhr

Mittwoch, Donnerstag und Freitag genauso wie am Dienstag.

Samstagnacht geben Sie ihm um 4 Uhr seine Mahlzeit.

Die 2. Mahlzeit um 8 Uhr

Die 3. Mahlzeit um 12 Uhr

Die 4. Mahlzeit um 16 Uhr

Die 5. Mahlzeit um 20 Uhr

Die 6. Mahlzeit um 24 Uhr

Sonntag, Montag und Dienstag genauso wie am Samstag.

Mittwochnacht geben Sie ihm um 4.30 Uhr seine Mahlzeit.

Die 2. Mahlzeit um 8.30 Uhr

Die 3. Mahlzeit um 12.30 Uhr

Die 4. Mahlzeit um 16.30 Uhr

Die 5. Mahlzeit um 20.30 Uhr

Die 6. Mahlzeit um 0.30 Uhr

Donnerstag, Freitag und Samstag genauso wie am Mittwoch.

Sonntag geben Sie ihm um 5 Uhr seine Mahlzeit.

Die 2. Mahlzeit um 9 Uhr

Die 3. Mahlzeit um 13 Uhr

Die 4. Mahlzeit um 17 Uhr

Die 5. Mahlzeit um 21 Uhr

Die 6. Mahlzeit um 1 Uhr

Montag, Dienstag und Mittwoch genauso wie am Sonntag.

Donnerstag geben Sie ihm um 5.30 Uhr seine Mahlzeit.

Die 2. Mahlzeit um 9.30 Uhr

Die 3. Mahlzeit um 13.30 Uhr

Die 4. Mahlzeit um 17.30 Uhr

Die 5. Mahlzeit um 21.30 Uhr

Die 6. Mahlzeit um 1.30 Uhr

Freitag, Samstag und Sonntag genauso wie am Donnerstag.

Montag geben Sie ihm um 6 Uhr seine Mahlzeit.

Die 2. Mahlzeit um 10.30 Uhr

Die 3. Mahlzeit um 14 Uhr

Die 4. Mahlzeit um 18 Uhr

Die 5. Mahlzeit um 22 Uhr
Dienstag, Mittwoch und Donnerstag genauso wie am Montag.
Freitag geben Sie ihm um 22 Uhr seine letzte Mahlzeit am Abend, dann erst wieder am Samstag um 6 Uhr seine erste Mahlzeit
Die 2. Mahlzeit um 10 Uhr
Die 3. Mahlzeit um 14 Uhr
Die 4. Mahlzeit um 18 Uhr
Die 5. Mahlzeit um 22 Uhr
Am nächsten Tag die erste Mahlzeit wieder um 6 Uhr. Diesen Rhythmus können Sie im dritten Monat erweitern. Denn mit drei Monaten kann ein reif geborener Säugling auch schon acht Stunden schlafen.

Die U 3
Zu Beginn des zweiten Monats sollten Sie sich um einen Termin beim Kinderarzt kümmern, denn zwischen der vierten und sechsten Lebenswoche wird die U 3 durchgeführt.
Grundsätzlich wird bei dieser Untersuchung geschaut, ob sich der Säugling altersgemäß entwickelt. Zuerst wird das Baby gemessen, hinsichtlich Körperlänge und Kopfumfang, und es wird das Körpergewicht ermittelt. Wachstumsverlauf und Gewichtszunahme werden überprüft und ins Gelbe Vorsorgeheft eingetragen. Es werden die Organe abgetastet, Herz und Lunge werden abgehört und die Hüfte kontrolliert. Die Reflexe werden geprüft und ob das Baby gut sehen und hören

kann. Zum allgemeinen Entwicklungsstand wird der Arzt Ihnen einige Fragen stellen: Wie oft und wie viel und was isst Ihr Baby? Wie sieht sein Stuhlgang aus und welche Konsistenz hat er? Wie oft schreit Ihr Baby? Ist es schreckhaft? Wie stark ist seine Muskulatur, kann es schon den Kopf etwas anheben? usw.

Bei der U 3 bekommt Ihr Baby auch die dritte und letzte Dosis → **Vitamin-K-Gabe** in den Mund geträufelt. Vitamin K, das der Blutgerinnung dient, wird normalerweise im Darm gebildet, bei Neugeborenen ist der Darm noch zu unreif.

Ab der sechsten bzw. der achten vollendeten Lebenswoche können Sie Ihr Baby gegen den → **Rotavirus** impfen lassen. Besprechen Sie diese Impfung mit Ihrem Kinderarzt, auch im Hinblick auf mögliche Nebenwirkungen und Verträglichkeiten. Es handelt sich um eine Schluckimpfung/orale Gabe. Je nach Präparat sind zwei bis drei Impfdosen erforderlich im Abstand von mindestens vier Wochen. Diese Impfung muss bis zur 26. Woche abgeschlossen sein. Sie kann mit den übrigen Impfungen zeitgleich appliziert werden. Die Impfung schützt vor Magen-Darm-Infekten, die durch Rotavieren ausgelöst werden, und wird nicht von allen Krankenkassen erstattet.

Mein Tipp: Schreiben Sie sich alle Fragen, die Sie zu Ihrem Baby haben, zu Hause vor dem Arztbesuch auf, damit Sie nichts Wichtiges in der oft kurzen Sprechstundenzeit vergessen. Besonders Auffälligkeiten, die nicht kontinuierlich auftreten und somit auch bei der Vorsorgeuntersuchung nicht sofort ins Auge fallen, sollten Sie erwähnen. Am besten Sie legen den Zettel ins Gelbe Vorsorgeheft Ihres Kindes, damit Sie ihn nicht vergessen, denn das Untersuchungsheft müssen Sie immer mit zum Kinderarzt nehmen.

Schreiphasen, Schreikinder – was können Sie tun?

Laut Statistik ist jeder siebte Säugling ein Schreibaby. Wissenschaftler gehen davon aus, dass Anpassungsschwierigkeiten des Babys hinter dem ständigen Schreien stecken. Vielleicht war die Schwangerschaft schwierig oder der Geburtsverlauf, z. B. bei einer Sturzgeburt oder einer Zangen-Saugglockengeburt, zu strapaziös. Oder es war ein Kaiserschnittbaby, das einfach zu früh und ganz unvorbereitet, ohne dass schon die Senkwehen eingesetzt hatten, aus seiner »Höhle« geholt wurde. Auch psychische Gründe werden aufgeführt: vielleicht ist die Schwangerschaft ungewollt gewesen, die Eltern (auch unbewusst) enttäuscht über das Geschlecht des Babys, die Mutter angespannt oder gestresst. All das kann eine Rolle spielen, warum ein Baby scheinbar endlos schreit. Spannungen, Streitereien unter den Eltern, Unsicherheit und Ängste, Ungeduld und Zeitmangel können ebenso dazu beitragen. Das Neugeborene spürt das alles und kann nur durch Schreien signalisieren, dass es sich unwohl fühlt in seinem Dasein. Fachleute definieren Schreibabys wie folgt: »Ein exzessiv schreiender, ansonsten gesunder, wohlgenährter Säugling mit Anfällen von Quengeln, Gereiztheit oder Schreien von mehr als drei Stunden am Tag und drei Tagen in der Woche seit mehr als drei Wochen.« Die Dreimonatskoliken, auf die das Schreien oftmals zurückgeführt wird, sind nicht der Grund, das ist von Fachleuten festgestellt worden. Die von ihnen untersuchten Schreibabys hatten keinen harten prallen Bauch, in dem sich Luft und Verdauungsgase gebildet haben konnten.

Wenn das Baby übermäßig viel schreit, bedeutet dies für die Eltern extremen Stress. Sie versuchen alles, um Ihr Baby zu beruhigen, z. B. durch permanentes Stillen ohne Hunger oder rasch wechselnde Aktivitäten – meist hektische und hilflose Aktionen, die in der Regel für das Baby noch mehr Unruhe bedeuten und das Schreien noch verstärken.

Eltern können die Signale ihres Babys in einer solch angespannten Situation meistens nicht mehr richtig deuten. Aus dieser Überforderung heraus entwickelt sich leicht Aggression der Eltern ihrem Baby gegenüber. Das exzessive Schreien wird zur extremen Belastung für die Eltern, und eine sich daraus ergebende Situation kann für den Säugling lebensbedrohlich werden, z. B. wenn der Säugling geschüttelt wird und dadurch Hirnblutungen, die nicht gleich erkennbar sind, ausgelöst werden. Schreibabys sind übrigens kein soziales Problem – sie kommen in allen sozialen Schichten vor.

Wie können Sie ein Schreibaby beruhigen?
- Fragen Sie sich, woran das Schreien liegen kann. Liegt es an einer hektischen, unruhigen Umgebung? Sind Sie

selbst im Stress und dadurch sehr ungeduldig und stehen ständig unter Druck? War Ihr Kind nicht willkommen, und haben Sie ein schlechtes Gewissen deswegen?

- Überlegen Sie auch, ob Ihr Baby an einer → **Laktoseun- verträglichkeit** leiden oder eine schmerzhafte Mittelohr- entzündung haben könnte. Wenn es Indizien dazu gibt, lassen Sie dies vom Kinderarzt abklären.
- Reduzieren Sie die Reize, die auf Ihr Baby einströmen, gerade Schreibabys brauchen genügend Zeit und Ruhe, um Eindrücke, neue Gesichter und Stimmen zu verarbei- ten und zu speichern.
- Sorgen Sie dafür, dass Ihr Baby genügend Schlaf be- kommt, auch tagsüber. Wenn Ihr Baby nicht genügend Schlaf bekommt, ist es überfordert, das Erlebte, Gesehe- ne und Gehörte zu verarbeiten. Es wird nachts deshalb nicht besser, sondern eher schlechter schlafen, wenn es am Tage nicht genügend Schlaf bekommt.
- Wenn möglich, sollten Sie sich Hilfe holen, damit Sie sich einmal ohne Ihr Baby eine kurze Auszeit nehmen kön- nen, auch um wieder Energie zu tanken und aufgestau- te Wut abreagieren zu können, um anschließend mehr Ruhe, Geduld und Kraft für Ihr Baby zu haben.
- Wenn Sie durch das Schreien in Rage geraten, ist es bes- ser, Sie lassen Ihr Baby schreien und verlassen das Zim- mer und gehen erst wieder zu Ihrem Baby, wenn Sie sich beruhigt haben.
- Wenn Sie das Gefühl haben, Sie können das Gebrüll nicht mehr ertragen und werden damit nicht mehr fertig, su- chen Sie sich professionelle Hilfe bei den Schreiambulan- zen und -kliniken.

Was besonders Ihr Baby beruhigt

- Halten Sie Ihr Baby Wange an Wange. Wippen Sie dabei leicht hin und her und säuseln sanft »sch-sch-sch«. Der Hautkontakt zusammen mit der leichten Bewegung beruhigen Ihren Säugling, vermitteln ihm das Gefühl des Angenommenseins, der Geborgenheit und das Geräusch von »sch-sch-sch« ist ähnlich monoton wie die Geräusche, die das Baby im Bauch der Mutter gehört hat.
- Nehmen Sie Ihr Baby auf den Arm, so als wollten Sie es füttern, eventuell geben Sie ihm einen Schnuller. Wippen Sie im Stehen von einem Fuß auf den anderen Fuß und klopfen sanft und rhythmisch auf seinen Po.
- Setzen Sie sich bequem auf einen Sessel oder Stuhl und stellen Sie Ihre Füße auf eine Fußbank, legen Sie Ihr Baby auf Ihre leicht geöffneten Oberschenkel. Der Kopf und der Bauch liegen quer auf Ihren Oberschenkeln, die Beine können ruhig runter hängen. Eine Hand legen Sie auf den Rücken, der Kopf Ihres Babys liegt seitlich so, dass Sie das Gesicht sehen. Nun machen Sie sanfte rhythmische Steppbewegungen. Dadurch bekommt Ihr Baby eine leichte Bauchmassage, die ist hilfreich, um Ihr Baby von der angesammelten Luft in Bauch- und Darmbereich schneller zu befreien. Auch in der Fliegergriffhaltung (siehe Abbildung S. 204) lässt sich Ihr Baby gut beruhigen.

In der Fliegergriffhaltung lässt sich Ihr Baby gut beruhigen.
Durch die leichte Bauchmassage kann im Bauchbereich ange-
sammelte Luft entweichen.

Besonders wichtig ist es, dass Sie sich bewusst machen, dass
es ganz natürlich ist, dass das Baby einmal schreit. Sie sollten dabei auch nicht immer gleich denken, dass es Koliken,
Schmerzen oder Hunger hat. Ihr Baby schreit auch aus Langeweile, weil es Ansprache und oder Körperkontakt haben
möchte oder es sich mit dem Schnuller in den Schlaf nuckeln will.

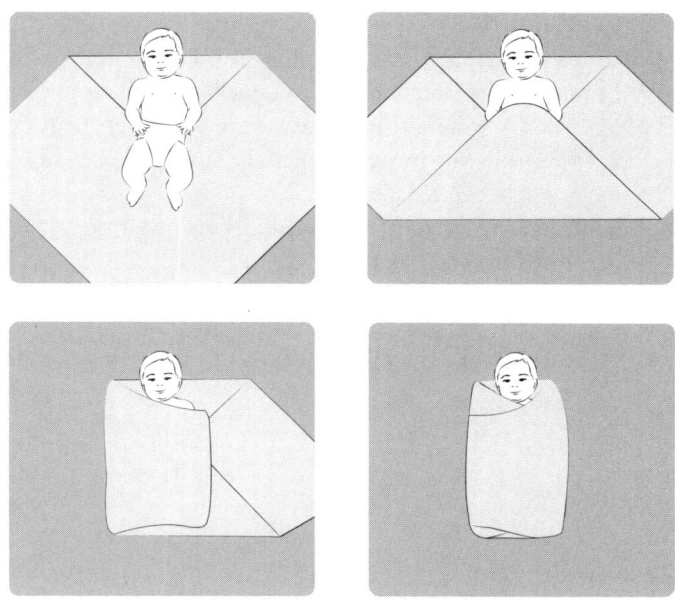

Die Enge und Geborgenheit, die durch das Pucken entsteht, gibt Ihrem Kind Halt und Sicherheit und hilft ihm zur Ruhe zu kommen und einzuschlafen.

Das Pucken

Das Pucken geht auf eine uralte Wickelmethode zu-rück, die in verschiedenen Kulturen angewendet wur-de und die unruhigen Babys beim Einschlafen hilft. Die Enge, die durch das Pucken entsteht, genießt das Neugeborene, sie bietet ihm Halt und erinnert es an die Geborgenheit im Bauch der Mutter.

So wird's gemacht:
- Legen Sie Ihr Baby auf eine viereckige Decke oder ein Tuch – je nach Jahreszeit, sein Köpfchen liegt auf dem oberen umgeschlagenen Zipfel, die Arme liegen dicht am Körper.
- Schlagen Sie zuerst die gegenüberliegende Ecke an den Füßen zum Bauch hin.
- Dann schlagen Sie die rechte Seite fest um den Körper.
- Darauf wickeln Sie die linke Seite ebenfalls fest um den Babykörper.

Zurück in den Beruf

Nach acht Wochen endet der Mutterschutz, und immer mehr Frauen entscheiden sich, schnell an ihre Arbeitsstelle zurückzukehren, um den beruflichen Anschluss nicht zu verlieren. Bedeutete in den 1970er Jahren ein Kind fast zwangsläufig für die Frau einen Karriereknick, ist für eine Mutter von heute, wenn sie gut organisiert ist, eine erfolgreiche Fortsetzung ihres beruflichen Werdegangs mit einem jungen Säugling in der Regel möglich – auch wenn sie voll stillt. Dies kommt auch dem geänderten Rollenverständnis der Mütter entgegen, die sich nicht allein über Kind und Ehemann definieren möchten, sondern auch ihre persönlichen Bedürfnisse und beruflichen Wünsche berücksichtigt wissen möchten. Hilfreich sind hier auch die jungen

Väter, die zum großen Teil ihre Einstellung geändert haben und ihre Vaterrolle auch beim Wickeln, Flaschegeben und Ins-Bett-Bringen ganz selbstverständlich wahrnehmen.

Was vor 20 Jahren noch als sehr große Ausnahme angesehen wurde, ist nun immer häufiger anzutreffen. Immer mehr Väter teilen sich die Elternzeit mit ihren Frauen, um so die Möglichkeit zu haben, ihre Kinder von klein auf mitzuerleben. Trotz all dieser Fortschritte auf dem Gebiet der Gleichstellung und Arbeitsteilung in der Familie bleibt der Spagat, Beruf und Familie unter einen Hut zu bringen, in aller Regel doch noch mehrheitlich den Müttern vorbehalten.

Was ist eine gute Mutter?

Ist es die Mutter, die zu Hause bei ihrem Kind bleibt und zwei Jahre stillt? Ist es die Mutter, die ihrer beruflichen Tätigkeit nachgeht und ihr Kind in der Frühe in die Kinderkrippe oder zur Tagesmutter bringt, aber in ihrer Freizeit intensiv und viel Zeit mit ihrem Kind verbringt? Ist es die Mutter, die für ihr Kind eine fachlich ausgebildete Person beschäftigt (weil sie es sich leisten kann), während sie sich ihrer beruflichen Tätigkeit widmet. Oder ist es die Mutter, die nur halbtags arbeitet, um dann für ihr Kind da zu sein?

Ich glaube, keiner kann wirklich definieren, was eine gute Mutter ausmacht. Und eine perfekte Mutter gibt es schon gar nicht! Die Bedürfnisse jeden Kindes und jeder Mutter sind sehr individuell verschieden. Ist die Mutter zufrieden und ausgeglichen mit ihrer Arbeit, überträgt sich das auf ihr Kind, und es geht beiden gut. Oder die Mutter gibt ihre berufliche Tätigkeit für ihr Kind und ihre Familie auf und ist damit glücklich. Gibt die Mutter aber gezwungenermaßen ihren Beruf auf und ist dadurch unzufrieden, stärkt dies keine Mutter-Kind-Beziehung. Ganz im Gegenteil, es kann die Beziehung und den Umgang miteinander belasten.

Ich habe mit vielen Frauen und Müttern über die Mutterrolle diskutiert. Der Tenor war immer: »Die Gesellschaft erwartet von uns Müttern, dass wir einerseits perfekte Mütter sind, anderseits unseren Beruf hundertprozentig ausfüllen. Probleme darf es dabei nicht geben.« Aber erwartet das die Gesellschaft wirklich von Müttern? Oft resultiert der von Müttern empfundene Druck meiner Ansicht nach auch aus dem Wettbewerb unter den Frauen und an viel zu hohen Ansprüchen an sich selbst. Vor allem, wenn Frauen das Gefühl haben, ihren beruflichen Aufstieg für Kind und Familie geopfert zu haben, möchten sie »perfekte« Mütter sein.

Ob eine Mutter wieder in den Beruf zurück möchte und wann der richtige Zeitpunkt dazu ist, muss jede Frau für sich und ihr Kind letztendlich selbst entscheiden. Und es ist an der Zeit, dass sich die Frauen in ihren unterschiedlichen Lebensmodellen, ob nur Kind oder Kind und Job, respektieren und sich nicht gegenseitig Vorhaltungen machen oder in einen sinnlosen Wettbewerb treten.

Ich habe häufig erlebt, wie eine Mutter am Telefon die sogenannte beste Freundin anschwindelte, bei ihr klappe alles bestens, sie habe beispielsweise so viel Milch, sie könne Drillinge ernähren, was mehr als Wunschdenken war, denn wir kämpften um jeden Tropfen der kostbaren Muttermilch, damit der Säugling überhaupt satt wurde. Darauf angesprochen, warum sie nicht dazu stehen könne, dass sie zur Zeit noch nicht genügend Milch habe, sagte sie prompt, sie möchte nicht als Versagerin dastehen. Bei ihrer Freundin habe auch alles immer perfekt geklappt, es gab nie Probleme, dem möchte sie nicht nachstehen. Warum belügen sich sogar beste Freundinnen, wenn es um Mutterglück und Muttersein geht?

Vollstillen und Berufstätigkeit
Wenn Sie gut organisiert sind, ist eine schnelle Rückkehr in den Beruf auch wirklich gut machbar, selbst wenn Sie voll stillen. Legen Sie sich einen Vorrat an Muttermilch an. Sammeln Sie am besten in den letzten zwei Wochen, in denen Sie üblicherweise noch in Mutterschutz und zu Hause sind, Ihre Muttermilch und frieren Sie diese in kleinen Mengen ein. Wenn Ihr Baby einmal nur wenig trinkt, müssen Sie die restliche kostbare Muttermilch weggießen. Oder Sie verwenden sie fürs Babybad, dann können Sie die restliche Muttermilch auch bis zum nächsten Badetermin einfrieren. Vergessen Sie nicht, die Milchmenge und das Datum, wann Sie die Milch eingefroren haben, auf den Beutel zu schreiben.

Zum Abpumpen besorgen Sie sich aus der Apotheke oder über das Internet eine elektrische Tandemmilchpumpe mit Kühltasche, die auch mit Batterie und manuell betrieben oder an den Zigarettenanzünder angeschlossen werden kann. Eine solche Pumpe ist klein und handlich und unauffällig in einem schwarzen Rucksack oder einer Tasche verpackt. Vor allem ist diese Pumpe im Verhältnis zu vielen anderen Pumpen, was den Motor betrifft, sehr leise und leicht zu bedienen, und sie können beide Brüste zur gleichen Zeit abpumpen. Eine solche Pumpe können Sie sich auch in der Apotheke ausleihen. Je nach Stilldauer und Leihgebühr und vor allem, wenn Sie sich noch weitere Kinder wünschen, ist ein Kauf vielleicht doch die sinnvollere Lösung. Die gekaufte Pumpe können Sie auch später gut über das Internet wieder verkaufen. Das Pumpenset müssen Sie immer extra kaufen, auch bei der Leihpumpe aus der Apotheke. Denken Sie daran, dass Sie auf beruflichen Reisen die gebrauchten Pumpsets nicht sterilisieren können, meistens gibt es auch im Büro keine Möglichkeit zum Sterilisieren oder Auskochen. Deshalb sollten Sie gleich mehrere Pumpsets kaufen.

An Ihrer Arbeitsstelle sollten Sie die Milch wenn möglich in den Kühlschrank stellen. Oder sich einen kleinen Kühlschrank kaufen, den Sie im Auto an den Zigarettenanzünder anschließen können. So können Sie etwa zwei bis drei Mahlzeiten am Tage während Ihrer beruflichen Tätigkeit und der damit verbundenen Abwesenheit von zu Hause abpumpen, und Ihr Baby wird dennoch mit Ihrer Muttermilch ernährt. Die Milch, die Sie mitbringen, bekommt Ihr Baby am nächsten Tag. Und Ihr Milchfluss versiegt dadurch ganz sicher nicht, denn morgens und abends sowie an den Wochenenden trinkt Ihr Baby wieder direkt aus der Brust. Die Milch vom Freitag z. B. können Sie einfrieren und für Notfälle oder berufliche Reisen, die naturgemäß ohne Ihr Baby stattfinden, aufheben. Mit dieser Methode können Sie leicht ein halbes Jahr lang voll stillen.

»Was für mein Kind gut ist, kann für mich doch nicht schlecht sein?«, mit diesen Worten erzählte mir eine Mutter, dass sie ihre Milch, wenn sie beruflich unterwegs sei, nach dem Abpumpen selbst trinke. Sonst müsse sie sie wegschütten, da oft keine Möglichkeit bestehe, sie zu kühlen. Da sie in ihrem Beruf aber oft auch einige Tage unterwegs sei, müsse sie regelmäßig abpumpen, sonst versiege die Milch. Teilweise verließe sie sogar kurz eine wichtige Sitzung, um in den Sanitärräumen mit ihrer kleinen Handpumpe, die sie immer in der Handtasche bei sich trage, kleine Mengen abzupumpen. Das nehme das Spannungsgefühl etwas und verhindere einen Milchstau. Diese Milch trinke sie dann auch immer gleich selbst. Sie schmecke sehr süß und gebe ihr bestimmt neue Kraft. »So etwas kann man doch nicht in den Ausguss schütten«, erzählte sie mir lachend, weil ich sie doch etwas irritiert anschaute.

Wenn Sie Bedenken haben, aus Ihrer Brust könnte während einer Besprechung unbemerkt Milch auslaufen, benutzen Sie Stilleinlagen aus Silikon (Lili Pads) aus der Apotheke, diese haften fest auf der Brust und verhindern ein Auslaufen. Damit sind Sie sicher!
Um die Brustwarzen unterwegs zu pflegen, sind Multi-Mam-Kompressen perfekt, die Sie unauffällig in der Handtasche mitnehmen können, auch auf Flugreisen im Handgepäck. Es sind einzeln eingepackte Pflegetücher, die nicht als Flüssigkeit oder Creme mitgerechnet werden.

Flugreisen als stillende Mutter ohne Baby

Seit November 2006 muss die in Kraft getretene neue europäische Verordnung zur Mitnahme von Flüssigkeiten im Handgepäck beachtet werden. Zwar ist die Mitnahme von Flüssigkeiten zu Zwecken der Babynahrung ohne Begrenzung erlaubt, jedoch kommt es zu Schwierigkeiten, wenn man zwar mit Babynahrung und Muttermilch im Handgepäck reist, aber ohne ein Baby dabei zu haben.

Führen Sie die Milchpumpe als Handgepäck mit, müssen Sie sich darauf einstellen, dass Sie am Kontrollband alles auspacken und das Funktionieren der Pumpe sogar demonstrieren müssen, meist noch vor den Augen von Mitreisenden! Deshalb sollten Sie Ihre Milchpumpe mit Ihrem Hauptgepäck sicherheitshalber aufgeben. Abgepumpte Milch sollten Sie bei Ihrer Rückreise gut gekühlt und auslaufsicher verpackt mit Ihrem Gepäck ebenfalls aufgeben. Stellen Sie dazu Ihre mit Muttermilch gefüllten Milchflaschen/Pumpenfläschchen am besten in eine Metalldose und füllen die Dose mit Eiswürfeln oder Kühlakkus auf. Gut verschlossen ist das die beste Kühlung für einige Stunden. Im Handgepäck dürfen Sie maximal 5×100 ml mit sich führen, dann aber auch keine weiteren Flüssigkeiten wie z. B. Parfüm, Zahncreme usw. Bei der Kontrolle müssen Sie auch damit rechnen, dass Ihre Milchflaschen geöffnet werden und Sie diese Milch danach wahrscheinlich entsorgen müssen.

Zugreisen und Milchabpumpen

Bei längeren Zugreisen haben Sie zwar genügend Zeit zum Abpumpen, aber keinen geeigneten Raum, in den Sie sich zurückziehen können. Die Abteile sind selten leer und auch nicht abschließbar und besitzen auch keine Vorhänge mehr. In Großraumabteilen ist ein Abpumpen undenkbar, denn Milch abpumpen, ohne dass Sie Ihren Oberkörper freimachen, geht nun einmal nicht. Die Zugtoiletten gehören sicherlich nicht zu den hygienischsten Orten und können auch schlecht 20 bis 25 Minuten blockiert werden. Wenn Sie auf einer Zugreise dringend abpumpen müssen, fragen Sie den Zugbegleiter, ob es ein freies Abteil gibt, am besten am Ende des Zuges. Vielleicht überlässt der Schaffner Ihnen für diesen kurzen Zeitraum sein Abteil, das nicht einsehbar ist.

Auf allen Reisen sollten Sie immer eine kleine Flasche Sterillium (Händedesinfektionsmittel) dabeihaben, denn oftmals können Sie sich nur unter erschwerten Bedingungen oder gar nicht die Hände waschen. Reiben Sie sich deshalb, bevor Sie die Einzelteile Ihrer Milchpumpe zusammenbauen, die Hände mit dem Desinfektionsmittel ein. Das tötet die meisten Keime und Bakterien ab, von denen es auf Reisen in öffentlichen Verkehrsmitteln nicht gerade wenige gibt.

Bei **Reisen mit dem Auto** hingegen können Sie jederzeit rechts ranfahren und entweder per Handpumpe oder mit Batteriebetrieb oder Zigarettenanzünder in Ruhe abpumpen.

Mit dem Baby unterwegs

Ihr Baby schränkt Sie in Ihrer Bewegungsfreiheit nicht maßgeblich ein. Wenn Sie gut vorbereitet sind, können Sie auch schon sehr früh weite Reisen mit ihm in Angriff nehmen.

Im Flugzeug

Um bei Flugreisen einen ausreichenden Druckausgleich bei Start und Landung zu gewährleisten, sollten Sie Ihrem Baby jeweils eine halbe Stunde vor Start und Landung einige Tropfen Kochsalzlösung oder Nasentropfen/Nasenspray in beide Nasenlöcher geben. Durch das Saugen und Schlucken an der Flasche oder an einem Schnuller verschafft sich Ihr Baby bei Start und Landung einen Druckausgleich. Dies ist ganz wichtig, denn wenn Ihr Baby erst einmal starken Druckschmerz hat, wird es nicht mehr trinken oder saugen wollen und sich auch nur schwer beruhigen lassen.

Bei einer schon verstopften Nase und auch einem leichten → **Schnupfen** ist es sehr ratsam, einen Kinderarzt vor Antritt der Reise aufzusuchen, um abzuklären, ob das Kind noch fliegen darf. Denn schon eine verstopfte Nase bedeutet, dass die Nasenschleimhäute geschwollen sind und den Luftkanal zum Mittelohr versperren. Dies kann durch den fehlenden Druckausgleich zum Reißen des Trommelfells und zu erheblichen Schmerzen führen.

Sorgen Sie dafür, dass Sie ausreichend Ersatzkleidung mit ins Flugzeug nehmen. Auch halte ich es für wichtig, mehrere saubere/sterile Schnuller in die Kabine mitzunehmen. Für die Ernährung, falls Sie nicht stillen, nehmen Sie genügend abgekochtes heißes und kaltes Wasser in Thermoskannen (das im Flugzeug erhältliche heiße Wasser ist nur per Düse erhitzt, aber nicht abgekocht!) sowie Milchpulver in der Portionierdose und die benötigte Anzahl an Flaschen mit Zubehör mit. Bedenken Sie auch eventuelle Verspätungen, und nehmen Sie deshalb je nach errechneter Flugdauer/Reisezeit zwei bis drei Mahlzeiten mehr mit.

Wenn ich das Reiseziel vorher noch nicht kenne und nicht

weiß, was mich erwartet, halte ich auch die erste Mahlzeit am Reiseziel immer parat. Somit kann ich mich in aller Ruhe am Urlaubsort einrichten.

Verteilen Sie wichtige Dinge in unterschiedliche Koffer. Sollte einer Ihrer Koffer verlorengehen, haben Sie dann immer noch Ersatz, z. B. Säuglingsmilch usw. Denn Nahrungsumstellung und gleichzeitiger Ortswechsel ist für Ihr Baby eine zu große Umstellung.

Wenn ich mit einem Neugeborenen ins Flugzeug komme – gerade bei Atlantikflügen über Nacht –, treffe ich beim Eintreten in die Flugkabine mit dem Baby auf dem Arm auf sorgenvolle, bisweilen entsetzte Blicke der Mitreisenden. Sie gehen davon aus, dass sie mit einem Säugling in der Kabine nicht schlafen können, weil er die ganze Nacht über schreien würde. Häufig kommen diese Menschen dann am nächsten Morgen kurz vor der Landung zu mir und sind höchst überrascht, wie ruhig das Baby die ganze Nacht gewesen sei, manche bedanken sich sogar bei mir, weil sie zu wichtigen Sitzungen reisen und fit sein müssen. Oft werde ich gefragt, wie ich das schaffe. Sicherheit durch Rhythmus mit liebevoller, geduldiger Zuwendung, antworte ich dann immer.

Bei Langstreckenflügen achten Sie darauf, dass Sie das sogenannte Basket im Flugzeug bekommen. Dieses wird vor Ihrem Sitz befestigt, und Sie können dort Ihr Baby wickeln, und es kann dort auch schlafen. (Ihre eigene Tragetasche lässt sich nicht befestigen.) Zum Auskleiden des Baskets nehme ich immer ein kleines Liegelind, ein Moltontuch und eine Mullwindel sowie eine Decke mit in die Kabine. Achten Sie im Flugzeug auf Temperaturschwankungen. Ihr

Baby kann seine Körpertemperatur noch nicht gut regulieren, deshalb müssen Sie seine Kleidung der Klimaanlage anpassen. Manchmal zieht es auch im Flugzeug, wenn die Klimaanlage zu stark eingestellt ist, dann sollten Sie Ihrem Baby eine dünne Baumwollmütze aufsetzen, auch um die Ohren zu schützen.

Babytasche packen für die Flugkabine
- Händedesinfektionsmittel (z. B. Sterillium)
- je eine Thermoskanne mit abgekochtem heißem und kaltem Wasser
- gefüllter Portionierer mit Milchpulver (ein Beutel mit Milchpulver incl. Messlöffel in Reserve für Langstreckenflüge)
- 4–6 Flaschen, je nach Flugziel/Dauer, immer 1–2 Flaschen mehr als der errechnete Bedarf für Flug und Ankunft am Ziel
- 1 Teeflasche mit Wasser oder Tee gefüllt, griffbereit für Start und Landung, wenn das Kind keine Mahlzeit erhält (Druckausgleich)
- Einwegwindeln, die doppelte Tagesmenge ist empfehlenswert und einige Tüten für die schmutzigen Einwegwindeln
- feuchte Einmalwaschlappen in Plastikbeuteln
- feuchte Tücher (Pflegetücher)
- Happietücher oder Kosmetiktücher
- Pocreme
- 1 Moltontuch
- 1 Liegelind

- Mullwindel
- 2–3 Spucktücher
- 2 Garnituren Ersatzkleidung
- Beutel für schmutzige Bekleidung
- 1 dünne Baumwollmütze zum Schutz der Ohren
- eventuell einige Schnuller
- Kuscheltier oder und Kuscheltuch
- Nasen- und Ohrentropfen für Säuglinge
- Fieberthermometer und Fieberzäpfchen (z. B. Ben-u-ron75/125 mg je nach Alter und Körpergewicht)

Mit dem Auto

Auch bei kurzen Unternehmungen mit dem Auto sollten Sie immer eine Reservemahlzeit mitnehmen, auch wenn Sie nach Ihrer Zeiteinteilung nur eine Mahlzeit brauchen. Sie könnten in einen Stau geraten oder eine Autopanne haben. Auch kann es sein, dass Sie länger beim Arzt warten mussten als üblich oder Sie eine alte Freundin treffen und darüber die Zeit vergessen. In solchen Fällen sind Sie mit einer Reservemahlzeit immer auf der sicheren Seite und werden nicht nervös oder geraten in Stress.

Denken Sie im Sommer daran, dass es im Autokindersitz für Ihr Baby sehr heiß werden kann, und die Klimaanlage nicht immer sinnvoll ist. Bringen Sie deshalb einen Sonnenschutz an die Autofenster innen an, und wählen Sie möglichst einen hellen Bezug für den Autositz. Dunkle Bezüge erhitzen sich nach einiger Zeit in der Sonne, das kann sogar zu Verbrennungen auf der zarten Babyhaut führen.

Bei längeren Autofahrten sollten Sie immer Pausen einlegen, bei denen sich Ihr Baby frei bewegen und strecken kann.

Die Wickeltasche oder der Rucksack mit der Nahrung sollte immer bei Ihrem Baby sein. Falls Sie einmal in einen Stau geraten und Ihr Baby füttern müssen, sollten Sie nach Möglichkeit rechts ranfahren – auch wenn Sie nur Beifahrer sind. Bei Staus kommt es immer wieder zu Auffahrunfällen, und Ihr Kind ist, wenn Sie es stillen, auf Ihrem Arm nicht sicher. Wenn Ihr Kind aus der Flasche trinkt, können Sie es festgeschnallt im Sitz sitzen lassen. Auch stillende Mütter sollten auf Reisen mit dem Auto immer abgekochtes Wasser zum Trinken griffbereit für Ihr Baby haben.

Auf Reisen kann es sehr leicht zu Übermüdungen kommen. Hinzu kommen viele neue Eindrücke, eine fremde Umgebung mit eventuell verändertem Klima. All das lässt das Baby auf Reisen schwer zur Ruhe kommen. Deshalb sollten Sie den zu Hause erarbeiteten Rhythmus auch im Urlaub übernehmen.

In den ersten Tagen in der neuen Umgebung sollten Sie nicht zu viele Unternehmungen mit Ihrem Baby starten. Sie sollten Ihrem Baby etwas Zeit lassen, damit es sich erst einmal an die neue Umgebung gewöhnen kann.

**Grundausstattung Säuglingsapotheke
(Bei Flugreisen nicht ins Handgepäck)**
- Vitamin D
- Fieberthermometer
- Ben-u-ron-Zäpfchen

- Viburocol bei erhöhter Temperatur, Unruhe, schmerzlindernd
- Linola-Fettsalbe bei Kälte und sehr trockener Haut
- Augentropfen für Säuglinge
- Mittel gegen Insektenstiche
- Wunddesinfektionmittel für Kinder, z.B. Ypsilin, Octenisept-Spray
- Wund- und Brandsalbe
- Wund- und Heftpflaster
- Nasenspray oder Nasentropfen
- sterile Mullbinden, sterile Kompressen
- Wundschnellverbände
- Splitter-Pinzette
- Zeckenzange
- kleine Schere
- Sonnenschutzcreme oder Lotion ab Faktor 30 mit mineralischem Filter für Säuglinge

Der dritte Monat – Das Baby entdeckt seine Umgebung

Den dritten Monat finde ich immer besonders schön, denn dann setzt das bewusste Erkennen ein. Ihr Baby unterscheidet ihm bekannte von fremden Gesichtern, erkennt die Stimme seiner Mutter und seiner Bezugspersonen, dreht seinen Kopf in die Richtung, aus der es die ihm bekannte Stimme hört, lächelt einen bewusst an, zeigt Freude oder Traurigkeit und auch Missstimmung. Es kann mit Weinen auf fremde Personen und Umgebung reagieren. Auch mag es oft nicht, wenn es von Arm zu Arm an Fremde weitergereicht wird. Auch wenn Ihre Freunde gern Ihr Baby auf den Arm nehmen möchten, sollten Sie Ihrem Baby nicht zu viele fremde Personen/Reize zumuten. Ihr Baby schaut jetzt fasziniert sein Spiegelbild an, es liebt die Selbstbetrachtung.

In dieser Phase beginnt ein enormer Entwicklungsschub, die Bedürfnisse des Babys bestehen nicht mehr nur aus Hunger, Körperkontakt und Nähe, sondern es sucht Ansprache, Anregung und Bewegung. In der Bauchlage kann es seinen Kopf schon gut halten und sogar ein Spielzeug für kurze Zeit verfolgen. Er beginnt, selbständig nach einem Spielzeug zu greifen und steckt dieses in den Mund, wie alles über den Mund ertastet wird. In diesem Alter steckt Ihr Baby alles in den Mund, auch seine Finger oder die ganze Hand. Dies ist ganz normal und auch wichtig, denn es übt damit seine Koordination von Mund, Hand und Augen.

Ich habe eine Mutter erlebt, die nicht mitansehen konnte, wie ihr Baby seine Finger und auch die ganze Hand in den Mund steckte, weil sie es als extrem unhygienisch empfand. Sie versuchte immer, ihr Baby davon abzuhalten, zog ihm sogar Handschuhe an, weil sie die klebrigen Finger ihres Babys nicht ertragen konnte. Es brauchte einige Überzeugungsarbeit, bis sie das Verhalten ihres Kindes und die damit verbundene wichtige Entwicklungsphase schweren Herzens akzeptierte.

Wichtig ist auch weiterhin für Ihr Baby, feste Essens- und Schlafzeiten mit einer halben Stunde Puffer einzuhalten. Besonders die Schlafenszeiten sollten eingehalten werden, da der Säugling in diesem Alter schon sehr neugierig und aufnahmefähig und somit vielen Reizen ausgesetzt ist, die ihn auch leicht überfordern können. Wenn Sie Ihren strukturierten Tagesablauf einhalten, hat sich der Rhythmus im dritten Monat schon gut gefestigt, und Sie erleben, wie sich Ihr Baby zufrieden und ausgeglichen entwickelt. Zwischen den Mahlzeiten gibt es kein großes Geschrei mehr, sondern Ihr Baby beginnt vergnügt, mit seinen Händen zu spielen, schaut sie sich an und ballt sie zur Faust, sonst sind die Hände jetzt überwiegend offen. Es verfolgt mit seinen Augen das Treiben um sich herum und nimmt seine Umgebung und Bezugspersonen bewusst wahr. Es hat am Tage zwischen den Mahlzeiten immer längere Wachphasen, in denen es Ansprache und Beschäftigung braucht, zum Beispiel Vorsingen verbunden mit Fingerspielen, um seine Entwicklung zu fördern.

Sprechen und Singen Sie jetzt so viel wie möglich mit Ihrem Baby. Studien zeigen, dass je mehr Ansprache und neue Reize Ihr Baby bekommt, desto höher ist seine geistige und körperliche Entwicklung. Im dritten Monat beginne ich mit dem Baby auf dem Schoß, Bilderbücher anzuschauen und Reime oder kleine Gedichte vorzulesen. Auch kleine Reime in Verbindung mit Fingerspielen und singen liebt Ihr Baby jetzt.

Das Einschlafritual im dritten Monat

Ab dritten Monat sollte Ihr Baby nur noch fünf Mahlzeiten bekommen. Ihr Baby sollte seine letzte Mahlzeit am Abend um ca. 22 Uhr bekommen und mit Wickeln, Bäuerchen und kurzem Einschlafritual dann bis ca. 6 Uhr durchschlafen. Falls Ihr Baby sich nachts doch noch einmal meldet, sollten Sie ihm nur den Schnuller geben, eventuell mit Schnullertuch, damit der Schnuller nicht bei jeder Saugpause aus dem Mund fällt. Machen Sie kein Licht an und sprechen Sie nicht mit Ihrem Baby. Machen Sie nur *sch-sch-sch*, das beruhigt. Das Einschlafritual sollten Sie jetzt erweitern, indem Sie Ihrem Baby abends nach oder vor der Mahlzeit einen Schlafanzug anziehen. Mit Ihrem Baby auf dem Arm sollten Sie jeden Abend nach immer dem gleichen Ritual ohne Hektik das Zimmer für die Nacht vorbereiten, das heißt, Spielsachen aufräumen, Wäsche und Mülleimer aus dem Zimmer stellen, Gardinen zuziehen oder das Rollo herunterlassen. Das signalisiert Ihrem Baby, dass der Tag zu Ende ist. Wenn Sie das Zimmer für die Nacht vorbereitet haben, sollten Sie das Zimmer mit Ihrem Baby nicht mehr verlassen, es ist auch die Vorbereitung für Ihr Baby, schlafen zu gehen.

> Lieder und Fingerspiele, die Sie in Ihr Abend-Nacht-Ritual aufgenommen haben wie z.B. »Die Blümelein sie schlafen« oder »Der Mond ist aufgegangen«, »Weißt du, wie viel Sternlein stehen« usw. sollten Sie nie am Tage vorsingen. Denn auch sie zählen zum Einschlafritual, das auch schon sehr junge Babys lieben und das ihnen Sicherheit und Geborgenheit vermittelt.

Legen Sie Ihr Baby in sein Bett und beginnen mit einem Lied, Gebet oder einem Kinderreim, es sollte sich aber immer um die gleichen Texte handeln. Betonen Sie immer wieder, wie schön es ist, dass das Kuscheltuch, der Schnuller und das Schmusetier sich freuen und auf das Baby gewartet haben, um nun schlafen zu gehen. Sagen Sie gute Nacht, mit Küsschen oder Streicheln, und dass es nun schlafen kann. All das immer mit viel Zeit und in Ruhe ohne Hektik. Ihr Kind erkennt das Ritual und weiß, dass es Zeit zum Schlafen ist. Mit drei Monaten kann Ihr Baby schon acht Stunden in der Nacht schlafen. Erweitern Sie seinen Schlafrhythmus nach der gleichen Vorgehensweise am besten wieder halbstündlich wie im zweiten Monat (siehe Seite 195 f.).

Die Babygymnastik

In den Wachphasen können Sie auch die Babygymnastik zu festen Zeiten, wenn möglich entweder vor- oder nachmittags, einplanen. Auch diese regelmäßigen Gymnastikzeiten helfen Ihrem Baby, sich zu orientieren, und unterstützen positiv seine natürliche Entwicklung.

Sie sollten sich bewusst mit viel Zeit und Ruhe auf die spielerischen Übungen konzentrieren. Ihr Baby sollte gesund sein, sonst belasten die Übungen noch zusätzlich den Kreislauf Ihres Babys, und es sollte nicht zu müde sein. Auch sollten Sie nicht direkt nach den Mahlzeiten mit ihm turnen. Ihr Baby sollte die Übungen locker und entspannt mitmachen, führen Sie nie gegen den Willen Ihres Kindes mit Gewalt die Übungen durch.

Wichtig ist auch, dass das Zimmer schön warm ist, denn die Übungen sollen wenn möglich nackt durchgeführt werden.

Legen Sie Ihr Baby auf den Rücken auf einer angenehmen Höhe für Sie selbst vor sich auf eine Matte und los geht es:

Erste Übung: Sie reichen Ihrem Baby Ihre Daumen, die es mit seiner ganzen Hand umschließt. Mit den restlichen Fingern umklammern Sie den Unterarm oberhalb des Handgelenks. Nun beugen und strecken Sie die Arme langsam gleichzeitig und dann im Wechsel, aber nicht ziehen oder gegen den Widerstand Ihres Babys. Ich sage dazu auch immer einen kleinen Vers oder singe ein Lied. Diese Übung können Sie genauso mit den Beinen ausführen, indem Sie entweder das Fußgelenk oder den Unterschenkel in die Hand nehmen.

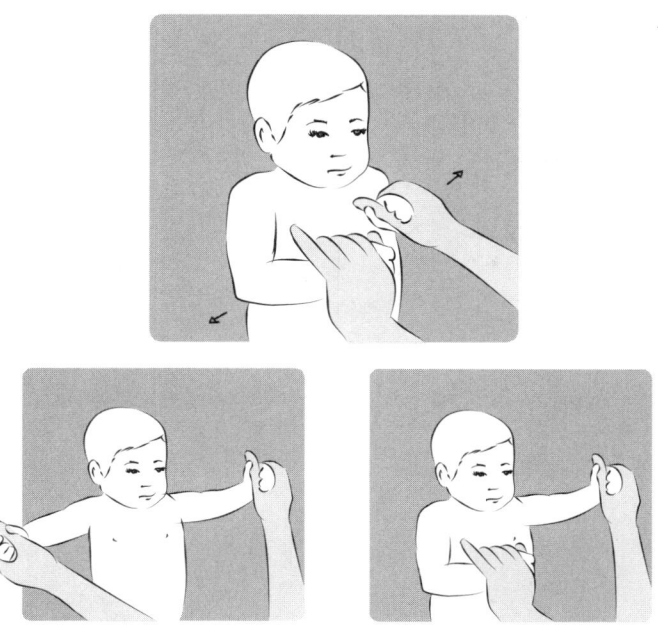

Erste Übung

Zweite Übung, gleicher Handgriff: Streichen Sie die Ärmchen zur Seite, um sie dann so weit wie möglich über der Brust zu kreuzen. Auch diese Übung mehrmals wiederholen, wobei Sie die Arme abwechselnd überkreuzen. Dabei liegt einmal der rechte Arm oben, einmal der linke Arm.

Dritte Übung mit den Beinen: Nehmen Sie die Fußgelenke oder Unterschenkel locker in Ihre Hände und überkreuzen Sie die Beine Ihres Babys über dem Unterkörper, um sie dann wieder lang auszustrecken. Auch diese Übung vier- bis fünfmal wiederholen.

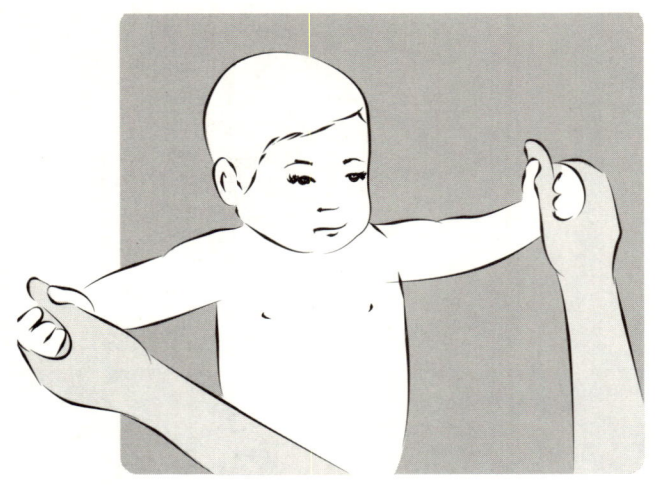

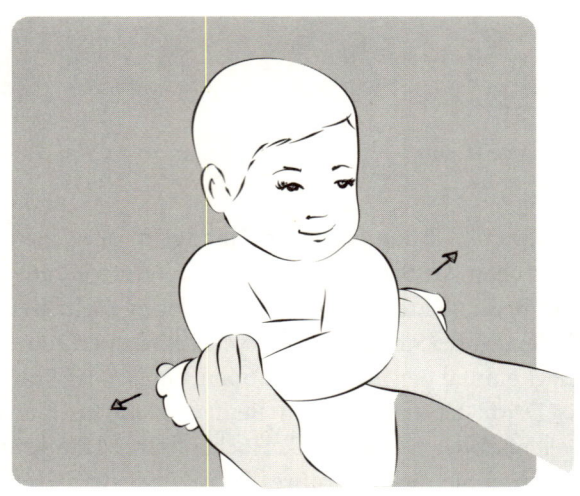

Zweite Übung

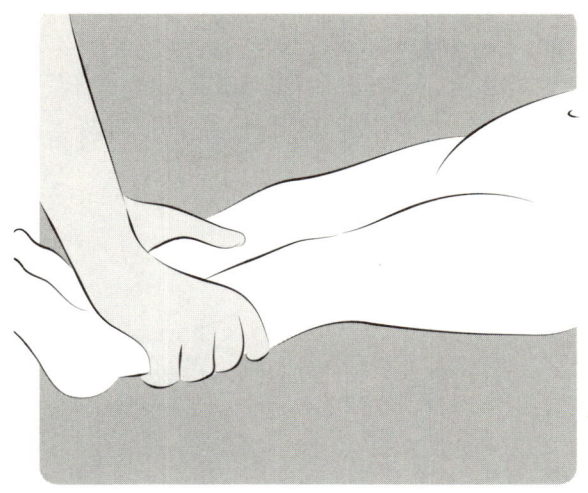

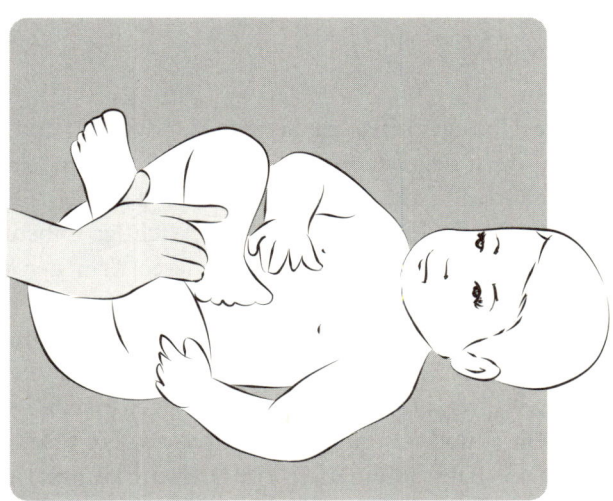

Dritte Übung

227

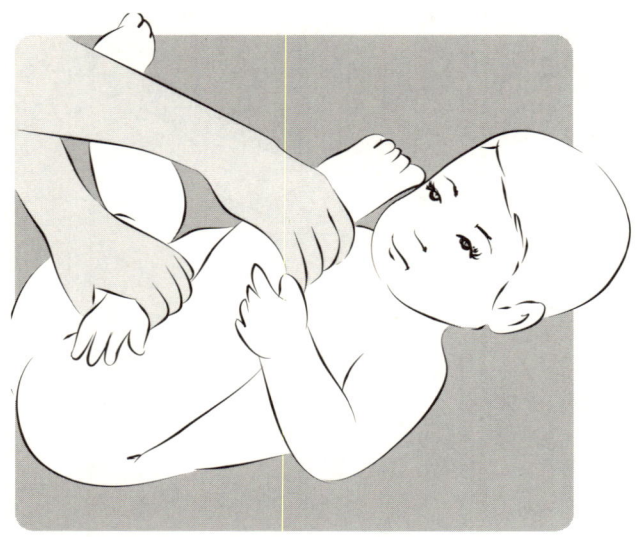

Vierte Übung

Vierte Übung: Umfassen Sie ein Handgelenk und das diagonal dazu liegende Fußgelenk Ihres Babys und überkreuzen Sie beide. Das Händchen berührt dabei den Oberschenkel, das Füßchen die Schulter. Wichtig: unbedingt diese Übung im Wechsel mit dem anderen Ärmchen und Füßchen wiederholen.

Fünfte Übung: Ihr Baby liegt in Rückenlage vor Ihnen: Mit der rechten Hand geben Sie der linken Hüfte Ihres Babys Halt, während Ihre linke Hand das angewinkelte rechte Bein umfasst und es so über das gestreckte Bein führt und dadurch Ihr Baby automatisch zur Drehung kommt. Auch diese Übung nach beiden Seiten ausführen und mehrmals wiederholen.

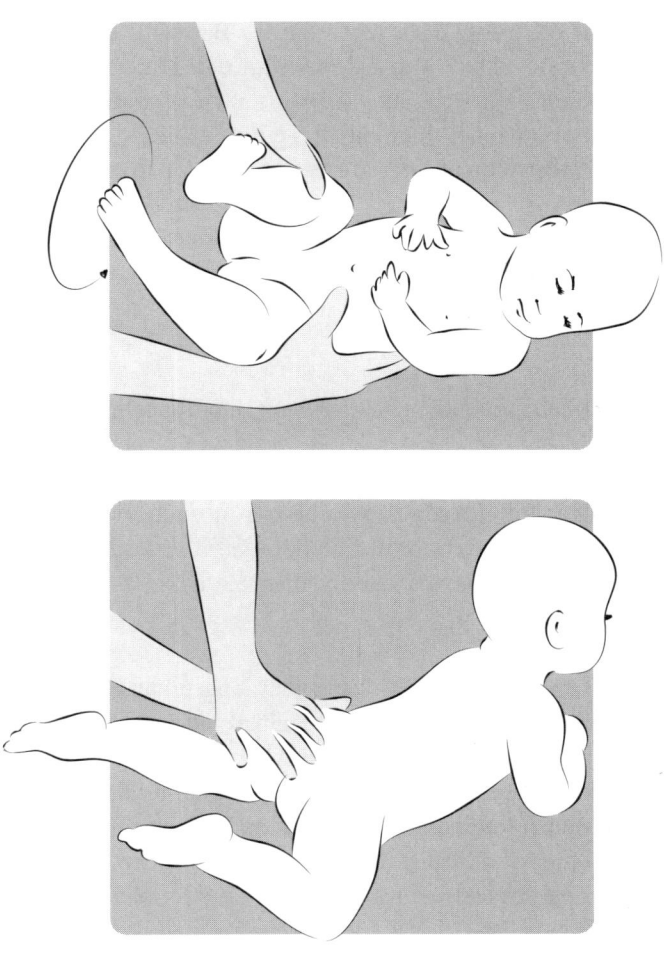

Fünfte Übung

Sechste Übung, dazu legen Sie Ihr Baby auf einen großen Gymnastikball und halten es an den Hüften gut fest:
Bewegen Sie Ihr Baby nun langsam nach vorn und wieder
zurück und wiederholen Sie dies einige Male.

Gleichgewichtsübung: Sie bewegen Ihr Baby nicht nur
langsam vor und zurück, sondern führen es im Kreis
herum, wobei Ihr Baby durch geschicktes Ausgleichen versucht sein Gleichgewicht zu halten.

Alltagsleben und Unternehmungen mit Ihrem Säugling

Mit drei Monaten können Sie, wenn Sie einen strukturierten Alltag mit Ihrem Baby leben, nun auch viele Unternehmungen starten, ohne Ihr Baby zu überfordern, seine
Schlafens- und Essenszeiten sollten Sie dabei aber weiterhin einhalten.

Ich war mit einem drei Monate alten Jungen auf Wunsch des
Vaters sogar in einem großen Fußballstadion. Als er beim
Frühstück diese Idee äußerte, war ich zuerst entsetzt, aber als
er sagte, er habe zwei Karten für die Tribüne, auf der auch die
Spielerfrauen mit ihren Kindern wären, und es wäre kein Pro-
blem, wenn wir das Spiel vorzeitig verlassen würden, falls es für
seinen Sohn zu laut werden würde oder ich der Meinung wäre,
wir sollten lieber gleich wieder gehen. Wir sind dann auch ins
Stadion gefahren, als das Spiel schon angepfiffen war, um nicht
in die Menschenmenge zu geraten. Es war ein tolles Erlebnis.
Der kleine Junge, der in seinem Babysitz mit dem Rücken zum
Spielfeld saß, hat fasziniert die Leute beobachtet. In der Halb-

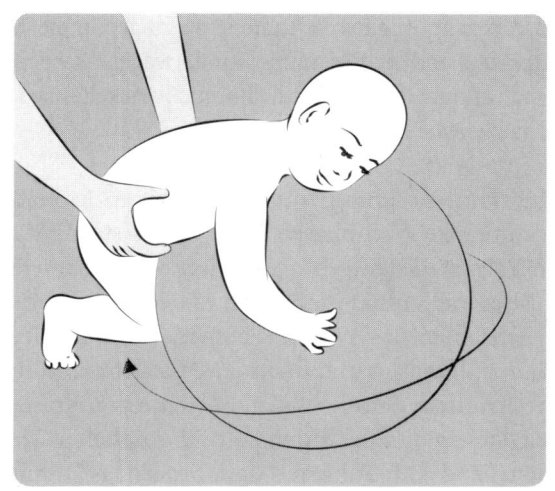

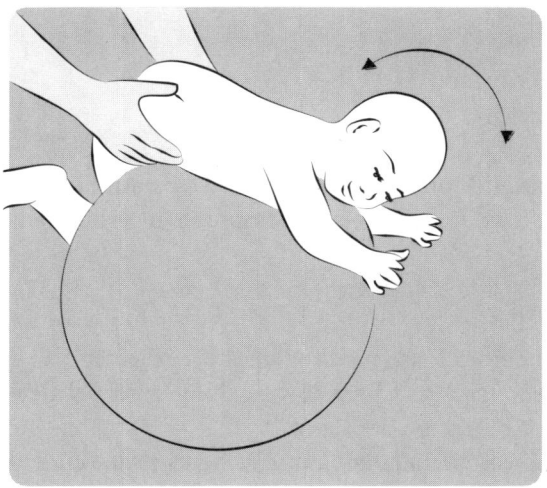

Sechste Übung

zeitpause konnte er ganz in Ruhe seine abgepumpte Muttermilch trinken und sich in seiner Kinderwagentasche ausstrecken und strampeln, in der ich ihn auch wickelte und er die zweite Halbzeit verschlief.

Die täglichen Ausfahrten sollten im dritten Monat möglichst immer in Wachphasen Ihres Babys stattfinden, damit Ihr Baby seine Umgebung bewusst wahrnehmen kann. Dann ist es viel aufnahmefähiger, es beobachtet und zeigt durch Anlächeln das Wiedererkennen von Personen, Gegenständen, Pflanzen und Bäumen. Ausfahrten im Kinderwagen vermitteln dem Baby den notwendigen Kontakt zur Umwelt, sie regen seine Sinne an und erhöhen sein Wohlbefinden. Es wirkt beruhigend und fördert das Durchschlafen und hilft Ihnen, den Tag leichter zu strukturieren.

Das Impfen

Im dritten Monat findet auch die U 4 statt, dieser Termin wird oft auch mit den ersten Impfungen verbunden.

Die U 4
Neben der Untersuchung der körperlichen und geistigen, altersgerechten Entwicklung wird bei der U 4 kontrolliert, ob das Baby
- sein Köpfchen halten kann, wenn es an seinen beiden Händen hochgezogen wird.

232

- in Bauchlage sicher den Kopf hält und sich mit den Unterarmen auf der Unterlage abstützt.
- Gegenstände verfolgt oder Personen nachschaut.
- brabbelt und freudige Laute von sich gibt.
- seinen Blick der Stimme der Mutter folgen lässt.
- beginnt nach seinen Händen und Gegenständen zu greifen und die Hände über seinem Bauch zusammenführt.

Darüber hinaus werden Körpergewicht, Länge sowie Kopfumfang gemessen und das Hör- und Sehvermögen getestet. Die Fontanelle wird auf ihre Größe untersucht und Herz und Lunge abgehört. Alle Ergebnisse werden wieder in das Gelbe Vorsorgeheft eingetragen.

Mit dem vollendeten zweiten Lebensmonat kann Ihr gesundes Baby geimpft werden. Seit 1982 wurde in Deutschland die Impfpflicht abgeschafft. Die Verantwortung, gegen welche Krankheiten Sie Ihr Kind impfen, liegt in Ihrem Ermessen, Sie müssen für sich das Risiko Impfung gegen eine mögliche Erkrankung abwägen.

Obwohl keine Impfpflicht besteht, fragen fast alle Kinderkrippen und Kindergärten nach dem Impfpass. Neue Forschungsergebnisse besagen, dass Kinder geimpft werden sollen, denn damit könne das Allergierisiko gesenkt werden.

Am Beginn des dritten Monats sollten Sie sich mit dem Kinderarzt über die Impfungen unterhalten, welche Impfungen er empfiehlt und welche Sie für Ihr Kind als wichtige Vorsorge und Schutz möchten. Auch sollten Sie in diesem

Zusammenhang geplante Reisen mit Ihrem Baby mit dem Kinderarzt besprechen. Denn ab der neunten Lebenswoche darf mit den Impfungen begonnen werden, wenn Ihr Baby infektfrei ist.

Empfehlungen der ständigen Impfkommission in Deutschland (STIKO)

Die regelmäßigen Aktualisierungen der STIKO-Pläne können im Epidemiologischen Bulletin im Internet unter www.rki.de (Webseite des Robert Koch-Instituts in Deutschland) eingesehen werden. Die nationalen Impfpläne innerhalb der EU können sich geringfügig unterscheiden, gleichen sich kontinuierlich an.

Im Einzelfall (bei Umzug der Familie) sollte der Impfplan des jeweiligen Wegzugslandes vorher studiert werden. (Beratung über den Kinder- und Jugendarzt.)

Hier abgebildet wird der derzeitige Regel-Impfplan in Deutschland, Stand 2010. Es sind Impfungen, die von den Krankenkassen bezahlt werden und sehr empfehlenswert sind.

Die ersten Impfungen sind Sechsfach-Kombinationen zwischen der neunten Woche und dem 14. Lebensmonat.

Ein einziger Kombinationsimpfstoff wirkt gegen sechs verschiedene Infektionskrankheiten: Keuchhusten (Pertussis), Diphtherie, Tetanus, Hepatitis B, Poliomyelitis, Hib (Haemophilus Influenzae B). Dieser Impfstoff wird viermal gespritzt.

Erste Impfung ab vollendetem zweiten Monat (ab der neunten Woche): Infanrix-Hexa-Kombinationsimpfung sechsfach plus Pneumokokken

Ab vollendetem dritten Monat: zweite Kombinationsimpfung sechsfach

Ab vollendetem vierten Monat: dritte Kombinationsimpfung sechsfach

11. bis 14. Lebensmonat: vierte Kombinationsimpfung sechsfach plus Pneumokokken

Ab vollendetem elften Monat: erste Mumps-Masern-Röteln-Windpocken-Impfung, (Kombinationsimpfung vierfach)

Ab vollendetem 12. Monat: Meningokokken-Impfung

15. Lebensmonat: zweite Mumps-Masern-Röteln-Windpocken-Impfung

Mit fünf bis sechs Jahren: Tetanus-Diphtherie-Keuchhusten-Auffrischungs-Impfung

Mit zehn Jahren: Polio-Auffrischungs-Impfung

Nach einer Impfung-Injektion soll das neugeborene Baby nicht am gleichen Tag gebadet werden. Am besten, Sie warten mit dem nächsten Baden zwei bis drei Tage, um Reizungen und eine Infektion an der Einstichstelle zu verhindern.

Besprechen Sie auch mit dem Kinder- und Jugendarzt, gegen welche Kinderkrankheiten Sie selbst noch geschützt sind, und lassen Sie sich gegebenenfalls impfen oder einen Antikörpertest durchführen, auch wenn diese Tests in der

Regel von den Krankenkassen nicht bezahlt werden. Nach 30 bis 40 Jahren vergessen die meisten Eltern verständlicherweise, welche Kinderkrankheit das einzelne Kind hatte, besonders wenn noch mehrere Geschwisterkinder in der Familie leben. Erwachsene sollten ihren Basis-Impfschutz regelmäßig auffrischen lassen.

(Die Abstände der Impfungen können Sie bei Kinder- und Jugendärzten bzw. bei für Impfungen versierten Ärzten erfragen. Für Diphtherie, Tetanus, Keuchhusten, betragen die Abstände nach erfolgter Grundimmunisierung in der Kindheit und Jugend zehn Jahre. Für FSME fünf Jahre. Erwachsene nach durchgemachter Keuchhustenerkrankung sollten alle zehn Jahre wieder geimpft werden.)

Sollten Eltern keine Immunität gegen Keuchhusten, Mumps, Masern, Windpocken und Röteln aufweisen, sollten sie selbstverständlich die erforderliche Grundimmunisierung erhalten. Die Kinder- und Jugendärzte sind Impfärzte und können Sie zu diesem Zweck deshalb sehr gut beraten. Das Ziel von Impfungen ist eine vollständige Ausrottung tödlicher, infektiöser Krankheiten, wie dies weltweit bei den Pocken durch eine Pflichtimpfung gelungen ist. Andere infektiöse Erkrankungen konnten samt Folgekomplikationen durch nationale Impfregeln zurückgedrängt werden. Dank Impfungen ist die Säuglings- und Kleinkindsterblichkeit hierzulande und in vergleichbar hochentwickelten Ländern auf ein Minimum gesunken.

Ich betreute einen Säugling, dessen Vater kurz vor seiner Geburt an Windpocken gestorben war. Die älteren Geschwister des Babys hatten Windpocken bekommen. Der Kinderarzt hatte den Vater gefragt, ob er als Kind Windpocken gehabt hätte, was nach Aussage seiner Mutter der Fall gewesen war. Er hätte wie seine vier Geschwister alle Kinderkrankheiten durchgemacht, glaubte sie sich zu erinnern. Später stellte sich heraus, dass er nicht dagegen geschützt war. Sein Immunsystem war durch Stress (Arbeit, Studium und Familie) stark geschwächt, die Varizellen befielen seine Lunge, und er starb nur einige Wochen vor der Geburt seines dritten Kindes. Die Großeltern der jungen Familie baten mich, das Neugeborene zu betreuen. Der Tod des Vaters war für die ganze Familie ein großer Schock. Zum Glück ist das einer der seltenen Fälle, bei dem eine sogenannte Kinderkrankheit tödlich verläuft, aber eine Kinderkrankheit im erwachsenen Alter verläuft meist schwerer als im Kindesalter, und die Komplikationen sind nicht zu unterschätzen.

Wann muss ich mit meinem Baby zum Arzt?

In den ersten Monaten besitzt Ihr Baby noch Nestschutz und ist gegen Infektionen weitgehend geschützt. Der sogenannte Nestschutz bedeutet, dass Sie an Ihr Baby Antikörper weitergegeben haben, aber nur für die Infektionskrankheiten, die Sie selbst durchgemacht haben oder gegen die Sie geimpft sind. Dieser Nestschutz wird bis zum siebten Monat wieder abgebaut. Es gibt aber auch einige Erkrankungen, gegen die Ihr Kind auch in den ersten Monaten nicht geschützt ist.

Bei diesen Symptomen gehen Sie bitte immer zum Arzt:
- Wenn Ihr Baby blass oder bläulich um den Mund ist.
- Wenn sein Körper extrem schlaff oder überstreckt ist.

- Wenn die Fontanelle hochgewölbt ist oder stark einge-sunken/eingefallen ist.
- Wenn Ihr Baby über einige Tage Fieber über 38 °C hat, das nicht mit Medikamenten zu senken ist. Bei Fieber über 40 °C immer sofort zum Arzt!
- Wenn Ihr Neugeborenes Untertemperatur unter 36 °C hat.
- Wenn es schrill, in höchsten Tönen lange schreit.
- Wenn am Oberkörper oder auch am ganzen Körper rote stecknadelkopfgroße Einblutungen auftreten.
- Wenn Ihr Baby die Nahrung verweigert.
- Wenn Ihr Baby mehrere Mahlzeiten hintereinander im Schwall erbricht.
- Wenn Blut im Stuhlgang sichtbar ist.
- Wenn der Stuhlgang schleimig oder wässrig und übel-riechend ist.

Häufige Erkrankungen, für die es keinen Nestschutz gibt:

Keuchhusten
Keuchhusten ist für Neugeborene im ersten Lebens-jahr, gerade in den ersten zwei Monaten, lebens-bedrohlich. Keuchhusten ist eine bakterielle Infek-tion, gegen die kein Baby einen Nestschutz besitzt. In den ersten ein bis zwei Wochen des Krankheitsver-laufs treten Symptome wie bei einer Erkältung auf, dann folgen die nächtlichen Hustenanfälle bis zum Erbrechen mit abgehacktem, keuchendem Husten.

Eine nicht erkannte Infektion kann Ursache für den Plötzlichen Kindstod sein. Keuchhusten wird über Tröpfcheninfektion weitergegeben. Der Erreger ist ein Bakterium, das sich in der Schleimhaut der Atemwege vermehrt. Der beste Schutz für Ihr Baby ist, wenn alle Menschen, die mit ihm in Kontakt kommen, gegen Keuchhusten geimpft sind. Schon bei Verdacht auf Keuchhusten muss mit Antibiotika behandelt werden, z.B. wenn ein Geschwisterkind das Baby angesteckt haben könnte. Die Mehrzahl der Babys steckt sich bei Erwachsenen an. Hustende Erwachsene und Kinder sollten Sie deshalb auf jeden Fall von Ihrem Baby fernhalten. Ab dem dritten Lebensmonat können Sie Ihr Baby impfen lassen. Die Annahme, nur Kleinkinder hätten Keuchhusten, ist absolut falsch, nach Einschätzungen von Fachärzten erkranken jährlich über 10 000 Erwachsene meist unwissend an Keuchhusten. Der Impfschutz, den man in früher Kindheit bekommt, schützt nicht lebenslang. Deswegen sollten alle Menschen nach STIKO-Regelplan gegen Keuchhusten regelmäßig geimpft werden, egal ob sie eine Keuchhusten-Erkrankung früher durchgemacht haben oder als Kind geimpft oder gar nicht geimpft wurden.

Scharlach

Scharlach ist auch eine bakterielle Infektion, bei der es auch keinen Nestschutz und auch keine Impfung gibt. Erste Symptome sind Kopf- und Halsschmerzen mit Schluckbeschwerden und eitrigen Mandeln. Nach zwei bis drei Tagen tritt ein sandpapierartiger, fein-fleckiger Ausschlag auf, der in der Leistenregion be-ginnt. Das Gesicht ist gerötet, und der Mund blass, das Baby hat hohes Fieber. Scharlach wird mit Anti-biotika behandelt.

Dreitagefieber

Das Dreitagefieber ist eine Virusinfektion, bei der es auch keinen Nestschutz und auch keine Impfung gibt. Bei Säuglingen ist sehr häufig die Fontanelle gespannt, und das Baby hat sehr hohes Fieber bis zu 41 °C. Nach dem Fieberabfall kommt es zu einem kleinfleckigen, roten Ausschlag hauptsächlich an Brust, Rücken und Bauch, der nach zwei bis drei Tagen verschwindet. Das Baby erhält fiebersenkende Mittel, und Sie sollten ihm viel Flüssigkeit anbieten.

Harnwegsinfektion

Harnwegsinfektionen kommen bei Mädchen häu-figer als bei Jungen vor, da die Harnröhre kürzer ist und dichter beim After liegt. Es sind durch Bakterien verursachte Entzündungen der Harnröhre, der Blase oder des Nierenbeckens. Symptome beim Säugling sind Unruhe, Appetitlosigkeit, Gedeihstörungen und Fieber. Sie müssen unbedingt zum Arzt.

Dreimonatskoliken

Dreimonatskoliken treten zwischen der zweiten und vierten Lebenswoche auf, in der Regel 20 bis 30 Minuten nach der Mahlzeit. Der Bauch ist gespannt, aufgetrieben und hart, und es kommt zu krampfartigen Schmerzen im Oberbauch. Ihr Baby wird lang anhaltend vor Schmerzen schreien und dabei die Beine anziehen. Ca. zehn bis zwanzig Prozent der Babys bekommen diese Koliken. Ihre Ursache ist nicht eindeutig geklärt. Man vermutet verstärkte Darmbewegungen, eine andere Theorie geht von zu langsamer Darmbewegung aus.

Vielleicht hilft Ihrem Baby Wärme, ein entspannendes Bad oder Lefax. Auch eine Bauchmassage kann helfen. Als stillende Mutter sollten Sie Ihre Ernährung überprüfen und auf einen entspannten Tagesablauf achten, auch um muskulären Anspannungen vorzubeugen.

Kiefermassage und spätere Zahnpflege

Mit etwa zweieinhalb Monaten beginne ich mit einer Fingerling-Zahnbürste, regelmäßig den Ober- und Unterkiefer des Babys zu massieren, um dem Baby den späteren Zahndurchbruch zu erleichtern. Die Babys mögen es sehr gern, wenn ich ihren Kiefer massiere. Denn den größten Schmerz muss Ihr Kind bewältigen, wenn der Zahn durch die Knochenhaut tritt. Das verschafft Ihrem Baby eine Erleichterung, und die Massage hilft ihm sehr, diesen Schmerz zu ertragen. Sie werden, nach den ersten angenehmen Massagen sehen, dass Ihr Baby seinen Mund öffnet, sobald es nur die Fingerling-Zahnbürste sieht. Dadurch lernt Ihr Kind, dass das spätere Zähneputzen etwas ganz Normales und Angenehmes ist. Diese Kiefermassage können Sie leicht in den Tagesablauf integrieren, am besten gleich mit den Schlafenszeiten verbinden, also morgens, mittags und abends.

Wenn Sie regelmäßig den Kiefer Ihres Kindes massieren und später die ersten Zähne dann durchgebrochen sind, sollten Sie die Zähne regelmäßig morgens und abends gleich mitputzen, anfangs ohne Zahncreme. Das Zähneputzen wird von Ihrem Kind dann nicht als etwas Negatives, Unbekanntes wahrgenommen und abgelehnt, sondern ganz im Gegenteil, Ihr Baby verbindet damit die positive Erinnerung an das angenehme Gefühl der Kiefermassage, die das Zahnen wirklich erleichtert. Ihr Kind lernt dadurch spielerisch vom ersten Zahn an das regelmäßige Zähneputzen. Es kommt auch vor, dass Säuglinge schon bei der Geburt einen Zahn haben, den sogenannten Hexenzahn.

Sie sollten nicht vergessen, spätestens im vierten Monat schriftlich das Elterngeld zu beantragen, denn es wird nur drei Monate rückwirkend mit Beginn des Monats des Antragseingangs gezahlt. Zuständig sind die Versorgungs- und Einwohnermeldeämter.

Im vierten Monat kann es sein, dass die Milch als ausschließliche Ernährungsform nicht mehr ausreicht. Der Nährstoff- und Energiebedarf ist mit dem schnellen Wachstum Ihres Babys so groß, dass Muttermilch oder Säuglingsmilch allein nicht mehr ausreicht. Jetzt sind Darm und Nieren auch in der Lage, Nahrung in Breiform aufzunehmen und zu verdauen.

Breie enthalten mehr Mineralstoffe und sind auch schwerer verdaulich. Kochen Sie die Breinahrung nur mit ganz wenig Jod-Salz und Zucker.

Stillende Mütter und ihre Ernährung im vierten Monat

Mit Beginn des vierten Monats können Sie anfangen, immer mehr von Nahrungsmitteln zu essen, die Sie in den ersten drei Monaten meiden sollten. Probieren Sie immer nur ein Nahrungsmittel nach dem anderen aus, um zu erkennen, wie Ihr Baby reagiert. Aber würzen Sie weiterhin nicht zu scharf und verzichten auf Rohmilchprodukte sowie rohes Fleisch und rohen Fisch.

Das Abstillen

Bislang wurde es als optimal angesehen, das Neugeborene sechs Monate voll zu stillen. Nach neuesten Erkenntnissen kann das Baby schon ab dem fünften Monat Beikost bekommen, einige Kinderärzte raten sogar dazu. Wie lange Sie aber stillen wollen und wann der für Sie, für Ihr Baby und Ihren Partner beste Zeitpunkt zum Abstillen ist, sollten Sie ganz unabhängig nach Ihren persönlichen Bedürfnissen entscheiden. Stillen soll für Sie und Ihr Baby ein

Vergnügen sein und kein Zwang. Stillen Sie also, solange es für Ihren Körper, Ihr Baby und Ihren Lebensrhythmus gut ist. Es gibt kein ideales Alter, um ein Baby **ganz** abzustillen. Tun Sie es einfach, wenn Sie und Ihr Baby dazu bereit sind, und ersetzen Sie dann das Stillen durch die Flasche oder durch den Löffel und Becher. Stillen Sie es schrittweise im Laufe einiger Wochen ab. Sie sollten sich Zeit zum Abstillen nehmen und langsam eine Brustmahlzeit nach der anderen mit einer Flaschen-Mahlzeit ersetzen. Wenn Sie alle acht bis zehn Tage eine Mahlzeit ersetzen, ist das für Sie (Ihren Busen) und für Ihr Baby besser, als wenn Sie in sehr kurzer Zeit abstillen. Bis Sie ganz abgestillt haben, bekommt Ihr Baby eine → **Zwiemilchernährung.** Dabei ist es sinnvoll, die Flaschennahrung mit einem Teesauger zu geben, damit Ihr Baby auch weiterhin die Brust nimmt.

Nach der Muttermilch-Mahlzeit kühlen Sie Ihre Brust und trinken nur wenig. Beim Abstillen ist es wichtig, dass Sie darauf achten, dass Ihre Brust immer weich ist und sich keine Milch staut. Dabei hilft Salbei- und Pfefferminztee oder auch ein Petersilienaufguss, davon können Sie täglich zwei bis drei Tassen neben anderen Getränken trinken. Nehmen Sie für einige Tag unterstützend Phytolacca Potenz D2, alle drei Stunden fünf Kügelchen unter der Zunge zergehen lassen. Auch die BH-Träger sollten Sie etwas enger einstellen und damit die Brust etwas hochbinden, außerdem können Sie Ihre Brust mit Eisbeuteln oder mit Kühlakkus (aus der Apotheke), die der Brustform entsprechen, kühlen oder auch Quarkumschläge machen.

Nach dem sechsten Monat braucht Ihr Baby zusätzliche Nährstoffe in Form von Gemüse, Getreide und Fleisch, da Eiweiß, Eisen und Kalziumgehalt in der Muttermilch für das heranwachsende Kind nicht mehr ausreichen. Wenn das Baby auch nur seinen Durst löschen möchte, kann es auch weiterhin die Brust bekommen, wenn Sie beide nicht auf das Stillen verzichten möchten. Wenn Sie länger stillen wollen, nachdem Sie wieder berufstätig sind, können Sie morgens und abends das Stillen beibehalten.

Wenn Ihr Baby nie abgepumpte Milch aus der Flasche getrunken hat, sollten Sie ihm als Stillende nicht die erste Flasche selbst geben. Denn das erschwert Ihnen beiden das Abstillen. Ihr Baby verbindet mit Ihnen das Stillen und kann dadurch irritiert sein und die Flasche ablehnen. Durch das vielleicht folgende Geschrei schießt bei Ihnen die Milch ein, und das ist nicht im Sinne des Abstillens. Haben Sie kein schlechtes Gewissen, wenn Sie während des Abstillens in den ersten Tagen Ihrem Baby nicht die Mahlzeit selber geben können, gehen Sie ruhig aus dem Haus. Sie erleichtern Ihrem Baby und sich nur das Abstillen. Auch wenn Ihr Baby die erste Flaschenmahlzeit gleich wieder ausspuckt, heißt das nicht, dass es keine Milch außer Muttermilch verträgt. Manche Säuglinge spucken diese auch aus Protest wieder aus. Nach der zweiten oder dritten Flasche legt sich dies aber, wenn keine Unverträglichkeit besteht. Das Füttern der Fläschchen kann durch das Abstillen auch der Vater oder ein anderes Familienmitglied übernehmen, und das bedeutet eine neue Freiheit für Sie. Wenn Sie jedoch die erste Flasche, aus welchen Gründen auch immer, selbst geben müssen oder wollen, nehmen Sie die gleiche Haltung ein wie beim Stillen, eventuell auch mit Hautkontakt.

Falls Sie aus Krankheitsgründen medikamentös abstillen müssen, wird die Milchproduktion vollständig eingestellt, der Milchspendereflex wird gestoppt. Es gibt kein Zurück mehr. Wenn Sie dagegen ohne Medikamente abstillen, können Sie jederzeit wieder damit beginnen, falls Sie und Ihr Baby doch noch nicht bereit sind, ganz auf das Stillen zu verzichten.

Nach dem Abstillen sind einige Mütter recht unglücklich, obwohl sie gewollt abgestillt haben. Das liegt am Prolaktinspiegel, der stark absinkt, besonders wenn Sie zu schnell abstillen. Auch deshalb ist es ratsam, langsam und schrittweise abzustillen.

Glossar

Abnehmen Stillende Mütter sollten nur langsam abnehmen, weil sie sonst die in ihrem Körperfett gespeicherten Giftstoffe über die Muttermilch abgeben. Schnelles Abnehmen ist wie Entgiften durch Stillen, was für Ihr Baby nicht gut ist. Außerdem besteht durch zu schnelles Abnehmen die Gefahr eines Nährstoff- und Vitaminmangels für Mutter und Kind. Auch mit langsamem Abnehmen kommen Sie zu Ihrem Ausgangsgewicht, außerdem ist es im Sinne Ihrer Ausgeglichenheit und Ihrer Kräfte besser und vor allem für Ihr Baby gesünder. Zwischenmahlzeiten aus Obst und Gemüse, z. B. rohe Karotten, zwei Riegel Schokolade, Milchprodukte sowie ein Glas Milch sollten immer vorrätig sein. Bitte auf keinen Fall während der Stillzeit Appetitzügler oder Slim-fast-Produkte verwenden.

Abpumpen/Ausstreichen Wenn sich der Milchfluss und das Trinkbedürfnis des Kindes gut aufeinander eingestellt haben, können Sie tagsüber vor jeder Mahlzeit etwas Milch ausstreichen oder abpumpen. Streichen Sie in kreisförmigen Bewegungen immer zur Brustwarze hin aus oder pumpen Sie mit einer Milchpumpe an jeder Seite ca. 20 bis 30 Gramm ab. Je nachdem, wie viel Milch Sie haben, können Sie natürlich auch mehr Milch pro Mahlzeit sammeln und diese einfrieren. So haben Sie immer einige Notrationen vorrätig, falls Sie mal im Stau stehen oder einen Arzttermin wahrnehmen müssen, der sich nicht verlegen lässt, und Ihr Kind ist trotzdem zu Hause gut versorgt. Die Milch können Sie im Kühlschrank oder Gefrierschrank lagern, je nachdem, ob Sie an einem Tag immer eine volle Mahlzeit zusammen bekommen. Nicht vergessen, Menge und Datum auf den Beutel zu schreiben! Im Kühlschrank können Sie die Milch maximal 48 Stunden aufbewahren, aber bitte nicht in der Kühlschranktür, denn dort schwanken die Temperaturen zu stark. Milch, die als Reserve vorgesehen ist, sollten Sie gleich nach dem Abpumpen einfrieren und nicht erst warten, bis Sie genügend gesammelt haben. Nach zwei Tagen darf Milch auch nicht mehr eingefroren werden. Im Gefrierschrank ist die Milch maximal sechs Monate, im Gefrierfach nur drei Monate haltbar. In Apotheken und den meisten Drogeriemärkten gibt es sterile Einwegflaschen (Plastikbeutel in Flaschenform mit Maßangabe), die Sie an die Milchpumpe anhängen können. Die Muttermilch tauen Sie am besten im heißen, aber nicht kochenden Wasser oder im Flaschenwärmer bis zum Erreichen der Trinktemperatur auf. Die gefrorene Milch nicht in die Mikrowelle stellen, da die Hitze dort ungleichmäßig verteilt wird und es zu Verbrühungen kommen kann. Wenn die Milch aufgetaut ist, schneiden Sie mit der vorher gesäuberten Schere einfach eine kleine Ecke des Beutels ab. So können Sie die Muttermilch am einfachsten in eine Babymilchflasche umfüllen, ohne dass etwas verlorengeht. Wichtig ist, dass Sie, solange Sie stillen, immer einen Teesauger für die abgepumpte Milch benutzen. Das trifft auch bei → **Zwiemilchernährung** zu, wenn Sie nicht genügend Milch haben und einen Teil Formulamilch geben müssen. Denn mit einem Milchsauger muss sich Ihr Baby weniger anstrengen als an der Brust, außerdem verschluckt es sich durch das große Saugerloch leicht.

Abpumpen der Muttermilch in Gegenwart des Partners ist in manchen Beziehungen nicht unproblematisch. Einige Väter finden es mehr als störend, äußern dies manchmal auch recht uncharmant (ein Vater verglich seine Frau mit einer Milchkuh), was dazu führen kann, dass die Mutter in Tränen ausbricht und der Tag für sie und das Kind dadurch nicht einfach verläuft. Bedenken Sie: Milch abpumpen ist nun einmal nicht sexy, und Sie sollten sich deshalb lieber ins Bad oder in ein Zimmer zurückziehen, um in Ruhe abpumpen zu können. Auch stört es einige Väter, wenn neben dem Bier oder Wein die abgepumpte Muttermilch steht. Teilweise ist dies auch auf die Eifersucht der Väter zurückzuführen. Am besten Sie stellen die Milch nach hinten in den Kühlschrank, dort ist die Temperatur auch immer konstant.

Alkohol ist milchgängig und wird über Ihre Muttermilch an Ihr Baby weitergegeben. Der Alkoholgehalt in Ihrem Blut entspricht in etwa dem Alkoholgehalt in Ihrer Muttermilch. Ihrem Baby fehlen aber die Enzyme, um diesen Alkohol abzubauen, deshalb ist es ihm wesentlich länger ausgesetzt als Sie. Ihr Alkoholgenuss sollte sich deshalb auf ein Glas Wein oder Sekt beschränken, und dies auch nur gelegentlich und nicht täglich. Größere Mengen, also mehr als ein Glas Wein oder Sekt, können Sie allenfalls trinken, wenn Ihr Baby einen festen Rhythmus hat, nachts durchschläft und Sie erst sechs bis acht Stunden nach dem Alkoholgenuss wieder stillen müssen. Dann hat sich der Alkohol über die Leber abgebaut und gelangt nicht direkt in die Muttermilch. Auf Spirituosen wie Gin, Wodka oder Whisky, müssen Sie in der Stillzeit ganz verzichten. Alkohol wirkt zellschädlich, beeinflusst die Milchbildung sowie beim Neugeborenen den Saug- und Schluckreflex, besonders wenn Sie kurz vor dem Stillen Alkohol trinken. Empfindliche Babys reagieren auf Weinsäure mit einem wunden Po.

Allergien Bei Allergien in der Familie sollten Sie während der Stillzeit Allergieträger wie Nüsse, Ei und Kuhmilch meiden. Verwenden Sie laktosefreie Milch und Milchprodukte. Auch wenn wissentlich keine Allergien in der Familie vorliegen, aber Ihr Baby unter Blähungen und Unruhe leidet, obwohl Sie nichts Blähendes gegessen haben, sollten Sie auf laktosefreie Milchprodukte umsteigen. Einige Babys reagieren auch zusätzlich zu den Blähungen mit extrem starkem Milchschorf. Wenn Sie die Kuhmilch weglassen, verschwinden beide Symptome in wenigen Tagen.

Bäuerchen Das Baby schluckt beim Saugen sehr viel Luft, besonders wenn es gierig trinkt, deshalb ist es wichtig, dass während der Mahlzeit ein bis zwei Bäuerchen gemacht werden. Es gibt Säuglinge, die besonders viel Luft beim Trinken (Saugen) schlucken, man nennt sie dann Luftschlucker. Wenn Ihr Baby kein Bäuerchen macht, die geschluckte Luft beim Trinken also nicht entweicht, kann es meistens auch nicht weitertrinken oder wenn es weitertrinkt, spuckt es die Milch wieder aus, als sogenanntes »Bäuerchen mit Land«. Bei Säuglingen, die mit der Flasche ernährt werden, ist es wichtig, dass das Saugerloch nicht zu groß ist. Hier empfiehlt es sich, statt des Milchsaugers mit Ventil, einen Teesauger mit Ventil zu verwenden. Die Mahlzeit dauert dadurch zwar etwas länger, aber der Säugling schluckt weniger Luft. Bei einigen Säuglingen dauert es bis zu zehn Minuten, bis sie aufstoßen, bei anderen bleibt es ganz aus. Wenn kein Bäuerchen kommt und Ihr Baby auch keine Probleme mit der Luft im Bauch hat, ist das in Ordnung. Das habe ich schon recht häufig erlebt. Diese Babys hatten kein Problem damit, weil bei ihnen hörbar und ohne Probleme die Luft über den Darm abging. Oder sie machten Stunden später, kurz vor der nächsten Mahlzeit ein Bäuerchen. Die meisten Säuglinge jedoch haben ohne ein Bäuerchen Beschwerden und schmerzhafte Blähungen. Sie helfen Ihrem Baby bei einem Bäuerchen, indem Sie es gegen Ihre Brust legen. Das Köpfchen schaut dabei über Ihre Schulter, auf der ein sauberes Tuch liegen sollte. In dieser Position klopfen oder streichen Sie Ihrem Baby zwischen den Schulterblättern sanft über den Rücken. Hilfreich ist es auch, in dieser Position mit dem Baby hin- und herzugehen oder es vor sich hoch- und langsam wieder herunterzunehmen. Der Magen wird dadurch gestreckt, und das Baby kann aufstoßen. Wenn dabei kein Bäuerchen kommt, gehen Sie Treppenstufen hoch und runter. Sie können den Säugling auch auf Ihre Knie setzen und sanft mit den Füßen wippen.

BH Tragen Sie keine engen BHs oder BHs mit Bügel, dadurch kann es sehr leicht zu einem Milchstau kommen.

Bitte auch nicht mit schickem Bikinioberteil mit einge-arbeitetem Bügel in die Sonne legen, denn die Sonne weitet die Milchkanäle und es kommt leicht zu einem Stau. Der Bügel drückt noch zusätzlich, und die Gefahr eines Milch-staus ist um ein Vielfaches größer. Das soll nicht heißen, dass Sie Ihren Busen verstecken müssen. Die Oberweite einer stillenden Frau ist besonders schön, in Größe und Form. Sie sollten ruhig sexy Oberteile tragen, aber eben nicht mit eingearbeitetem Bügel.

Brustentzündung 20 Prozent der Frauen bekommen – un-abhängig von Erstlings- oder Mehrfachgeburten – eine bakteriell verursachte Brustentzündung. Symptome sind heftige Gliederschmerzen, Schüttelfrost und hohes Fieber. Bei diesen Symptomen sollten Sie unbedingt zum Arzt gehen. Mit einem speziellen Antibiotika können Sie weiter stillen, zumal die Milch sich nicht weiter stauen darf, die Brust muss entleert werden. Die Bakterien gehen nicht in die Milch über. Früher konnte eine Brustentzündung tödlich sein. Auch kann sich ein Abszess bilden, der dann operativ entfernt werden muss.

Homöopathische Mittel bei einer Brustentzündung:
Belladonna D6, anfangs stündlich
Hepar sulf. D30, alle sechs Stunden dreimal wieder-holen
Pyrogenium D30 1 × 1 Gabe, wenn Schüttelfrost vor-liegt

Flache **Brustwarzen und Hohlwarzen** Flache oder kleine Brustwarzen und Hohlwarzen können Sie vor dem Stillen mit Eiswürfel abreiben, dadurch treten sie besser hervor und der Schmerz beim Ansaugen wird gelindert. Aber bitte nur, wenn die Milch ausreichend fließt, denn die Milchkanäle ziehen sich bei Kälte zusammen. Oder Sie verwenden ein Stillhütchen, wenn Ihr Baby die Brustwarze nicht fassen kann. In Apotheken gibt es auch sogenannte Brustwarzenformer/Schilder, diese Schalen sollten Sie mindestens eine Stunde vor dem Stillen sterilisiert auf die Brustwarzen legen. Dabei bildet sich ein Vakuum: die Warzen richten sich auf und die nach innen gekehrten Hohlwarzen bilden sich heraus oder die Flachwarze richtet sich auf. Die Milch, die sich in dem Former/Brustschild sammelt, können Sie für Ihren Vorrat einfrieren.

Juckende **Brustwarzen** Bei roten juckenden Brustwarzen kann eine Pilzinfektion (Soor) vorliegen. Warten Sie nicht, bis die ersten weißen Pünktchen zu sehen sind, sondern gehen Sie frühzeitig zu Ihrem Frauenarzt. Auch ein Kinderarztbesuch ist dann erforderlich. Vielleicht hat Ihr Baby Mundsoor, und Sie haben es noch nicht bemerkt. Dieser muss behandelt werden, sonst kann er auf den Darm und auf den Windelbereich übergreifen. Candida/Soor ist nicht in dem Sinne gefährlich, die Candida-Beläge bleiben in der Regel »im« Darm und dann um den Anusbereich/Windelbereich. Schauen Sie ab und zu in den Mund Ihres Babys, wenn sich auf der Zunge und an den Innenseiten der Wangenschleimhaut einzelne weiße Flecken zeigen, ist dies ein Anzeichen für eine Pilzerkrankung (Mundsoor). Sie müssen zum Kinderarzt gehen.

Wunde **Brustwarzen** Laut Statistik hat etwa ein Drittel der stillenden Mütter in den ersten Wochen nach der Geburt wunde Brustwarzen. Hauptursache für wunde, manchmal sogar blutende Brustwarzen ist nicht korrektes Anlegen beim Stillen und stundenlanges Nuckeln des Neugeborenen mit seiner Kieferleiste an der Brustwarze. Durch diese starke mechanische Reizung kommt es zur Kompression des Brustgewebes. Auch ein zu kurzes Zungenbändchen kann Ursache wunder Warzen sein. Die Zunge kann durch das Zungenbändchen die untere Kieferleiste nicht bedecken, so dass dies das Brustwarzengewebe beschädigt. Ein abruptes Lösen des Säuglings kann die Brustwarze ebenfalls mechanisch schädigen. Auch ein starker Milchfluss kann in seltenen Fällen dazu beitragen. Neben den mechanischen Ursachen treten wunde Brustwarzen häufiger auch bei Müttern mit depressiver Stimmungslage und Müttern mit unsicherem Stillwunsch auf. Wunde Brustwarzen stellen ein erhöhtes Infektionsrisiko dar. Deshalb sollten Sie sich immer, bevor Sie die Brustwarze anfassen, die Hände desinfizieren, damit sich die Brustwarze nicht infiziert und keine Brustentzündung entsteht. Mit einer Infektion der Brust, erkennbar an gelblich-eitrigen Belägen, sollten Sie zu Ihrem Frauenarzt gehen. Dann ist ein Antibiotikum erforderlich, dies ist aber kein Grund zum Abstillen.

Ganz wichtig: Wunde Brustwarzen stellen ein erhöhtes Infektionsrisiko dar. Deshalb sollten Sie sich bei wunden Brustwarzen immer, bevor Sie die Brustwarze anfassen, die Hände desinfizieren, damit sich die wunde Brustwarze nicht infiziert, keine Mastitis entsteht.

Symptome einer wunden Brustwarze:
• Schmerzen
• Schwellung
• Rötung
• Bläschen
• tiefe Raghaden
• krustige Beläge
• Warzen bluten

Die Therapie besteht hauptsächlich in der Beseitigung der Ursache (siehe oben). Dazu kann noch helfen:
• Reinigung der wunden Brustwarze mit Kochsalzlösung, dann einige Tropfen Muttermilch darauf antrocknen lassen
• Pure-Lan-100-Lansinoh-Wollwachs, das nicht vor dem Stillen entfernt werden muss
• trockene saubere Stilleinlagen z.B. aus Seide und Wolle oder Einweg-Stilleinlagen

Einschlafen Wenn Ihr Baby einschläft, kaum dass es an der Brust liegt, wecken Sie es auf, damit es auch genug trinken und sich optimal entwickeln kann. Gerade in den ersten Wochen ist dies wichtig, damit Ihr Neugeborenes zu Kräften kommt und auch lange genug trinken und seinen Hunger stillen kann.

Aufwachen!
- Sobald Sie merken, dass Ihr Baby nicht mehr saugt, reizen Sie es, indem Sie zwischen Ohrmuschel und Unterkiefer einen leichten Druck ausüben.
- Nehmen Sie Ihr Baby oft von der Brust, damit es ein Bäuerchen machen kann, denn wenn es Luft im Bauch hat, trinkt es nicht mehr weiter und schläft ein, obwohl es nicht satt ist.
- Streichen Sie an den Fußsohlen mit sanftem Druck hin und her.
- Greifen Sie es unter die Arme, Daumen sind vorne, die Finger auf dem Rücken und halten Sie es vor sich hoch.
- Setzen Sie es auf Ihren Schoß mit dem Gesicht Ihnen zugewandt und halten nur sein Köpfchen und gehen leicht in die Waagerechte und wieder zurück.
- Wickeln Sie es. Schon das Geräusch beim Öffnen der Windel mag es nicht.
- Ziehen Sie es bis auf die Windel aus und lassen Sie nur den Body zum Stillen an, damit es nicht friert, denn Haut- und Körperkontakt kann es auch wachhalten.

Ich betreute einen Jungen, der sobald er zwei Züge an der Brust gesaugt hatte, einschlief. Seine Mutter tat es ihm gleich, und das zu jeder Tages- und Nachtzeit in den ersten drei Wochen. Damit die Mutter ihr Baby während des Stillens nicht fallenließ, musste immer jemand dabei sein, denn sie schlief fest ein, auch auf einem Stuhl sitzend. Man musste beide immer wachhalten oder aufwecken. Es war eine innige Symbiose zwischen Mutter und Kind. Bei ihren nachgeborenen Kindern passierte ihr das nicht.

Fersenblutentnahme In der ersten Lebenswoche wird routinemäßig Fersenblut entnommen, um ein Screening (eine Untersuchung beim Neugeborenen auf angeborene Stoffwechselerkrankungen) durchzuführen. Z. B. kann dabei eine angeborene vererbbare Phenylketonurie (Erkrankung des Eiweißstoffwechsels) erkannt werden. Bei einer Phenylketonurie handelt es sich um einen Enzymdefekt. Es muss sofort mit einer strengen eiweißarmen Ernährung (Spezialnahrung) begonnen werden, nur dann ist eine normale Entwicklung möglich. Sonst kommt es zu geistigen und motorischen Behinderungen, einer Schädigung des Gehirns. Es gibt regionale Unterschiede bezüglich der Zusammenstellung des Neugeborenen-Stoffwechsel-Screenings. Historisch wurde zunächst der Guthrie-Test – nach Robert Guthrie benannt – durchgeführt zum Ausschluss einer Phenylketonurie. Inzwischen umfasst das Neugeborenen-Stoffwechsel-Screening oft an die 20 auszuschließende Erkrankungen aus dem Hormon-/Zucker- und Aminosäurestoffwechsel inklusive Schilddrüsenunterfunktion. Zur Testdurchführung reichen einige Tropfen Fersenblut auf einem Filterpapier. Anerkannte Speziallabore sind mit der Auswertung regional beauftragt und auch zuständig für die Rückmeldung und statistische Verarbeitung.

Fernsehen Öfter erlebe ich Mütter, die das Stillen nutzen, um fernzusehen oder mit Freunden und Familienangehörigen zu telefonieren. Ich rate Ihnen, hören Sie lieber Musik oder ein Hörbuch. Dabei können Sie sich auch entspannen und gleichzeitig Nähe und Zuneigung Ihrem Baby vermitteln. Beim Fernsehen und auch beim Telefonieren sind Sie zu sehr abgelenkt. Das merkt Ihr Baby und trinkt dann auch nicht mehr so richtig. Viele Babys schalten dann ab und nuckeln sich nur noch in einen oberflächlichen Schlaf, sie können ihren Hunger nicht stillen, aber richtig schlafen können sie auch nicht. Das kann der Beginn eines problematischen Stillverlaufs sein, den Sie erkennen und unterbrechen müssen, am besten aber erst gar nicht beginnen sollten. Deshalb: Schenken Sie Ihrem Baby die ihm zustehende Aufmerksamkeit beim Trinken, ob an der Flasche oder an der Brust.

Im Säuglings- und Kleinkindalter sollte fernsehen, ob auf dem Schoß eines Elternteils oder alleine in der Wippe davor geparkt, ein absolutes Tabu für Kinder sein – auch wenn der Markt mit diversen Video- und DVD-Angeboten lernbegeisterte und ausgeglichene Kinder verspricht. Bislang gibt es keine gesicherten Erkenntnisse über gesundheitliche Risiken dieser medialen Berieselung. Sicher, die Kinder von heute wachsen in einer digitalisierten und medialisierten Lebenswelt auf. Umso wichtiger ist es aber, diese sensible Lebensphase und psychosoziale Entwicklung und die Bedürfnisse in dieser Altersphase vordringlich zu fördern.

Fontanelle Es gibt zwei Fontanellen, einmal die hintere kleine dreieckige Fontanelle, sie verschließt (verknöchert) in den ersten Wochen. Die große vordere viereckige Fontanelle verschließt sich im Laufe der ersten 18 Monate, sie ist geschützt durch eine starke bindegewebige Membran. Ist die Fontanelle eingesunken, kann dieses im Rahmen von Erkrankungen z.B. bei Brechdurchfall auf eine Austrocknung oder einen Flüssigkeitsmangel hindeuten. Ist die Fontanelle gespannt- bzw. vorgewölbt, kann dies ein Hinweis auf eine Erhöhung des Hirndruckes z.B. bei Hirnhautentzündung sein. Gesunde Babys zeigen gelegentlich auch bei lautem Weinen eine leicht angehobene Fontanelle, ohne dabei erkrankt zu sein. Das Phänomen eingesunkene bzw. erhöhte Fontanelle ist nur richtungweisend bei zusätzlichen Erkrankungszeichen.

Gelbes Vorsorgeheft Dieses Heft, das Sie bei der Geburt von Ihrem Frauenarzt oder dem Kinder- und Jugendarzt, der die U 1 durchführt, erhalten, begleitet Ihr Kind die nächsten Jahre und muss zu jeder Vorsorgeuntersuchung mitgenommen werden, damit Ihr Kinderarzt die altersgemäßen Entwicklungsschritte beobachten und notieren kann.

2010 wurde das gesetzliche Vorsorgespektrum um eine Vorsorge erweitert, die U 7a mit vollendetem dritten Lebensjahr, somit sind es zehn Vorsorgeuntersuchungen, die die Krankenkassen zahlen. In die älteren gelben Vorsorgehefte wird ein Einlegeblatt für die U 7a hineingelegt.

Daneben gibt es noch ein grünes Vorsorgeheft des Berufsverbandes für Kinder- und Jugendärzte. Dieses Heft erhalten Sie bei Ihrem betreuenden Facharzt für Kinder- und Jugendmedizin, es sieht noch drei weitere Vorsorgeuntersuchungen auf freiwilliger Basis vor:
• die U 10 mit 7–8 Jahren
• die U 11 mit 9–10 Jahren
• die U 12 mit 16 Jahren

Für diese Untersuchungen gibt es keine Kostenerstattungs-Zusicherung durch die Krankenkassen. Mit elf Jahren gibt es eine Vorsorgeuntersuchung, die J 1, für die es kein eigenes Vorsorgeheft gibt, die aber von den Kassen übernommen wird.

Genitalien Die Genitalien von Mädchen und Jungen sehen infolge der Schwangerschaftshormone, die durch die Plazentaschranke gelangen, oft geschwollen aus. Manchmal kommt bei Mädchen ein Sekret, weißlicher Schleim oder auch Blut aus der Scheide. Dies ist nicht behandlungsbedürftig und hört auf, sobald über Urin und Stuhl die Hormone ausgeschieden sind.

Gestationsalter Unter dem sogenannten Gestationsalter versteht man die Wochen, die der Säugling laut vorher errechnetem Termin zu früh geboren wurde. Dieser Zeitraum wird bei Vorsorgeuntersuchungen in Bezug auf Reife und Entwicklung gegengerechnet, z. B. wenn ein Säugling statt nach 40 Wochen schon nach 36 Wochen geboren wurde. Das Gestationsalter wird dann von den Gynäkologen, wenn möglich, taggenau angegeben, z. B. 36 + 3 SSW (= 36 Wochen und drei Tage). Dies ist besonders wichtig bei der späteren Ernährung des Babys nach dem Stillen oder bei nicht gestillten Neugeborenen. Der Darm ist dann der frühen Geburt entsprechend unreif. So sollte ein Säugling, der vier Wochen zu früh geboren wird, auch erst mit Beginn des sechstens Monats statt mit Beginn des fünften Monats Beikost bekommen. Ist das Kind nur zehn bis 14 Tage zu früh geboren, kann es wie ein zum errechneten Termin Geborenes behandelt werden.

Haarausfall der Mutter nach der Geburt oder nach dem Abstillen ist ganz normal. Während der Schwangerschaft sind die Östrogenwerte erhöht, dieses Hormon sorgt dafür, dass weniger Haare ausfallen und das Haar deshalb voller und schöner aussieht. Wenn nach der Geburt die Östrogenwerte wieder sinken, fallen auch die Haare stärker aus. Pantovigar aus der Apotheke kann helfen, den Haarausfall zu mindern.

Herpes der Eltern und anderer Bezugspersonen. Herpesbläschen sind in hohem Maßen für einen Säugling ansteckend und können zur schmerzhaften Mundfäule (Stomatitis aphthosa) führen. Deshalb sollten betroffene Personen sicherheitshalber im Umgang mit dem Baby einen Mundschutz tragen oder die Herpesbläschen mit einem Pflaster abkleben und sich sehr häufig gründlich die Hände waschen und desinfizieren. Selten kann eine Herpes-Infektion eines Säuglings zu einer lebensgefährlichen Erkrankung werden, indem es zu einem Befall des zentralen Nervensystems (Herpes-Encephalitis) oder des gesamten Organismus kommt (Herpes-Sepsis). In jedem Fall muss der Kinder- und Jugendarzt bei Auftreten von Bläschen in den Mundschleimhäuten des Säuglings befragt werden!

Hitzewallungen und starkes Schwitzen bei der Mutter sind in der Regel auf das Absinken des Hormons Östrogen zurückzuführen. Der Körper stellt wieder um auf »nicht schwanger«. Mein Tipp: Hydrofugal-Deo, das hilft sehr gut.

Hüftgelenksdysplasie Spätestens bei der U 3 bis zur sechsten Lebenswoche sollte auf jeden Fall eine Hüftultraschall-

untersuchung durchgeführt werden, um eine Hüftgelenks-
dysplasie auszuschließen. Diese Untersuchung ist schmerzlos
für Ihr Baby. Bei einer Hüftgelenksdysplasie handelt es sich
um eine mangelhaft ausgebildete Hüftgelenkspfanne. Die
Fehlstellung wird in Grad gemessen. Zwei Winkel werden zur
Einteilung herangezogen (Alpha und Beta). Eine ausgereifte
Hüfte weist einen Alphawinkel von 60 Grad auf, während der
Betawinkel um 55 Grad liegt. Je weiter diese Werte von der
Norm abweichen, desto unreifer/stärker ist die Fehlstellung
des Hüftgelenks. Sollten bei Familienangehörigen bereits
Hüfterkrankungen, bzw. Dysplasien aufgetreten sein, ist es
wichtig, so früh wie möglich die Ultraschalluntersuchung
durchzuführen. Je eher die Diagnose gestellt wird, desto
kürzer die Behandlungszeit. In der Regel wird bei Bedarf
eine Spreizhose eingesetzt, die im Wesentlichen bewirkt,
dass der Oberschenkelkopf unbelastet in der Mitte platziert
wird, wodurch die Hüftpfanne langsam nachreifen kann.
Eine Spreizhose kann schnell und einfach angelegt werden
und ist für die Kinder schmerzfrei zu tragen. Es gibt unterschiedliche Spreizhosen und auch Spreizschienen-Modelle,
z. B. die sogenannte Tübinger Schiene. Diese Schiene kann
über den Windeln und dem Body getragen werden und liegt
nicht direkt auf der Haut auf. In schwierigen Fällen kann
sich der Orthopäde zu einer Gipsbandage entscheiden. Die
Gipstherapie hat bei Eltern mit unzureichender Mitarbeit
eine höhere Therapiesicherheit, da die Gipse im Gegensatz
zu den leicht zu öffnenden Spreizschienen und -hosen nicht
abmontiert werden können. Andererseits können Gipsbandagen zu nicht von außen erkennbaren Hautdruckstellen
und -wunden führen und bei unsachgemäßer Anlage zu
ungünstiger Kompression von Hüftgelenkanteilen führen.

Die meisten Babys gewöhnen sich in wenigen Tagen an die Spreizhosen, Schienen oder Gipsbandagen.

Ikterus oder Neugeborenengelbsucht. Bei einem Ikterus sind die Haut und der weiße Teil des Auges (die Skleren) gelb, das Neugeborene ist sehr müde, kraftlos und schläfrig. Nicht jedes Neugeborene bekommt eine Gelbsucht, es hängt von der Reife der Leber bzw. ihres Enzymstoffwechsels ab. Aber mehr als die Hälfte der gesunden Neugeborenen bekommen einen Ikterus. Besonders betroffen sind früh geborene Babys, bei denen die Leber noch besonders unreif ist und die Leberenzyme noch nicht in ausreichender Menge aktiv sind, um den vermehrt anfallenden »gelben« Blutfarbstoff des Bilirubin in eine ausscheidungsfähige, nierengängige Form umzuwandeln. Je nach Schwere der Gelbsucht muss das Baby eine Phototherapie erhalten. Durch die eingestrahlte Lichtenergie wird das eingelagerte Bilirubin in Haut und Auge wasserlöslich, in sogenanntes Lumirubin umgewandelt und kann dann über die Gallenflüssigkeit und die Nieren ausgeschieden werden. Dabei liegt das Neugeborene nackt in einem Wärmebett mit einer Augenbinde zum Schutz der Netzhaut. Die Lampe ist ca. 20 Zentimeter über dem Neugeborenen positioniert. Eine Behandlung dauert meist vier bis fünf Stunden und muss oft mehrmals wiederholt werden. Auch sollten Sie Ihrem Baby viel Flüssigkeit geben, damit das Bilirubin ausgeschwemmt wird. Dies können Sie dann an der Farbe des Urins und am Stuhl erkennen, der eine goldene bis hellbraune Färbung zeigt. Nach ca. zwei Wochen ist die Gelbsucht in der Regel verschwunden. In einigen Fällen kann die Gelbsucht ein bis zwei Monate anhalten, in solchen Fällen wird Ihr Kinderarzt Sie weiter beraten.

Ein Ikterus kann durch Flüssigkeits- und Energiemangel verstärkt werden. Deshalb ist es wichtig, besonders darauf zu achten, dass das schläfrige Neugeborene genügend trinkt. Wenn es nur ungenügend Kraft zum Trinken an der Brust hat, pumpen Sie Ihre Milch ab und füttern Sie auch abgekochtes Wasser mit viel Geduld und Zeit mit der Flasche, auch wenn es schläft – Säuglinge trinken, wenn auch sehr langsam, im Schlaf.

Eine sich in den ersten Lebenstagen entwickelnde Neugeborenengelbsucht ist in den meisten Fällen ein physiologisches (nicht krankhaftes) Anpassungsphänomen. Bei sehr hohen Bilirubin-Konzentrationen im Blut kann es allerdings in die Nervenzellen eindringen und diese zerstören. Dieser sogenannte Kernikterus, der neurologische wie z. B. mentale Retardierung (geistige Behinderung) sowie auch eine Innenohrschädigung und Blickstörungen verursachen kann, kann für die Betroffenen lebenslange schwere Behinderung mit sich bringen.

Allerdings ist das Phänomen des »Kernikterus« und der neurologischen Schädigung durch hohe Bilirubinkonzentrationen im Blut und dann im zentralen Nervensystem nicht genau erforscht. Weiterhin ist bis heute unklar, ab welcher Höhe von Bilirubinwerten tatsächlich Schädigungen auftreten. Angeblich gefährliche Grenzwerte wurden in den vergangenen Jahrzehnten immer wieder nach oben gesetzt. Wichtig ist aber, dass die Ärzte die Bilirubinwerte besonders in den ersten Lebenstagen des Neugeborenen bestimmen lassen und im Kontext bewerten, um über eine eventuelle Therapie zu entscheiden.

Ein Kernikterus lässt sich durch rechtzeitige, konsequente Kontrolle und Behandlung der Hyperbilirubinämie in

Gefährdungskonstellation mit Phototherapie und bei Bedarf durch eine Blutaustausch-Transfusion verhindern.

Ich betreute einen neugeborenen männlichen Säugling. Wie etwa 60 Prozent aller Neugeborenen bekam er am dritten Tag einen Ikterus, was völlig normal und ungefährlich war. Wir kontrollierten den Bilirubinwert im Blut und beobachteten den Säugling, wie stark sich das Weiße im Auge und die Haut verfärbten. An seinen Ausscheidungen (Urin und Stuhl) sahen wir, dass er durch die ihm immer wieder, auch nachts, angebotene Flüssigkeit – außer Muttermilch trank er auch abgekochtes Wasser, um das ungebundene Bilirubin auch über die Nieren besser auszuscheiden – langsam wieder normal aussah. Auch die durch die Gelbsucht verursachte starke Müdigkeit des Säuglings war bald überwunden, und das Baby wurde von Tag zu Tag munterer. Die Gelbsucht war komplett abgeklungen, die Leber hatte ihre altersgemäße Reife erreicht und konnte das Bilirubin binden.

Mit gut vier Wochen wurde der Junge plötzlich über Nacht ohne jegliche Vorzeichen wieder gelb! Wir fuhren sofort zum Kinderarzt, weil ich Angst hatte, dass womöglich eine Gallengangsatresie vorliege. Der Kinderarzt teilte meine Bedenken und schickte uns sofort in die Kinderklinik. Dort wurde das Baby mittels Ultraschall untersucht, sein Blut und der Urin getestet, aber alles ohne Befund. Der Bilirubinwert blieb drei Tage konstant hoch und verschwand so plötzlich, wie er gekommen war. Keiner hatte eine Erklärung dafür. Doch wäre der Wert weiter angestiegen, hätten die Ärzte in der Klinik sofort eingreifen können, nicht nur mit Phototherapie, sondern vielleicht sogar mit Blutaustausch (Transfusionsaustausch).

Muttermilchikterus Gestillte Säuglinge haben oftmals einen verlängerten Ikterus und weisen höhere Bilirubinwerte auf als Kinder, die mit Formula-Nahrung ernährt werden (den sogenannten Muttermilchikterus). Bei Säuglingen mit dem Muttermilchikterus ist eine unkomplizierte regelmäßige Kontrolle des Bilirubinwertes unabdingbar. Allerdings ist ein Muttermilchikterus kein Grund zum Abstillen. Leberenzyme des Neugeborenen und ein Ferment in der Muttermilch werden damit in Verbindung gebracht, aber leider weiß man nicht mit Bestimmtheit, woran es liegt. Wenn eine Phototherapie in der Kinderklinik notwendig ist, sollte trotzdem weiter gestillt werden oder das Neugeborene mit abgepumpter Muttermilch ernährt werden. Füttern/Stillen nach Verlangen des Neugeborenen ist mit einem Ikterus sehr umstritten, weil die meisten Säuglinge mit einem Ikterus sehr schläfrig sind und nicht genügend an der Brust trinken.

Ein Ikterus ist immer nur vorübergehend, und Muttermilch in ausreichender Menge fördert nicht unbedingt den Ikterus, sondern eher ganz im Gegenteil. Bei nicht ausreichender Muttermilch ist eine Zufütterung von Formula-Nahrung/Säuglingsmilch nicht nur sinnvoll, sondern notwendig.

Eine Untersuchung im Jahre 2005 von der Erhebungseinheit für Seltene Pädiatrische Erkrankungen in Deutschland (ESPED), die ihren Sitz in Düsseldorf an der Heinrich-Heine-Universität hat, hat ergeben, dass ein Kernikterus bei 6,3 pro eine Million Geburten zu beobachten ist.

Kaiserschnitt Kaiserschnitt-Kinder haben häufiger Anpassungsprobleme als Neugeborene, die die Geburt bewusst erlebt und mitgearbeitet haben. Bei der Spontangeburt wird das Fruchtwasser aus der Lunge gepresst. Kaiserschnittbabys werden oft, ohne dass sie schon auf die Geburt vorbereitet sind, zehn bis 14 Tage vor dem errechneten Termin, bevor sie im Geburtskanal sind, einfach aus ihrer »Höhle« geholt. Sie können deshalb gleich nach der Geburt Atemprobleme haben, es fehlt dann der Impuls zu atmen. Dies ist aber keine Erkrankung der Lunge. Der Impuls kommt nur verzögert. Sie haben in den ersten Tagen nach der Geburt auch etwas Wasser in der Lunge. Deshalb kann es zu Atemproblemen kommen. Auch nimmt das Baby beim Durchtritt durch die Vagina der Mutter die ersten Keime auf, die den Magen und Darmtrakt besiedeln und sein Immunsystem stärken. Das fehlt Kaiserschnittkindern, und sie können deshalb zu Allergien neigen.

Ich erlebe immer wieder Mütter, die mit sich hadern, weil sie es nicht geschafft haben, ihr Kind auf normalem Wege zu gebären, weil z. B. die Geburt stockte und trotz allen Bemühungen doch ein Kaiserschnitt durchgeführt werden musste. Ich tröste diese Mütter immer damit, dass das Baby allein durch den Versuch und die Anstrengung auf natürliche Weise auf die Welt zu kommen, besser auf die Umstellung vorbereitet und weniger Anpassungsprobleme hat als Babys, die gleich per Kaiserschnitt geholt werden.

Nach einem Kaiserschnitt werden Sie die ersten drei bis vier Tage noch starke Schmerzen haben und sich nicht ausreichend bewegen können, um Ihr Neugeborenes alleine zu versorgen, eventuell auch zu geschwächt sein, es ist schließlich eine große Operation. Deshalb fragen Sie schon bei der Klinikauswahl, ob es ein Säuglingszimmer gibt, in dem bei Bedarf die Kinderkrankenschwestern Ihr Baby die ersten ein bis zwei Nächte versorgen.

Karies Gestillte Säuglinge bekommen, wenn sie richtig gestillt werden, d.h. wenn die Muttermilch direkt in den Rachen läuft, kein Karies, auch wenn die Muttermilch besonders süß ist. Muttermilch enthält Substanzen, die Bakterien bekämpfen. Außerdem sind die Karies-Bakterien nicht in der Lage, den Zucker in der Muttermilch (Laktose) als Energiequelle zu nutzen, sie bevorzugen normalen Zucker (Sacharose). Solange Ihr Baby noch keine Zähne hat, besteht deshalb kaum ein erhöhtes Karies-Risiko. Sobald aber der erste Zahn durchgebrochen ist, muss er täglich gepflegt werden. Es gibt Fingerzahnbürsten, mit denen Sie spielerisch Ihrem Baby die Zähne putzen können. Wenn Sie mit ca. zwei bis drei Monaten den Kiefer Ihres Kindes zwei- bis dreimal täglich massieren und nach dem ersten Zahndurchbruch den Zahn täglich nach dem letzten Stillen putzen, gibt es aber auch dann keine erhöhte Karies-Gefahr. Durch die Kiefermassage wird Ihr Baby das Zähneputzen als angenehm in Erinnerung haben, und es sollte Teil des Zubettgeh-Rituals werden.

Käseschmiere Die Käseschmiere ist eine weiße Fettschicht auf der Haut des ungeborenen Babys. Neugeborene kommen mit diesem weißen Bezug auf die Welt. Übertragene Babys haben nur noch wenig von dieser Fettschicht bei ihrer Geburt und weisen dafür sogenannte Waschfrauenhände und -füße auf. Frühchen hingegen sind bei ihrer Geburt noch mit einer dicken weißen Schicht überzogen. Die Käseschmiere sollte nicht sofort nach der Geburt abgebadet werden, da sie ein idealer Schutz für die Haut ist. Das sollte aber spätestens nach zwei Tagen passieren, dann ist sie auch überwiegend eingezogen und fängt auch an, unangenehm zu riechen.

Kindspech oder Mekonium ist schwarz-grün oder schwarzbraun und eigentümlich klebrig zäh. Es besteht aus eingedickten Verdauungssekreten, abgestoßenen Darmwandzellen und Bestandteilen von verschlucktem Fruchtwasser. Der Mekoniumstuhl geht in der Regel am Tag der Geburt ab. Die ersten Milchstühle sind noch mit Mekonium vermischt (sogenannte Übergangsstühle) meist bis zu drei Tagen nach der Geburt. Bei übertragenen Kindern wird das Fruchtwasser untersucht, ob schon Mekonium des Babys abging, wenn ja, ist das Fruchtwasser grün. Dann muss die Geburt eingeleitet werden.

Koliken Wenn sich das Baby kurz nach den Mahlzeiten vor Schmerzen windet, in alle Richtungen gestikuliert und sich zusammenkrümmt, dann liegen wohl die gefürchteten Koliken vor, die für Ihr Baby sehr schmerzhaft sind. Sein Schreien ist dann Schmerzgeschrei, was Sie sehr schnell heraushören. Wenn Sie stillen, müssen Sie überlegen, welche von Ihnen aufgenommenen Lebensmittel Ihr Baby nicht vertragen könnte (siehe auch Seite 149). Meiden Sie grundsätzlich alles leicht Blähende und Getränke mit viel Kohlensäure. Lassen Sie Ihr Baby häufiger aufstoßen. Bei der Formulamilch achten Sie bitte auf die Trinktechnik

Ihres Kindes. Vielleicht müssen Sie auch eine andere Säuglingsmilch ausprobieren. Gerade die HA-Milch ist schwerer verdaulich und leicht säuerlich, das werden Sie auch am Geruch des Stuhlgangs Ihres Babys erkennen. Auch Trinken aus der Flasche kann zu Blähungen führen. Besonders wenn das Saugerloch zu groß ist und kein Ventil hat.

Was hilft bei Koliken?
- Legen Sie Ihr Baby an die Schulter, und lassen Sie es ein Bäuerchen machen, meistens beruhigt sich Ihr Baby dann wieder, weil die beim Trinken verschluckte Luft wieder entweicht.
- Legen Sie Ihr Baby auf Ihre Oberschenkel mit Kopf und Bauch nach unten und machen Steppbewegungen mit den Füßen, dadurch entweicht die Luft in Bauch und Darm.
- Sehr hilfreich bei Koliken ist Wärme. Legen Sie Ihrem Baby ein »Hot Pack« (erhältlich in Apotheken) in ein Tuch gewickelt oder ein warmes Kirschkernsäckchen auf den Bauch oder verabreichen Sie ihm eine Bauchmassage, eventuell auch mit Windsalbe.
- Geben Sie Ihrem Baby Anis-Fenchel-Kümmeltee zu trinken.
- Bei anhaltenden wiederkehrenden Koliken können auch homöopathische Carum-carvi-Kinderzäpfchen helfen.

Körperbehaarung des Neugeborenen. Mit den sogenannten Lanugohaaren ist der Fötus in der Gebärmutter bedeckt.

Die Haare haben eine Schutzfunktion, normalerweise fällt die Behaarung einige Wochen vor der Geburt aus und schwimmt im Fruchtwasser. Frühgeborene Babys, bei denen die Lanugohaare nicht abgefallen sind, kommen behaart auf die Welt. Da das Ungeborene im Mutterleib Fruchtwasser schluckt, befinden sich Lanugohaare auch im Mekonium.

Laktoseunverträglichkeit Bei Laktoseintoleranz handelt es sich um eine Kuhmilchunverträglichkeit, bzw. der in der Milch natürlich enthaltene Milchzucker/Laktose wird nicht vertragen. Eine Milchzuckerunverträglichkeit macht sich oft schon bei voll gestillten Säuglingen, wenn die Mutter häufig Kuhmilchprodukte isst, durch starke Unruhe, Koliken und übermäßig starken Milchschorf und Hautausschlag bemerkbar. Bei diesen Symptomen sollten Sie auf laktosefreie Milchprodukte umsteigen. Laktosefreie Milchprodukte gibt es in vielen Supermärkten. Besonders wenn Ihr Baby nach dem dritten Monat noch unter Koliken leidet, ist dies ein deutlicher Hinweis auf eine Laktoseintoleranz. Spätestens dann sollten Sie ein bis zwei Wochen auf Kuhmilchprodukte mit Laktose verzichten. Die Symptome verschwinden meist nach kurzer Zeit, wenn Sie laktosefreie Milchprodukte verwenden. Diese Erfahrung habe ich schon häufig gemacht und kann nur jeder Mutter raten, bei starken, dauerhaften Koliken in Verbindung mit starkem Schorf Kuhmilchprodukte zu meiden. Starker Milchschorf kann auch ein Anzeichen von Allergien sein, häufig von Kuhmilchallergie.

Milcheinschuss Das Hormon Prolaktin wird schon während der Schwangerschaft produziert und steuert die

Milchbildung. Beim Milcheinschuss am dritten bis vierten Tag nach der Geburt wird sehr viel Prolaktin ausgeschüttet. Dadurch haben manche Mütter zum Teil starke Schmerzen. Bei sehr heftigem Milcheinschuss hilft Phytolacca D 4 Globuli, meist reicht ein Tag dreimal eine Gabe. Trinken Sie am Tag des Milcheinschusses besser keinen Sekt, verschieben Sie Ihre kleine Willkommensfeier, denn Sekt fördert die Milchbildung, dadurch kann der Milcheinschuss noch schmerzhafter werden. Nach zwei bis drei Tagen reguliert sich der Milchfluss.

Milcheinschuss beim Kaiserschnitt Auch wenn der Milcheinschuss bei einem Kaiserschnitt eventuell einen oder zwei Tage später einsetzt, können Sie Ihr Baby trotzdem voll stillen wie bei einer Spontangeburt.

Verschlossene **Milchgänge** Ein Milchgang kann sich in den ersten Wochen verschließen, entweder infolge eines Milchstaus, eines zu eng sitzenden BHs oder wegen getrockneter Sekrete auf der Brustwarzenspitze, die eine Milchpore verstopfen. Wenn sich ein Milchgang verschließt, fühlen sich die Brüste weich und klumpig an, die Haut kann gerötet sein. Um einen Milchgang wieder gängig zu bekommen, massieren Sie behutsam oberhalb dieses Bereiches und legen Sie Ihr Kind immer wieder an die betroffene Brust an. Löst sich der Stau dadurch nicht, gehen Sie zum Arzt.

Milchschorf Dieses Säuglings-Ekzem der Kopfhaut tritt meistens ab der sechsten bis achten Lebenswoche auf. Es sind schuppende, gelbliche Flecken, die Sie aber nicht abwaschen können und auf keinen Fall abkratzen dürfen, sonst verletzen Sie die zarte Kopfhaut. Sie können die Kopfhaut Ihres Babys am Abend mit Mandel-Baby- oder auch mit Olivenöl einreiben. Am nächsten Morgen haben sich die Schuppen gelöst, und Sie können sie mit einem milden Shampoo und leichter Kopfmassage problemlos abwaschen. Es gibt auch ein Shampoo aus der Apotheke zur Entfernung von Milchschorf, aber ich finde es nicht empfehlenswert. Möglich wäre auch ein Zinnkrautbad der betroffenen Stellen.

Nässender Milchschorf ist eine Erscheinungsform der Neurodermitis, gepaart mit sehr trockener Haut. Die Flecken sind teilweise stark gerötet und nicht nur an der Kopfhaut vorhanden, sondern auch an und hinter den Ohren, an den Augenbrauen und auch an den Außenseiten der großen Hautfalten der Gelenke. Da der nässende Milchschorf stark juckt, kommt es zu Kratzspuren, die sich schnell mit Bakterien infizieren und Entzündungen hervorrufen. Sie sollten immer zum Arzt gehen.

Milien sind kleine weiße Pusteln, die durch Verstopfung der Talgdrüsen der Babyhaut verursacht werden und hormonal bedingt sind. Sie verschwinden von ganz alleine wieder. Bitte nichts machen, auf keinem Fall ausdrücken.

Muttermilch und Säuglingsindustrie/Formel-Milch bzw. Formula-Nahrung im Vergleich Die Säuglingsmilch ist in Nährstoff- und Energiegehalt der Muttermilch weitgehend angeglichen. Es fehlen ihr aber die wichtigen Abwehrstoffe (Immunglobuline), die laut neuen wissenschaftlichen Erkenntnissen auch wichtig für die Gelenke Ihres Babys sind. Sie ist auch nicht immer zu jeder Zeit keimfrei (je nach Zubereitung), richtig temperiert und verfügbar. Die Muttermilch enthält weniger Eisen und Vitamine als die Säuglingsmilch.

100 ml	Muttermilch	Säuglings/Formelmilch
Nährwert (Kcal)	66	66
Fett (g)	3,8	3,7
Eiweiß (g)	1,25	1,45
Kohlehydrate (g)	7,2	7,22
Vitamin A (mg)	60	80
Vitamin D (mg)	0,025	1,0
Vitamin C (mg)	3,7	6,8
Eisen (mg)	0,07	0,58

Nabelgranulom Wenn der Nabelschnurrest abgefallen ist, können sich gelegentlich Wucherungen von Bindegewebe im eigentlichen Nabel bilden. Wenn diese nässen und sich entzünden, müssen Sie zum Kinderarzt. Eine Behandlung erfolgt mit lokaler Antisepsis z.B. mit Octenisept-Spray. Falls das nicht zum gewünschten Erfolg führt, kann der Kinderarzt mit einem Silbernitratstift die Wucherungen durch Verätzen unterbinden.

Nabelschnurblut Blut aus der Nabelschnur wird auch unmittelbar nach der Geburt entnommen, um den pH-Wert zu messen. Die Entscheidung, ob Nabelschnurblut auf Allergien und Erbkrankheiten untersucht werden soll und ob Sie es zur Stammzellen-Asservation konservieren möchten, müssen Sie vor der Geburt getroffen haben. Nur in den ersten Minuten nach der Geburt, möglichst aus der noch pulsierenden Nabelschnur, ist dieses Blut für eventuell später auftretende Krankheiten zu konservieren. Ein solches Vorhaben müssen Sie mit Ihrem Gynäkologen oder mit der Klinik vorher absprechen, damit die nötigen Vorbereitungen im Kreißsaal getroffen werden können.

Neugeborenen-Akne haben die meisten Babys, aber sehr unterschiedlich stark ausgeprägt. Einige Babys haben nur wenige kleine Pickel um die Nase herum, andere sind am ganzen Körper übersät. Sie sollten nichts gegen die Pickel unternehmen, sie verschwinden spätestens mit sechs Monaten. Auf keinen Fall sollten Sie versuchen, sie auszudrücken. Vielleicht verschreibt Ihnen Ihr Kinderarzt eine Salbe mit Zink zum Austrocknen oder eine regulierende Feuchtigkeitscreme.

Ich betreute einen kleinen männlichen Säugling, er war ein so genanntes Mangelgeborenes Kind, war bei seiner Geburt untergewichtig, aber nicht zu früh geboren. Die Mutter hatte wahnsinnige Angst vor der Geburt, weil ihr erstgeborenes Kind sehr groß und schwer war. Da sie eine natürliche Geburt ohne Schmerzmittel überstehen wollte, hungerte sie während der Schwangerschaft und machte auch gewaltige, stundenlange Wanderungen in der Hoffnung, dass ihr Baby ein zarter Säugling sein werde. Es war dann auch ein sehr schwaches Baby, das keine Kraft hatte, an der Brust zu trinken. Wir versorgten es daher stündlich zu Hause mit abgepumpter Muttermilch. Durch die Muttermilch bekam der Säugling überall am ganzen Körper kleine rote Pickelchen. Woraufhin die Großmutter des Kindes unbedingt wollte, dass die

Mutter aufhören solle zu stillen. »Deine Milch ist schlecht, sieh, was du deinem Kind antust«, warf sie ihrer Tochter vor. Es war nicht möglich, die Großmutter davon zu überzeugen, dass die Milch völlig in Ordnung war, es war ein tagelanger Kampf. Sie habe auch ihre Kinder nicht gestillt, und alle seien gesund und ohne Allergien groß geworden, beharrte sie auf ihrer Meinung und brachte bei jedem Besuch ihre Tochter zum Weinen, bis schließlich der Vater ihr Hausverbot erteilte. Nach einigen Wochen verschwanden die Pickelchen von allein, und die Muttermilchmenge erhöhte sich. Auch der leichte Durchfall durch die anfängliche Muttermilchunverträglichkeit endete von alleine nach etwa drei Wochen. Es wurde ein ganz normaler goldgelber süßlich riechender Muttermilchstuhl. Der Kleine gedieh mit der Muttermilch sehr gut, es bedurfte nur viel Geduld, Zeit und Ruhe.

Plötzlicher Kindstod Der Plötzliche Kindstod, auch SIDS (Sudden Infant Death Syndrome) tritt vorwiegend im ersten Lebensjahr, 90 Prozent in den ersten sechs Monaten auf. Es sind mehr Jungen als Mädchen betroffen. Die Ursache ist noch immer unbekannt. Fest steht, dass mehr Babys an SIDS bei rauchenden Eltern als bei Nicht-Rauchern sterben, deshalb ist es selbstverständlich, dass im Schlafzimmer und in allen Räumen, in denen sich Ihr Baby aufhält, nicht geraucht werden darf. Außerdem sollte es beim Schlafen weder zu Überwärmung noch zu einer Unterkühlung des Säuglings kommen. Ihr Baby sollte nur auf dem Rücken schlafen. Neugeborene mit einem geringen Geburtsgewicht haben ein deutlich höheres Risiko, an SIDS zu sterben. Eine erbliche Komponente spielt auch eine Rolle: Wenn in einer Familie ein Kind schon einmal am Plötzlichen Kindstod verstorben ist, ist das SIDS-Risiko für den nachgeborenen

Säugling erhöht. Deshalb sollte er im ersten Lebensjahr unbedingt per Monitor überwacht werden.

Rauchen Nikotin ist milchgängig. Gesundheitliche Risiken entstehen für Ihr Baby mit jeder Zigarette. Wenn Sie als stillende Mutter rauchen, steigt der Nikotinspiegel im Blut und der Muttermilch gleich stark an und krebserregende Stoffe werden über die Muttermilch transportiert. Es dauert eineinhalb bis zwei Stunden, bis die Hälfte des Nikotins im Körper der Mutter wieder abgebaut ist. Je kürzer vor dem Stillen geraucht wird, desto kürzer ist auch der Schlaf Ihres Babys. Schon fünf Zigaretten am Tag können dies bewirken, es ist aber nicht nur die Anzahl relevant, sondern auch wie tief inhaliert und wie weit die Zigarette heruntergeraucht wird. Weitere gesundheitliche Folgen des Nikotins für Ihr Baby können Bauchkrämpfe, Erbrechen und Durchfall sein sowie ein erhöhtes Risiko für Atemwegserkrankungen. Auch zu einem schnellen Herzschlag, der lebensgefährlich sein kann, kann es bei Säuglingen kommen, deren Mütter rauchen. Des Weiteren wird das Rauchen, auch Passivrauchen, in Zusammenhang mit dem Plötzlichen Kindstod (SIDS) gebracht. Wenn Sie auf das Rauchen partout nicht verzichten können, sollten Sie nach dem Stillen rauchen und zwei bis drei Stunden vor dem nächsten Stillen pausieren. Auch Passivrauchen ist schädlich für Ihr Baby, achten Sie darauf, dass bei Ihnen zu Hause niemand raucht. Wenn Ihr Kind passiv mitrauchen muss, kann es später bei ihm zu Verhaltensauffälligkeiten kommen, auch riskieren Sie, wenn Sie Ihr Kind über Jahre diesem Qualm aussetzen, dass es hyperaktiv wird. Dies fanden Wissenschaftler der Universität München heraus.

Rauchen Sie auch nicht im Freien mit Ihrem Baby auf dem Arm, was man leider immer wieder sieht: in der einen Hand die Zigarette und auf dem anderen Arm das Baby. Der Rauch haftet an den Fingern und der Kleidung und wird so auf Ihr Kind übertragen. Nach dem Rauchen sollten Sie sich deshalb immer die Hände waschen! Wenn Sie als Eltern rauchen, verschlechtern Sie die Wirkung der Impfungen Ihres Kindes, ganz besonders bei Kindern, die unter Allergien leiden und deren Immunsystem dadurch schon beschädigt ist.

Reflexe Bei der Geburt sind die Neugeborenen fast reine Reflexwesen. Ein Reflex ist eine unwillkürliche, ohne Beteiligung des Bewusstseins ablaufende Muskelkontraktion, die nach Einwirkung eines Reizes auf sensible Nervenfasern zustande kommt. Zum Beispiel, wenn Sie einen Finger in die Handfläche des Neugeborenen legen, schließt sich seine Hand – das ist der Greifreflex. Es gibt Schutzreflexe und Primitivreflexe. Primitivreflexe sind z.B. der Suchreflex, der Saugreflex, der Schreit- und Greifreflex, diese Reflexe verschwinden am Ende des dritten Monats normalerweise. Schutzreflexe, wie Husten beim Verschlucken oder Niesen und Blinzeln, bleiben. Anhand der vorhandenen Reflexe kann der Kinderarzt seine Beurteilung des Entwicklungsstandes des Säuglings komplettieren.

Rotavirus Die Rotavirus-Gastroenteritis (eine durch den Rotavirus bedingte Durchfallerkrankung) ist eine hoch ansteckende, unberechenbare Erkrankung mit nicht vorhersehbarem Krankheitsverlauf. Kinder können eine mild verlaufende Durchfallerkrankung entwickeln, aber auch an schwerwiegenderen Symptomen wie z. B. Erbrechen, Fieber, starken Bauchschmerzen und schnellem Verlust von Körperflüssigkeit leiden. Die Rotavirus-Infektion betrifft vor allem Säuglinge und Kleinkinder. Praktisch alle Kinder infizieren sich mit Rotaviren in den ersten zwei bis drei Lebensjahren – dem Alter mit dem höchsten Komplikationsrisiko. Die höchste Anzahl an Rotavirus-Erkrankungen findet sich normalerweise bei Kindern unter drei Jahren.

Schielen Wenn Sie feststellen, dass Ihr Neugeborenes schielt, muss Sie dies zunächst nicht beunruhigen. Bis zum sechsten Monat ist es nicht ungewöhnlich. Wenn der Zustand länger anhält, müssen Sie Ihr Baby dem Augenarzt vorstellen. Eine Schieltherapie sollte sehr früh beginnen. Bei einer erblichen Vorbelastung, sollte die erste Augenuntersuchung bei fraglichem Schielen des Babys mit sechs Monaten erfolgen. Prophylaktisch sollte jedes Kind mit etwa 15 bis 18 Monaten, auch wenn keine Auffälligkeiten vorliegen, augenärztlich untersucht werden.

Schlafen mit offenen Augen Wenn Eltern zum ersten Mal beobachten, dass ihr Baby mit halbgeöffneten Augen schläft, sind sie verunsichert, ob ihr Baby überhaupt schläft. Aber das tut es. Säuglinge kommen schon etwa 15 Minuten nach dem Einschlafen in die Traumphase, während Erwachsene erst nach etwa drei Stunden nach dem Einschlafen in den sogenannten R(apid)E(ye)M(ovement)-Schlaf fallen. Außerdem schlafen Babys auch tagsüber und viel mehr als Erwachsene, deshalb ist bei Babys das Offene-Augen-Syndrom häufiger zu sehen. Wenn Sie beobachten, dass Ihr Baby nie die Augen schließt, müssen Sie mit dem Arzt sprechen, weil die Augen austrocknen können. Die Augen müssen mit einer Salbe feucht gehalten oder eventuell vorübergehend abgedeckt werden.

Schluckauf ist ein harmloser Krampf des Zwerchfells, der die Babys überhaupt nicht stört. Schluckauf haben die Föten schon im Bauch der Mutter, was manche Mütter auch spüren. Beim Trinken oder wenn Sie ein Niesen bei Ihrem Baby auslösen, verschwindet er von selbst. Wird Ihr Kind nach dem Trinken stark durch den Schluckauf beeinflusst und hindert er Ihr Kind am Einschlafen, können Sie ihm Magnesium phosphoricum D4 3 × 1 Globuli geben. Mit drei Monaten lässt die Häufigkeit von Schluckauf deutlich nach.

Schnuller Es gibt viele Vorurteile gegen den Schnuller, von asozial über unhygienisch bis hin zur These, er behindere die Sprachentwicklung. Doch das Gegenteil ist der Fall: Das Baby trainiert mit dem Nuckeln am Schnuller die Mundmuskulatur, was für die spätere Sprachentwicklung von Vorteil ist. Wenn Ihr Baby ein starkes Saugbedürfnis hat und sich gern in den Schlaf nuckelt, sollten Sie dieses Bedürfnis befriedigen. Lange Zeit vertraten Hebammen die Meinung, gestillte Babys dürften keinen Schnuller bekommen, um den Stillerfolg nicht zu gefährden. Forscher aus den USA haben jetzt 29 Studien aus zwölf Ländern ausgewertet und kamen zu dem Ergebnis, dass der Schnuller nicht den Stillerfolg gefährdet. Es gibt also keine Gründe, warum ein Säugling keinen Schnuller bekommen sollte, um sein Saugbedürfnis zu stillen. Den Schnuller können Sie Ihrem Kind auch wieder leichter abgewöhnen als den

Daumen. Nur wenn Ihr Baby lange und intensiv ständig am Schnuller oder Daumen nuckelt, kommt es zur Kieferverformung. Lieber Ihr Kind am Schnuller nuckeln lassen als an der Nuckelflasche mit Milch oder Saft, was schon sehr früh zu Karies führen kann. Die Entwöhnung vom Schnuller erfolgt viel früher als vom Daumen, daher sind Gebissanomalien weniger wahrscheinlich. Deshalb empfehlen Kieferorthopäden in den ersten drei Monaten, in denen das Saugbedürfnis besonders stark ist, einen Schnuller zu geben, um das Daumenlutschen zu verhindern. Eine wissenschaftliche Studie aus Holland zeigt, dass durch einen unruhigen Schlaf sich Babys in eine gefährliche Schlafposition drehen. Das Saugen an einem Schnuller vermindert diese Unruhe während des Schlafs.

Oft lassen Mütter ihrem Baby den Schnuller aber rund um die Uhr, was nicht nötig und falsch ist. Ein Schnuller ist ein Beruhigungssauger und kein Dauernuckel. Wenn Ihr Baby gewohnt ist, immer einen Schnuller im Mund zu haben, wird es ihm später nur schwer wieder abzugewöhnen sein. Der Schnuller sollte eine Einschlafhilfe sein. Ab dem vierten Monat sollte der Schnuller nur noch im Bett zum Einschlafen gegeben werden. Das Nuckeln am Schnuller ist eine monotone Stimulation, die Ihrem Baby beim Einschlafen hilft.

Schnuller müssen täglich gesäubert und sterilisiert oder ausgekocht und auch etwa alle sechs bis acht Wochen ausgewechselt werden. Wichtig beim Säubern des Schnullers ist, dass Sie die Fusseln zwischen Schnullerschild und Saugteil entfernen, beim Silikonschnuller sind die Fusseln nicht so gut sichtbar wie beim Latexschnuller. Wenn der Schnuller auf den Boden fällt, auch innerhalb der Wohnung, ist er schmutzig und muss immer gesäubert werden. Auch sollte der Schnuller nicht mit dem Geschwisterkind geteilt werden, das Baby sollte dem Geschwisterkind den Schnuller dann lieber »schenken«. Weder Eltern noch Geschwister sollten den Schnuller in den Mund nehmen, auch nicht zum vermeintlichen Säubern. Denn so wird Karies übertragen. Das Verbot gilt auch für die stillende Mutter, der Gedanke »mein Kind wird von mir ernährt, dadurch hat es alle meine Keime doch sowieso« ist nicht richtig. Nicht alle Keime und Bakterien sind milchgängig. Die Kariesbakterien übertragen Sie Ihrem Kind nur durch direkten Kontakt. Benutzen Sie niemals einen Flaschensauger als Schnuller, durch intensives, kräftiges Saugen Ihres Babys kann es den Flaschensauger von dem Saugerschraubverschluss ziehen und daran ersticken. Achten Sie beim Kauf auf Form und altersgerechte Größe des Schnullers. Latexschnuller sind gerade für die ganz jungen Säuglinge zu empfehlen, da sie aufgrund ihrer physikalischen Eigenschaften weicher als Silikonschnuller sind. Schnuller niemals an eine Perlenkette oder an ein langes Band oder eine Kordel hängen. Es besteht Strangulationsgefahr und die Gefahr, dass die Perlenkette reißt und das Baby an den Perlen ersticken könnte.

Schnupfen Am wirksamsten gegen Schnupfen und Nasenschleim ist eine Nasenspülung mit Meerwasser. Danach können Sie dem Säugling das Sekret mit einem Mucex-Schleimabsauger für Neugeborene von Braun vorsichtig absaugen. Diese Saugvorrichtung gibt es in der Apotheke, damit wird die Nase wirklich frei und Ihr Baby kann wieder besser atmen und trinken, was letztlich die wichtigste

Voraussetzung für das Stillen ist. Außerdem hilft Majoranbutter oder Engelwurzbalsam sowie abschwellende Nasentropfen/-spray, am besten ohne Konservierungsstoffe.

Schwangerschaftsstreifen sind eine Veranlagung des Bindegewebes. Zur Prophylaxe von Schwangerschaftsstreifen können Sie Folgendes tun: sanfte Bürstenmassagen z.B. mit Aloe-Vera-Öl, Ringelblumensalbe oder Freiöl. Das hält auch die Haut geschmeidig.

Sport Während Sie stillen, sollten Sie nur sanfte Gymnastik machen und nicht joggen. Durch das Joggen wird mehr Milchsäure im Muskel gebildet und gelangt über die Blutbahn in die Milch. Der Säugling lehnt sie dann eventuell ab, weil die Milch dann richtig sauer schmecken kann. Durch die körperliche Anstrengung kann es auch zu einer Verringerung der Milchproduktion kommen.

Stillprobe Wenn Sie eine Stillprobe machen möchten, wiegen Sie Ihr Baby in seiner Kleidung vor und nach dem Anlegen an jeder Brust, notieren Sie das jeweilige Gewicht, die Differenz der beiden Zahlen ist die getrunkene Menge. Addieren Sie die jeweilige Trinkmenge eines Tages. Eine Stillprobe sollten Sie immer alle vier bis sechs Wochen durchführen, das vermittelt Ihnen ein entspanntes und sicheres Gefühl.

Storchenbiss Ein Storchenbiss sind zartrosa Flecken, die recht häufig vorkommen. Vor allem auf den Augenlidern, der Stirn, im Nacken des Hinterkopfbereichs und unterhalb der Haaransatzlinie. Es dauert ein bis zwei Jahre, bis sie ganz verblasst sind. Der Storchenbiss ist nicht behandlungsbedürftig. Storchenbisse heißen im Lateinischen »Naevus flammeus« und sind in der Regel in der Mittellinie und/oder symmetrisch verteilt und buckeln sich nicht vor. Davon zu unterscheiden sind Blutschwämmchen/Hämangiome, die meist asymmetrisch auftreten und in den ersten Lebenswochen auch mit Vorbuckelung wachsen können. Bei letzteren sollte der Kinder- und Jugendarzt rasch zu Rate gezogen werden, da sie an störenden Stellen (z. B. Augenlider) funktionell beeinträchtigen können. Es gibt hierzu effektive Behandlungsmethoden (laserartige Therapien und auch gefäßkonstringierende Medikamente), die sofort im Neugeborenenalter eingesetzt werden können. Die Behandlung gehört dann in Fachambulanzen (Dermatologie/Kinderchirurgie).

Stuhlgang Gestillte Kinder können bei jeder Mahlzeit Stuhlgang haben, aber auch nur einmal am Tag oder nur alle drei bis fünf Tage. Wenn der Stuhl weich ist und Ihr Baby gut gedeiht, ist das ein Zeichen, dass die Muttermilch fast vollständig vom Körper aufgenommen wird. Es ist ganz normal, wenn sich Ihr Baby beim Stuhlgang anstrengen muss und dabei einen roten Kopf bekommt, das bedeutet nicht, dass Ihr Baby Verstopfung hat. Sie werden sehen, dass der Stuhl weich, eventuell sogar flüssig ist. Dies liegt an der Unreife des Darms. Geben Sie keinen Milchzucker, dieser führt zu Blähungen. Solange Ihr Baby keine Beschwerden hat wie z. B. einen harten Bauch, Koliken oder Schmerzen beim Stuhlgang, müssen Sie nichts unternehmen. Sie sollten auf keinen Fall mit einem Fieberthermometer oder einem anderen spitzen Gegenstand im Darm stochern, um den Darm zu reizen, Sie könnten den Darm verletzen. Bei ernsthaften Problemen gehen Sie zum Kinderarzt.

Wie sieht der Stuhl aus?
Bei gestillten Babys, die nur **Muttermilch** bekommen, ist der Stuhl goldgelb, riecht süßlich und ist sehr weich, dünnflüssig, aber nicht wässrig und stinkig. Auch bei voll gestillten Babys kann der Stuhl manchmal grün sein, und zwar dann, wenn das Baby einen leichten Infekt durchmacht oder wenn sich die Mutter überwiegend mit grünen Lebensmitteln ernährt wie z.B. Spinat, Salat usw. Bei Babys, die an der Brust hungern, ist der Stuhl hart. Wenn Sie die Milchproduktion nicht steigern können, müssten Sie dann zufüttern. Bei einer **Zwiemilchernährung** riecht der Stuhl nicht mehr süßlich und hat eine dunklere, oft auch eine grünliche Farbe. Dieses Phänomen liegt an dem höheren Bakteriengehalt der Milch. Durch die Unreife des Darms müssen sich die Säuglinge in den ersten Monaten sehr anstrengen, um den Stuhl herauszudrücken, auch wenn der Stuhl ganz weich ist. Bei der **hypoallergenen Milch** ist der Stuhl weich und grünlich, riecht unangenehm leicht säuerlich, ist aber nicht wässrig-grün. Bei **Formulamilch** auf Sojabasis ist der Stuhl bräunlich und fest, aber nicht hart wie Hasenköttel.

Tränen Neugeborene weinen tränenlos. Erst zwischen der vierten und sechsten Lebenswoche kommen Tränen, erst dann funktionieren die Nervenbahnen und die Tränendrüsen fangen an zu arbeiten.

Trinken Geben Sie Ihrem Kind immer ausreichend zu trinken, am besten Wasser. Die meisten Babys mögen keinen Tee – da Tee keinen Zucker enthalten soll, schmeckt er ihnen zu intensiv. Wasser dagegen schmeckt neutral. Selbstverständlich muss es abgekocht und am besten lauwarm sein. Besonders im Sommer oder bei längeren Auto- und Flugreisen braucht Ihr Baby mehr Flüssigkeit.

Äußere **Unreife-Zeichen** bei der Geburt sind: Beim Mädchen überragen die großen Schamlippen die kleinen nicht, bei Jungen sind die Hoden meist nicht im Hodensack. Finger- und Zehen-Nägel erreichen noch nicht die Finger- bzw. Zehenkuppen. Lanugohaare befinden sich an Schultern, Schläfen und Oberkörper.

Verstopfung Bei einer Verstopfung nach der Geburt können sich Mütter durch leichte Gymnastik, lange Spaziergänge, viel Flüssigkeit sowie ballaststoff-faserreicher Kost (Salat, Obst z. B. Birnen) Abhilfe verschaffen. Wenn Sie stillen, sollten Sie alle oral einzunehmenden Arzneimittel sowie abführende Tees vermeiden. Diese sind milchgängig und können wässerige Stühle bei Ihrem Säugling verursachen und zu Magenkrämpfen führen. Dieses kann auch die Ursache für ein Nichtgedeihen Ihres Babys sein. Ihr Baby trinkt zwar ausreichend Muttermilch, aber sein Gewicht stockt, oder es verliert an Gewicht. Die meisten Mütter denken nicht daran, dass ein Abführmittel/Tee bei ihnen selbst zu einem gewünschten weichen Stuhl führt, bei ihrem Baby aber zu Durchfall und einem eventuellen Gewichtsverlust. Sehr hilfreich bei Verstopfung ist es, wenn Sie morgens nüchtern ein bis zwei Gläser heißes Wasser trinken. Achten Sie gerade bei Teemischungen auf die Inhaltsangabe, denn manche Kräuter wirken abführend und dies immer stärker beim Säugling als bei der Mutter, die den Tee trinkt, denn auch die Kräutertees sind milchgängig.

Zu einer Mutter, die ich betreute, kam täglich die Hebamme, weil durch die Geburt ihr Damm gerissen war. Wie viele Mütter litt auch sie nach der Geburt zusätzlich an Verstopfung, was ihr wegen ihres Dammrisses Schmerzen bereitete. Die Mutter stillte ihr Neugeborenes, sie ernährte sich regelmäßig und gut und auch Milch hatte sie reichlich, nur der Säugling nahm nicht an Gewicht zu. Ich begann, mir Sorgen zu machen und beobachtete sehr intensiv, was die Mutter alles so isst und trinkt. Sie hatte eine Teemischung von ihrer Hebamme bekommen, davon könne sie angeblich bis zu einem Liter am Tag trinken, dann würde ihr Stuhlgang leichter, schmerzfreier und zudem würde diese Mischung auch die Heilung des Dammrisses fördern. Den Tee hatte die Hebamme selbst gemischt, somit war nirgends die Zusammensetzung der Inhaltsstoffe aufgelistet. Ich empfahl der Mutter, den Tee nicht mehr zu trinken, um zu sehen, ob es an der Teemischung liege. So war es auch, nach einigen Tagen nahm der Säugling wieder an Gewicht zu. Die Verdauung der Mutter konnte auch mit einem Glas heiß-warmem Wasser auf nüchternen Magen getrunken sowie mit Gemüse und Obst geregelt werden.

Vitamin D und Fluor-Prophylaxe Für jede Nation gibt es individuelle Regeln, bitte beim jeweiligen Kinder- und Jugendarzt die regionale Handhabung erfragen. Besonders die Fluor-Maßgaben richten sich nach der Fluorierung des Trinkwassers und damit der Lebensmittelkette. Regelung in Deutschland: Ab dem zehnten Lebenstag 500 I. E. (Internationale Einheiten) Vitamin-D-Tabletten täglich verabreichen, z. B. Vigantoletten D 500. Sie können die Tablette mit abgekochtem Wasser auf einem Teelöffel auflösen und vor dem Stillen oder vor der Flasche in den Mund Ihres Babys träufeln. Sie können aber auch die Tablette in der Mitte einmal durchbrechen und dann in die Backentasche stecken, unmittelbar bevor Sie Ihr Baby zum Stillen anlegen oder die Flasche geben. Ab dem vollendeten sechsten Monat: täglich 1 Tablette Vitamin D 500 I. E. plus Fluor 0,25 mg, z. B. D-Fluoretten oder Zyma Fluor D 500.

Vitamin-K-Prophylaxe: Diese ist in Deutschland wie folgt geregelt: 2 mg Konakion MM oral jeweils bei der U 1, gleich nach der Geburt, bei der U 2, zwischen dem fünften und zehnten Lebenstag, bei der U 3, zwischen der vierten und sechsten Lebenswoche. Bei Frühgeborenen bestehen besondere Regeln, teilweise intravenöse Verabreichung, genaue Anweisungen erfolgen hier durch die Klinikärzte an die betreuenden Kinder- und Jugendärzte in den Arztpraxen. Die Vitamin-K-Gabe ist nötig zur Vermeidung gefährlicher Hirnblutungen, wegen möglicher anfänglicher Mängel im Blutgerinnungssystem des Neugeborenen, diese Mängel sind passagerer Natur und bestehen beim gesunden Baby im Alter von sechs Wochen nicht mehr.

Windeldermatitis Da die Hornschicht der Babyhaut noch nicht vollständig ausgebildet ist, reagiert sie deshalb auf äußere Einflüsse besonders empfindlich. Schadstoffe und

Erreger können leichter in die Haut eindringen. Davon besonders betroffen ist der Po, weil dieser auch durch die Wegwerfwindel dicht abgeschlossen ist. Dadurch entstehen in einem feuchtwarmen Klima Bakterien, die den Urin zersetzen und sich schnell vermehren. Die typischen Anzeichen sind: starke Rötung, Schwellung, Pusteln und Krustenbildung, nässende und schuppende Haut. Die beste Vorsorge ist sehr häufiges Wickeln, dabei sollte ganz besonders die Haut gut trocken sein, bevor Sie eine dünne Cremeschicht mit Zinkoxid, Dexpanthenol, Vitamin E oder Ringelblume und Kamille in die Pofalte und Leistenfalten auftragen. Verwenden Sie zusätzlich keinen Puder, dieser krümelt und reizt die wunde Haut noch mehr. Mit mangelnder Sauberkeit hat eine Windeldermatitis nichts zu tun. Lassen Sie viel frische Luft an den wunden Po, Ihr Baby sollte sooft wie möglich ohne Windel strampeln dürfen. Wenn der Ausschlag nach drei bis vier Tagen nicht abgeheilt ist, gehen Sie zum Arzt. Denn es kann sich auf die entzündete Haut leicht ein Hefepilz setzen.

Wochenbett ist die Zeit nach der Geburt, bis sich der Organismus der Mutter wieder auf »Nicht-Schwanger« umgestellt hat. Die dauert ca. sechs Wochen. Früher mussten die Mütter nach der Geburt auch wirklich im Bett bleiben. Heute sollten die Mütter so früh als möglich aufstehen, um z. B. einer Embolie vorzubeugen, auch stabilisiert sich der Kreislauf besser, wenn die Frauen sich nach einer Spontangeburt und auch nach dem Kaiserschnitt bewegen.

Wochenbettfieber ist eine sehr gefährliche Entzündung der Gebärmutter, die zu Blutvergiftung führen kann und durch

Keime in der Vagina, aber auch durch Wochenflussstau aufgelöst werden kann. Deshalb ist Hygiene nach der Geburt besonders wichtig. Spülen Sie nach jedem Toilettengang den Intimbereich mit warmem Wasser aus, tupfen ihn dann nur trocken (nicht wischen oder reiben) und wechseln Sie die Vorlage. Benutzen Sie die ersten Wochen keine Tampons, und waschen Sie sich regelmäßig Ihre Hände.

Zahnen Der erste Zahn kommt allgemein mit sechs bis sieben Monaten, aber manchmal auch mit vier Monaten. Das eigentliche Zahnen aber beginnt schon viel früher (im dritten bis vierten Monat). Der größte Schmerz wird verursacht, wenn der Zahn tief unten im Kiefer die Knochenhaut durchbricht. Das ist die Phase, in der noch nichts zu sehen ist. Die meisten Babys sabbern aber dabei, weil der Druck im Kiefer einen Speichelfluss auslöst. Erst durch die vermehrte Speichelbildung und weil Ihr Baby ständig auf seinen Fingern kaut und alles Harte und Kühlende in den Mund nimmt und darauf herumbeißt, merken Sie als Eltern, dass Ihr Baby zahnt. Spätestens jetzt sollten Sie beginnen, den Kiefer Ihres Babys mit der Fingerling-Zahnbürste regelmäßig zu massieren. Ihr Kleines ist vielleicht auch quengelig, bekommt eventuell Fieber und Durchfall sowie einen wunden Po. Kamillen- und Salbeitee beruhigen das Zahnfleisch. Den abgekühlten Tee sollten Sie auf das Zahnfleisch tupfen. Wenn Ihr Kind wegen des Zahnens nicht schlafen kann, sich quält oder quengelt, hilft homöopathisch Chamomilla. In der Apotheke erhältlich sind auch Zahngels, die das Spannungsgefühl nehmen, aber bitte vorsichtig dosieren, sie enthalten lokale Betäubungsmittel. Wenn der erste Zahn durchgebrochen ist, sollten Sie eine Kinderzahncreme mit Fluorid zum Putzen benutzen. Neueste Studien haben ergeben, dass Fluorid die Zähne am besten schützt, wenn es direkt auf den Zahn aufgetragen wird. Die lokale Fluorauftragung sei zur Karies-Vorbeugung deutlich effektiver als das Schlucken von Fluortabletten. Einige Kinder- und Jugendärzte hingegen sagen, dass Fluoridtabletten besser seien, die Babys und Kleinkinder könnten Zahncreme schlucken und dadurch zu viel Fluorid zu sich nehmen. Deshalb empfehlen sie weiterhin die Kombinations-Tablette aus Vitamin D und Fluor. Es gibt auch Zahncremes ohne Fluorid für die allerersten Zähne, falls Sie zusätzlich zur Fluor-Tablette nicht fluorhaltige Zahncreme verwenden möchten. Da es zwischen den Fachgruppen, Zahnärzten und Kinderärzten hinsichtlich der Fluorzufuhr unterschiedliche Ansichten gibt, besprechen Sie dies mit Ihrem Kinderarzt. Ob mit oder ohne Fluorid, wichtig ist, dass Sie die Zähne Ihres Kindes von Anfang an putzen.

Zahnpflege Während der Schwangerschaft sollten Sie Ihre Zähne besonders pflegen, denn Bakterien aus dem Mund sollten nicht ins Fruchtwasser gelangen, denn diese können, nach neusten Untersuchungen, zur Frühgeburt führen.

Zungenbändchen Fühlt sich Ihre Brust auch nach dem Stillen noch voll an, hat Ihr Baby an beiden Seiten getrunken und ist es trotz der vollen Brust nicht zufrieden und trinkt nicht mehr, könnte ein zu kurzes Zungenbändchen die Ursache sein. Denn wenn das Zungenbändchen zu kurz ist, kann der Säugling die Zunge nicht richtig um die Brustwarze legen, dadurch wird die Saug-Melk-Funktion nicht richtig in Gang gebracht. Dies ermüdet das Baby und erschwert ihm die Nahrungsaufnahme. Ihr Kind trinkt, ist aber nie richtig satt und ist unzufrieden, ist unruhig und hungrig, obwohl es kontinuierlich leicht zunimmt. Säuglinge mit einem verkürzten Zungenbändchen haben an der Flasche mit einem Sauger kein Problem, weil es eine andere Saugtechnik ist.

Das Durchtrennen des Zungenbändchens sollte aus sicherheitstechnischen Gründen nur in versierten Praxen durchgeführt werden, denn es könnte zu erheblichen Blutungen kommen und auch der Schmerz und Hygiene-Aspekt ist zu berücksichtigen. Sie sollten sich erkundigen, wer bei Ihnen vor Ort – meist ein HNO-Arzt oder ein Kieferchirurg – die entsprechende Erfahrung hat. Das Zungenbändchen wird mit einer Spezialschere durchtrennt. Ihr Baby kann dann ohne Probleme an der Brust trinken.

Zwiemilchernährung nennt man die Ernährung Ihres Babys mit zweierlei Milcharten, wie z. B. Muttermilch und Formelmilch, wenn die Muttermilch nicht ausreicht und Formelmilch gefüttert werden muss oder wenn beim Abstillen eine Muttermilchmahlzeit durch eine Formelmilch-Mahlzeit ersetzt wird. Bei der Zwiemilchernährung sollten Sie Ihr Baby immer erst aus beiden Brüsten trinken lassen und dann die Flasche mit Teesauger anbieten, damit Ihr Baby nicht brustfaul wird.

Hilfe im Netz

www. bzga.de
   Bundeszentrale für gesundheitliche Aufklärung
www.dakj.de
   Deutsche Akademie für Kinder- und Jugendmedizin e.V.
www.fke-do.de
   Forschungsinstitut für Kinderernährung Dort-
   mund
www.kinderaerzte-im-netz.de
   Bundesweite Webseite der Kinder- und Jugendärzte
www. rki.de
   Robert Koch-Institut

Nachwort
von Dr. med. Anna Margarete Heinemann

Fachärztin für Kinder- und Jugendmedizin
Kinder- und Jugendrheumatologie

Wie entscheiden Sie sich für die Geburtsklinik Ihrer Wahl? Wie sollte idealerweise die Erstlingsausstattung aussehen? Und überhaupt: Wie sollten Sie – die zukünftige Mutter und der zukünftige Vater – auf den Moment der Geburt und das Leben mit einem Neugeborenen gewappnet sein?

Wie ist das Erlebnis Geburt im Kreißsaal aus Sicht der Mutter und des Vaters, welches sind die ersten Handlungen am Baby nach Entbindung aus elterlicher und ärztlich-pflegerischer Sicht, was muss vorbereitet sein für das erste Eintreffen der Mutter mit dem Baby zu Hause? Was tun, wenn das Baby nicht so einfach trinkt, wie man es sich vorgestellt hat?

Diese und viele andere Situationen während der ersten 100 Tage des Kindes nimmt Erika Wüchner auf, um sie mit ihrem großen langjährigen Erfahrungsschatz als Kinderkrankenschwester mit Schwerpunkt Säuglingspflege zu erklären und einen äußerst wertvollen Leitfaden/Wegweiser für Mutter und Vater zu erstellen.

Dabei nimmt Erika Wüchner die Eltern liebevoll an die Hand, führt sie durch den Dschungel der Abertausenden Erwartungen, gelesenen und gehörten Informationen und vermittelt ihnen durch fundiert-konkrete Ratschläge Halt und Sicherheit in der neuen Lebenskonstellation.

Perspektivisch erscheint die Autorin reell anwesend in den mannigfaltigen Situationen und steht den frischgebackenen Eltern mit Rat und Tat zur Seite. Die Lösungsvorschläge gerade für knifflige Momente mit dem Säugling finden durch die persönliche Ansprache des Lesers einen direkten Weg zu den Eltern – sozusagen in Echtzeit. Eltern spüren bei der Lektüre, dass sie ernst genommen und mit einbezogen werden in die Thematik der Säuglingspflege und erfahren damit kompetente Schulung und Unterstützung.

Das Wort »Eltern« bedeutet für die Autorin stets, dass nicht nur die Belange der Mutter, sondern gerade auch des Vaters wahrgenommen werden, denn nicht zu selten wird die Rolle des Vaters im »Dreiergeflecht« des Miteinanders der ersten 100 Tage etwas unterbelichtet.

Der Leitfaden/Wegweiser beginnt mit der Zeit einige Wochen vor der erwarteten Entbindung des Kindes und führt schwerpunktmäßig über den Tag der Geburt, die ersten Lebenstage in der Klinik zu den ersten drei Lebensmonaten mit Ausblicken auf das erste Lebensjahr.

Neben den Ratschlägen zur Säuglingspflege findet der Leser Hinweise zur ärztlich-medizinischen Versorgung sowohl des Kindes als auch der stillenden Mutter.

Der Leitfaden/Wegweiser ist gegliedert nach Zeitphasen des Kindesalters, den ersten drei Lebensmonaten, er beinhaltet sachbezogene Tabellen und Listen von wissenswerten Themen und Tipps, auf die der Leser schnell und praktisch zugreifen kann.

Spannend wird es besonders, wenn die Verfasserin des Buches bis jetzt selten verbalisierte Situationen darstellt, z. B. die Ängste des Vaters während der Geburt im Kreißsaal oder auch einfache Unsicherheiten und Ängste der Eltern das Kind anzufassen.

Facettenreich werden die Bedürfnisse des neuen Menschenkindes in nahezu allen vorstellbaren Situationen beschrieben mit praktischen Hinweisen aus einem großartigen Erfahrungsschatz mit der Intention, den Eltern beherzt Mut zu machen, diese für sie doch neue Situation und das veränderte Leben in den ersten 100 Tagen zu bewältigen.

Es gibt kaum einen Moment der ersten 100 Tage, der nicht angesprochen wird: Wann darf ich mit dem Kind spazieren gehen? Darf ich auch einmal abpumpen, um eine Freundin zu besuchen oder etwas zu arbeiten, und, und, und.

Erika Wüchner beantwortet die Fragen, die sich Eltern häufig nicht zu stellen trauen – sei es in der Kinder- und Jugendarzt-Praxis oder bei der Hebamme – vielleicht auch weil der Zeitfaktor eine Rolle spielt oder weil gewisse Tabuisierungen von Fragestellungen vorliegen. Die Autorin geht fachlich-kompetent und empathisch auf die Fragen ein.

Sehr aufgelockert wird das Buch durch ihre eigenen Erlebnisschilderungen nach etlichen Jahren Säuglingspflege oft wochenlang vor Ort bei den Familien und auch in ambulanter Betätigung.

Der Autorin ist sehr an einer hochqualitativen Versorgung des Neugeborenen bzw. Säuglings gelegen, wie ihre Ausführungen zur Wahl des Geburtsmodus bzw. der Geburtskliniken und zu den ärztlichen Vorsorgen des Kindes darlegen. Sie orientiert sich dabei an den zeitaktuellen wissenschaftlichen Leitlinien der Kinder- und Jugendmedizin bzw. auch der Geburtshilfe. Eine Zusammenarbeit zum

Wohl des Kindes zwischen Eltern, Krankenschwestern, Hebammen und Ärzten ist für sie unabdingbar.

Das vorliegende Buch erscheint treffend in einer Zeit, in der sich die Gesellschaft rasant verändert. Globalisierung, Umwelt, Technik, Medien, veränderte soziale Strukturen haben tiefgreifende Auswirkungen gerade auf die kleinste Einheit der Gesellschaft – die Familie. Großfamilien mit örtlichem Zusammenleben mehrerer Generationen sind so gut wie nicht mehr existent, Alleinerziehung, Patchwork-familien, räumliche Mobilität und die Berufstätigkeit der Frauen sind exponentiell angestiegen. Der Tagesablauf wird durchwoben von einer Unmenge medialer Informationen durch unüberschaubare Kommunikationstechnik und ist zusätzlich intensiviert durch Arbeits-/Freizeit- und Erlebnis-Verdichtung. Die Veränderungen haben noch nie in solcher Zeitkürze stattgefunden.

In diese Zeit werden die Babys von heute geboren. Beratende und beruhigende Großmütter und Tanten leben allzu oft weit weg und können den jungen Eltern kaum Hilfe sein. Urinstinkte zwischen Müttern und Säuglingen/ Kindern scheinen verdrängt zu werden.

Die Mutter des Neugeborenen hat häufig einen verantwortungsvollen Beruf ausgeübt, möchte ihn unter Umständen mehr oder weniger bald wieder aufnehmen, sieht sich dann der gewaltigen Aufgabe ausgesetzt, die Kinder groß-zuziehen, den Beruf auszuüben und die Partnerschaft und Familie adäquat zu versorgen.

Die Mutter möchte diese Aufgaben alle zugleich bestens erfüllen. Es besteht häufig auch ein Ehrgeizdenken zwischen den Frauen, z.B. gibt es Ängste, man sei nicht anerkannt, wenn man »nur« der Hausfrauen- und Mutterrolle nachgehe anstatt berufstätig zu sein. Diese Ängste werden weiter dadurch geschürt, dass die Gleichberechtigung für Frauen mit Kindern an den Arbeitsstätten tatsächlich häufig nicht gegeben ist.

Der Vater/Ehepartner sieht sich im Falle der berufstätigen Mutter/Ehepartnerin der Situation ausgesetzt, kompromissbereit bei den täglichen Arbeiten zu Hause zu helfen oder Abstriche an der Präsenz seiner Partnerin im häuslichen Umfeld hinzunehmen, der Stress der Eltern wird größer.

Für die frischgebackenen Eltern bedeuten diese Phänomene der »neuen Zeit« eine Menge an Mehrbelastung, gerade wenn zusätzlich eine Großzahl an ungefilterten, unterschiedlichen Informationen zur Geburt bzw. zur Versorgung eines neugeborenen Kindes auf sie einprallt.

An diesem Punkt setzt Erika Wüchners Wegweiser durch die ersten 100 Tage sozusagen im Mikrokosmos an, den Eltern Wissen über ihr Baby zu vermitteln und Sicherheit zu geben. Sie öffnet die Augen, dass sich das Miteinander in der Partnerschaft, in der Familie mit der Geburt des Kindes doch abrupt ändert und ändern muss, möchte man das neue Lebewesen behutsam und vorsichtig einführen und versorgen.

Erika Wüchner korrigiert entschieden – aber zu Recht –, dass der beruflich dicht bestückte Terminplan der Mutter von der Zeit vor der Entbindung auf diese Weise nach der Geburt nicht eingehalten werden kann, möchte man das Kind seinen Bedürfnissen entsprechend durch die ersten Lebensmonate führen. Sie plädiert unbedingt dafür, dass sich die Eltern/Partner vor der Geburt genau aussprechen für die Rollenverteilung und Aufgabenzuordnung für die Zeit nach der Geburt. Nicht gelöste Spannungen können die Tatsache des Schreibabys hervorrufen, die Neugeborenen sind der Spiegel des Unausgesprochenen, der Spannungen und Interaktionen.

Die Säuglinge benötigen die Versorgung in der behütenden Liebe ihrer Eltern, in Ausgeglichenheit mit Rhythmus für Ernährung und Schlafen. Erika Wüchner weist mit einem roten Faden den Weg durch ein Dickicht der Informationen-Vielfalt und der vielen Unwägbarkeiten. Die Lektüre ihres Buches ist nicht nur für Eltern, sondern auch für interessierte Angehörige der sozial-medizinischen Berufe von großem Nutzen.

Ich selbst kann im Rahmen meiner kinder- und jugendärztlichen Tätigkeit bestätigen durch das Erleben vieler von Erika Wüchner in den ersten Lebenswochen gepflegter Kinder, dass diese in besonderem Maß Ausgeglichenheit und Zufriedenheit ausstrahlen und frei von muskulären Anspannungen erscheinen.

Erika Wüchner gibt nun ihr Wissen und ihre Erfahrung in Form des erscheinenden Buches in Liebe zu den neugeborenen Kindern weiter mit dem von ihr zu Beginn formulierten, sehr ernst gemeinten Ziel der glücklichen Eltern- und Partnerschaft.

München, im Januar 2010

Danksagung

Ich danke allen Eltern, die mir ihr Vertrauen geschenkt haben, indem sie mir ihr Liebstes anvertrauten. Ich bin glücklich, dass ich an deren Leben für einen begrenzten Zeitraum teilnehmen und sie in einer für sie neuen Lebenssituation begleiten durfte, in der Freude, Sorgen und Ängste auch offen ausgesprochen wurden. Das Zusammenwachsen einer jungen Familie, die Entfaltung des Neugeborenen zu einem Menschlein und auch die Fröhlichkeit und Begeisterung der älteren Geschwisterkinder ist für mich immer wieder ein besonders schöner und glücklicher Moment.

Den zahlreichen Personen, die mein Manuskript gelesen haben und mir Mut zusprachen, dieses Buch zu schreiben, möchte ich danken.

Besonderen Dank möchte ich Frau Sandra Maischberger, Frau Dr. Anna Margarete Heinemann, den Eltern von Gretchen sowie meiner Lektorin Frau Martina Seith-Karow sagen.

»Die Babyflüsterin« verrät, worauf es in den ersten Monaten nach ankommt.

Vom Klinikaufenthalt übers Stillen und Durchschlafen bis zum Wiedereinstieg in den Beruf – Erika Wüchner bietet praktische Hilfe für junge Mütter und Väter im Umgang mit dem Neugeborenen.

»Ich wünsche Erika Wüchner viele Leser. Und allen jungen Eltern eine Erika Wüchner im Haus.« *Sandra Maischberger*

Umschlaggestaltung: bürosüd°, München
Foto: Getty Images / Jens Lucking

www.fischerverlage.de
ISBN 978-3-596-18868-0

9 783596 188680

€ (D) 9,99   € (A) 10,30

Fischer